上海大学(1922—1927)与五卅运动

王 敏 主编

上海大学出版社
·上海·

图书在版编目(CIP)数据

上海大学(1922—1927)与五卅运动/王敏主编.
—上海:上海大学出版社,2021.5
ISBN 978-7-5671-4215-2

Ⅰ.①上… Ⅱ.①王… Ⅲ.①五卅运动—纪念文集
Ⅳ.①K262.22-53

中国版本图书馆 CIP 数据核字(2021)第 108856 号

责任编辑　徐雁华
封面设计　柯国富
技术编辑　金　鑫　钱宇坤

上海大学(1922—1927)与五卅运动
王　敏　主编
上海大学出版社出版发行
(上海市上大路99号　邮政编码200444)
(http://www.shupress.cn　发行热线 021-66135112)
出版人　戴骏豪

*

南京展望文化发展有限公司排版
上海颛辉印刷厂有限公司印刷　各地新华书店经销
开本 710 mm×1000 mm　1/16　印张 14　字数 208千
2021年6月第1版　2021年6月第1次印刷
ISBN 978-7-5671-4215-2/K·236　定价 62.00元

版权所有　侵权必究
如发现本书有印装质量问题请与印刷厂质量科联系
联系电话:021-57602918

"红色学府　百年传承"丛书编委会

主　　　任	成旦红　刘昌胜
常务副主任	段　勇
副　主　任	龚思怡　欧阳华　吴明红　聂　清
	汪小帆　苟燕楠　罗宏杰　忻　平
委　　　员	（按姓氏笔画为序）
	王远弟　刘长林　刘绍学　许华虎
	孙伟平　李　坚　李明斌　吴仲钢
	何小青　沈　艺　张元隆　张文宏
	张　洁　张勇安　陈志宏　竺　剑
	金　波　胡大伟　胡申生　秦凯丰
	徐有威　徐国明　陶飞亚　曹为民
	曾文彪　褚贵忠　潘守永　戴骏豪

总序：传承红色基因，办好一流大学

成旦红　刘昌胜

1922年10月23日，在风雨如晦的年代，一所由中国共产党与国民党合作创办的高等学府"上海大学"横空出世。而就在前一年，中国共产党宣告成立，揭开了中国历史的新篇章。如今我们回顾历史，上海大学留下的史迹与中国共产党的发展紧密相连。

《诗经·小雅》有云："鹤鸣于九皋，声闻于野。"20世纪20年代的上海大学，发轫于闸北弄堂，迁播于租界僻巷，校舍简陋湫隘，办学经费拮据，又屡遭反动势力迫害，但在中国共产党和国民党左派以及进步人士的共同努力下，屡仆屡起，不屈不挠，上海大学声誉日隆，红色学府名声不胫而走，吸引四方热血青年奔赴求学。在艰难办学的五年时间里，为中国革命和建设培养出一大批杰出人才，在当时就赢得"文有上大、武有黄埔"之美誉。在波澜壮阔的五年时间里，老上海大学取得的成就值得我们永远记取，老上海大学的办学传统和办学精神值得我们永远继承和发扬光大。

1994年11月，学校党委常委会决定"上海大学成立日期确定为1922年5月27日"。1997年5月，钱伟长老校长在为上大学生作关于"自强不息"校训的报告时指出，"我们学校的历史上，1922年到1927年期间里有过一个上海大学，这是我们党最早建立的一个大学。"他又以李硕勋、何挺颖两位烈士为例讲道："没有他们的牺牲，没有那么多革命志士的奉献，我们上海大学提不出那么响亮的名字，这是我们上海大学的光荣。"

1983年合并组建原上海大学和1994年合并组建新上海大学之时，得到了老上海大学校友及其后代的热烈支持和响应，他们纷纷题词、致信，

祝贺母校"复建""重光";党中央、国务院及上海市委、市政府也殷切希望新上海大学继承和发扬老上海大学的光荣革命传统,时任中共中央总书记的江泽民同志为新上海大学题写了校名,老上海大学校友、后任国家主席的杨尚昆同志题词"继承和发扬上海大学的光荣传统,为祖国的建设培养人才"。

新上海大学自合并组建以来,一直将这所红色学府的"红色基因"视作我们的办学优势之一,将收集、研究老上海大学的历史资料,学习、传承老上海大学的光荣传统作为自己的使命和责任。2014年,学校组织专家编撰出版了《20世纪20年代的上海大学》,这是迄今为止搜集老上海大学资料最为丰富、翔实的一部文献;同年在校园里建立的纪念老上海大学历史的"溯园",如今已成为上海市爱国主义教育基地。

为了更全面地收集老上海大学的档案资料,更深入地研究老上海大学的历史,更有效地继承和发扬老上海大学的光荣传统,我们推出了这套"红色学府 百年传承"丛书,既是为2021年中国共产党100周年光辉诞辰献上一份贺礼,也是对2022年老上海大学诞生100周年的最好纪念,并希望以此揭开新上海大学"双一流"建设的新篇章。

是为简序。

"上海大学与五卅运动"
学术研讨会致辞（代序）

尊敬的唐培吉先生、熊月之先生、忻平先生，各位专家学者：

大家好！

在"满架蔷薇一院香"的夏日时节，我们如约相聚在上大，共同参加"上海大学与五卅运动"学术研讨会，共擎红色文化大旗，共话红色文脉传承，共促红色文化创新。

在此，我谨代表上海大学党委向会议的举办表示热烈的祝贺！向莅临会议的各位领导和学者表示诚挚的欢迎！向关心上海大学发展、支持红色文化传承和上大校史挖掘的各界朋友表示衷心的感谢！

95年前的今天，轰轰烈烈的五卅运动在上海发生。五卅运动是一场由中国共产党领导的席卷全国的反帝爱国运动，揭开了中国大革命的序幕。在这场波澜壮阔的反帝爱国运动中，创立还不到三年的上海大学扮演着十分重要的角色。上海大学的进步师生是这场运动的最重要组织者，也是这场运动的先锋队和主力军，更有上海大学师生在"五卅惨案"中喋血街头。可以说上海大学之于五卅运动，犹如北京大学之于五四运动。今天我们在这里举办"上海大学与五卅运动"学术研讨会，就是为了纪念这场伟大的反帝爱国运动，重温上海大学敢于革命、勇于创新、开放包容的优良传统，讲好讲活这段历史，厚植红色基因，正如习近平总书记指出："要讲好党的故事、革命的故事、根据地的故事、英雄和烈士的故事，加强革命传统教育、爱国主义教育，把红色基因传承好，确保红色江山永不变色。"

红色是时代所赋予上海大学的底色。自1922年10月创办开始，学校

就以"培养建国人才,促进文化事业",为国家培养革命型的人才为目标,并率先在大学系统开设马克思主义理论课程,注重马克思主义基本理论教育,这在当时中国的大学中是独一无二的。同时,在邓中夏、瞿秋白、蔡和森、恽代英、萧楚女等的领导下,上大师生走出校门,投身反对帝国主义侵略和军阀反动统治的斗争。他们深入工人居住区,办平民夜校,组织各种工会,启发工人的阶级觉悟。五卅运动的发动,正是上大师生由关注现实问题进而投身革命斗争的结果。她是"红色学府",更是"革命摇篮",当时被誉为"武有黄埔,文有上大",当之无愧。

勇于创新是上海大学的鲜明特色。这不仅体现在上海大学办学宗旨当中,也体现在教学内容和教学方法的创新上。如注重训练学生的基础知识,鼓励学生扩大知识面,培养社会科学方面的通才;要求每个学生至少懂两门外语,以便直接阅读外文原著;等等。正因为富于开拓和创新精神,敢于革除陈规旧习,上海大学才能够办得生气勃勃,海内外闻名。

开放包容使上海大学广纳贤才、蒸蒸日上。上海大学是一所国共酝酿合作时期创办、中国共产党实际领导的大学,既有瞿秋白、邓中夏这样坚定的马克思主义者,也有俞平伯、郑振铎、叶圣陶、曹聚仁、丰子恺等这样的著名学者和社会贤达;而她的学生更是来自五湖四海、全国各地。开放包容的上海大学,一时间群贤毕至,少长咸集。"北有北大,南有上大",名副其实。

近年来,我们花大力气挖掘上海大学的红色基因,推进校史工程,最重要的目的就是勉励上大师生继承和弘扬老上大的革命精神,教育引导学生想清楚我们从哪里来、往哪里去。目前,学校的发展可谓日新月异,正朝着"世界一流特色鲜明的综合性研究型大学"的办学目标奋勇前进,为培养更多高层次人才,为国家建设和民族复兴大业做出更大的贡献!

相信今天的会议将会是一次成果丰硕的会议,一次在上海大学与五卅运动研究史上具有重要地位与影响的会议,一次对我们今天继承和弘扬五卅运动的爱国精神与上海大学的革命传统有所贡献的会议。我们将认真吸收各位专家的真知灼见,深入挖掘、大力弘扬上海大学与五卅运动的红色基因,在落实国家重大战略,服务上海经济社会发展中努力担当应尽职责,发挥独特作用,做出更大贡献。

最后预祝会议圆满成功!祝各位领导、各位嘉宾、各位专家学者身体健康、工作顺利、万事如意!

谢谢!

上海大学党委书记　成旦红
2020年5月30日

编辑说明

2020年5月30日,为纪念五卅运动95周年,上海大学联合中共上海市党史学会、中山学社、上海市历史学会等单位,召开"上海大学与五卅运动"学术研讨会。为集中体现此次会议的学术成果,会议主办方决定编纂本书。因五卅运动的爆发不仅与上海大学(1922—1927)有高度相关性,也与当时的时局有高度相关性,因此本书收录了与五卅运动相关的部分论文。此外,为体现近年来研究上海大学(1922—1927)的新趋势,本书还收录了与会学者已发表的和会议主题相关的论文,供学界同行参考。

目 录

上海大学是五卅运动的重要基地　唐培吉　/ 1

上海大学的实践与中国革命道路探索　熊月之　/ 15

论五卅运动对中共四大的历史回应
　　——兼论上海大学在五卅运动中的特殊贡献　张　云　/ 23

上海大学师生与五卅运动　邵　雍　/ 31

上海大学、五卅运动与中共"群众党"建设　杨　阳　忻　平　/ 46

"赤化"、过激与救国：五卅运动时期上海大学爱国形象的塑造
　　刘　强　刘长林　/ 54

华盛顿体系、反帝运动与国民革命的酝酿　马建标　/ 73

五卅运动对青年党发展的影响　袁　哲　/ 107

非基运动中的上海大学师生群
　　——中共早期社会运动的组织策略管窥　杨雄威　/ 119

试析万国商团与五卅运动　徐　涛　/ 144

国共冲突中的上海大学
　　——以天后宫"黄仁事件"为中心的考察　韩　鹏　韩　戍　/ 165

上海公共租界《警务日报》《警务情报》中的工运史料编译整理简介
——兼及与上海大学、五卅运动相关者　蒋宝麟　/ 179

从《现代评论》看自由主义知识分子对五卅运动的两面性
　　郑大华　/　187

"上海大学与五卅运动"学术研讨会会议综述　徐东明　/ 199

上海大学是五卅运动的重要基地

唐培吉

1922年10月23日,上海大学成立,可谓诞生于一个新的时代。就世界范围来说,俄国十月革命的胜利开辟了帝国主义和无产阶级革命、民族解放运动的新时代;从中国的范围来说,中国的五四运动是新民主主义革命的开端。

一、上海大学是培养革命干部的高等学府

上海大学前身是东南高等专科师范学校。这个学校是个学店,教学设备简陋,师资质量极差,校长王理堂将学生交的学费席卷而逃,学生愤怒,群起改组学校,推选学生周学文等为总代表,出面邀请社会贤达当校长。起初,他们提出三个人选:陈独秀、章太炎、于右任。此时陈独秀已是中国共产党领袖,事务繁忙;章太炎则对时局悲观,隐居苏州;而于右任刚卸任西北靖国军总司令职务,且对教育有志。于是,学生代表通过邵力子出面邀请于右任任校长之职。于右任在邵力子的陪同下到校,学生们在雨中列队欢迎。于右任特别指出:见在雨中的同学们精神奋发,很受感动[1]。1922年10月23日,上海大学成立。《民国日报》刊文:"本校原名东南高等专科师范学校,因东南两字与国立东南大学相同,兹从改组会议议决变更学制,定名上海大学,公举于右任先生为本大学校长。"[2]

---

[1]《20世纪20年代的上海大学(下卷)》,上海大学出版社2014年版,第1018页。
[2]《上海大学启事》,《民国日报》1922年10月23日。

学校成立之后,苦于没有办学经验,于右任、邵力子设宴邀请共产党领导人李大钊、国民党元老张继,共商上海大学办学问题,望他们予以帮助。张继口头答应去南洋募捐(后来并未去南洋募捐),李大钊则介绍邓安石(邓中夏)出任总务长。后来陈独秀又介绍瞿秋白到上海大学任职。此为国共两党合作办校之来由。

中国共产党成立之初亟须培养革命干部和开展工人运动。上海大学的成立和邀请共产党人办学,这是很好的契机。邓中夏原本就是共产党的劳动组合书记部的负责人,劳动组合书记部由北京迁回上海后,邓中夏也随同来到上海,党组织即把他调到上海大学开展工作。邓中夏被委任为校务长,主持校务工作。瞿秋白则在上海担任党的刊物的编辑,兼任上海大学教务长。这为上海大学成为培养革命人才的高等学府奠定了基础。

为了把上海大学办好,邓中夏赴任后主要从三方面着手开展工作:一是确定教育方针与目的;二是改革学校建制,拟定上海大学章程;三是聘请有真才实学的教师。他通过一系列努力,制订了学校章程,确定上海大学是以"养成建国人才,促进文化事业"为宗旨;改革了学校的建制,建立校行政委员会,由校长、校务长、各系系主任和教师代表组成,为学校最高领导机关,体现了民主办校和教授治校的原则;坚决辞退了不称职的教师,聘请了许多有真才实学的学者任教或开设讲座,特别是让共产党内的许多精英到上海大学担任老师或进行讲学;设立社会学系,请瞿秋白担任系主任,陈望道任中国文学系主任,英国文学系由何世桢任系主任,美术系由洪野任系主任,各科的教授有蔡和森、恽代英、萧楚女、张太雷、李达、任弼时、安体诚、施存统、蒋光赤、邵力子、沈雁冰、郑振铎、田汉、俞平伯、叶楚伧等等①。这真是人才济济,名流众多,使上海大学名声大振。为此,许多青年闻名而来,特别是一些进步的要求革命的青年纷纷报名求学。一时间,便有"北有北大,南有上大"之说。

许多教师热心为革命培养干部,甘愿在上海大学教书,不要薪金;有

---

① 《人才济济的老师队伍——上海大学教职员一览表》,《上海大学一览》(非卖品),1924年出版。转引自上海社会科学院历史研究所编:《五卅运动史料(第一卷)》,上海人民出版社1981年版,第51—54页。

的放弃高薪的学校到低薪的上海大学教学。上海大学在课程设置上,除了大学的基本课程之外,特别重视马克思主义理论的教育,开设很多马列主义课程,如蔡和森教授的"社会进化史",瞿秋白教授的"社会哲学概论",漆树芬教授的"帝国主义铁蹄下的中国",董亦湘教授的"民族革命演讲大纲",熊得山教授的"科学社会主义",李达教授的"新社会学",杨贤江教授的"青年问题",还开设"马克思传""通俗资本论"等课程,可谓洋洋大观。

上海大学的教学方针是学习理论,改造社会。不是死读书,提倡"读活的书"。在上海大学学生看来,"如果在第一分钟达到了清楚、确定的结论,第二分钟便当开始实行这个结论"[①]。所以上海大学的大多数学生一面读书,一面从事各种社会工作。不少学生到工厂区办工人补习学校,有的到报社、书店、基督教青年会、中学、小学,甚至到国民党上海执行部做工作。学生的工作大都是由上海大学学生会服务部介绍的。

上海大学要求学生以改造社会为目标。为了培养革命干部,上海大学还举办演说讲习班,请邵力子、恽代英、杨贤江、张太雷为指导员,并增强英、法、俄语的训练,提高学生的演讲宣传能力。上海大学鼓励学生自己组织学生会和各种学术团体,开展学术活动,一时间社会问题研究会、三民主义研究会、春风文学社、湖波文艺研究会、孤星社(研究学术,改造社会)、探美画会等风起云涌。学校还组织夏令营,请教授和学生对青少年讲社会问题与革命道理。学校设有书报流通处,代售国内各种书刊,尤其是供应《向导》《中国青年》《前锋》等革命刊物,大力宣传革命思想。

上海大学后来又设置中学部,招收适龄青少年就读。中学部主任是侯绍裘(共产党员),办得很有起色。

在邓中夏、瞿秋白、侯绍裘等共产党人的积极努力下,上海大学逐渐成为培养革命干部的新型高等学府,与此同时,中国共产党上海地方兼区执行委员会成立。1923年,上海成立四个党小组,第一组即上海大学小

[①] 上海社会科学院历史研究所编:《五卅运动史料(第一卷)》,上海人民出版社1981年版,第263页。

组,共11人,其中有瞿秋白、张太雷、邓中夏、施存统等。1924年,上海大学小组发展到18人,组长为刘剑华(刘华)。它是上海人数最多、力量最强的共产党小组①。可见,上海大学既是培养革命干部的高等学府,亦是上海共产党组织的一个重要基地。

二、上海大学对上海工人进行启蒙教育

上海大学组织学生通过教育活动到工人中去、与工人结合。一方面在校内办学。1924年4月1日,上海大学召开平民教育大会,邓中夏阐明中国社会有提倡平民教育之必要,讨论平民教育实施方案,通过《上海大学平民夜校组织大纲》,选举刘剑华等8人为上海大学平民义务夜校执行委员,立即开展工作。上海大学附设的平民夜校于4月15日开学,由于报名的学生太多,乃设6个班级,上课的有360余人,学费免收,书籍用品均赠送,课程有识字、语文、算术等6门,并设有讲座,请学校老师讲形势与任务、中国社会问题等。两个月毕业,毕业之时,举行隆重的毕业典礼②。第二期由学校推举杨之华、刘一清、林钧办学,学生达400多人。在苏联十月革命节那天,平民夜校开庆祝会,林钧主持大会,请蒋光赤演讲俄国十月革命后的巨大变化,最后大家满怀革命激情高呼:"中国国民革命万岁!世界劳动革命万岁!"1925年3月,上海大学办第三期平民夜校,报名者异常踊跃,上海大学平民夜校办得十分兴旺。另外,上海大学师生走出校门办学,到沪西、杨树浦、南市、吴淞等地办平民夜校。上海大学的师生通过举办平民夜校与工人、平民的接触联系亦越来越广泛和密切,进一步推动了上海大学师生与工人运动的结合,有助于相互提高政治思想觉悟,这是培养革命干部的重要一环。

上海大学师生校内与校外的这些革命性活动,很快引起租界当局的注意,他们派出人员进行侦察并采取压制措施。上海公共租界工部局认为:最近几个月来,中国布尔什维克之活动有显著的复活,颇堪注意。这

---

① 《茅盾回忆录(六)·文学与政治的交错》,转引自上海社会科学院历史研究所编:《五卅运动史料(第一卷)》,上海人民出版社1981年版,第111页。
② 《上海大学平民学校消息》,《民国日报》1924年4月21日、6月21日。

些过激分子的总部设在西摩路一二三号上海大学内。彼等在该处出版排外之报纸——《向导》……该大学之大部分教授均系公开的共产党人，彼等正逐渐引导学生走向该政治信仰，教授中有邵仲辉（邵力之）《民国日报》编辑，彼系共产党人已几年了；社会学系教授瞿秋白系布尔什维克领袖之密切友人；施存统于1921年因共产党活动在日本被驱逐出境；其他地位较低之教授有蒋光赤、张太雷、刘含初，以上三人同施存统同住慕尔鸣路（茂名北路）彬兴里二〇七号①。1924年12月9日，公共租界警务处和静安寺巡捕房包探对上海大学严密搜查，收缴所谓排外的大量书报杂志，但没有确凿证据逮捕学生，因而控告校长邵力子，结果被告被判交一千元保证金，担保嗣后上海大学不得有共产党计划及宣传共产学说②。

三、上海大学协助上海工人建立工人组织

上海此时已逐渐成为中国经济、文化的中心，工商业繁荣，文化教育发达，不仅是人文荟萃之地，亦是工人集中之地。它是中国共产党的诞生地，亦是党中央的所在地，党成立之初，亟须提出革命纲领，制订革命策略，开展工人运动，推动革命发展。最早是派李启汉到沪西开展工人运动。1922年秋，中国社会主义青年团上海地方组织即派嵇直接替李启汉的工作，他一开始用"代写书信，不取分文"来联络工人；接着开办工人补习班，招收工人来学习；然后在工人中物色对象共同来办工人补习学校，结识了孙惠良等积极分子，又一起办了两所工人补习学校。1924年春，党决定把这两所学校合并成"小沙渡沪西工人补习学校"。为进一步开展上海工人运动，党从上海大学将邓中夏抽调出来，并从湖南调来李立三、项英专门从事工人运动，且从上海大学调出一批党员充实各区的平民教育力量。党中央总结了长辛店、安源等地举办俱乐部的经验，决定在沪西工人补习学校的基础上建立沪西工友俱乐部，邓中夏、李立三等拟订了《沪西工友俱乐部章程》。1924年夏，沪西工友俱乐部举行成立大会，项

---

① 《上海大学瞿秋白等活动》，《警务日报》1924年12月。
② 《邵力子控案已判决》，《民国日报》1925年2月14日。

英讲话,通过俱乐部章程,推举孙惠良为俱乐部主任,嵇直为秘书,刘贯之等为干事。俱乐部的工作方针是:"联络感情,交换知识,互相扶助,共谋幸福。"党从上海大学调了一批师生到俱乐部工作,干部配备极强,其中有蔡和森、邓中夏、恽代英、瞿秋白、杨之华、刘华以及李立三、向警予、项英等共产党人,深受工人们的爱戴。在上海大学师生的努力工作下,沪西工友俱乐部成绩卓越,团结教育了大批工人,成为沪西工人活动的中心,为进一步开展工人运动打下了坚实的基础。与此同时,党亦派人到沪东地区开展工人运动。党从湖南调派蔡之华、吴先清等人到沪东办起"进德会",工人们在那里上文化课、听演讲、看话剧,接受革命教育,团结意识亦渐增强。沪东的进德会和沪西的工人俱乐部遥相呼应,成为上海工人中的两个战斗堡垒。在此基础上,各厂逐步建立了秘密工厂小组,到二月罢工前,已有19个厂建立了秘密的工厂小组,小组成员发展到近千人,有些积极分子迅速发展成工人阶级的先锋队员。经过共产党员的宣传教育,工人们的思想觉悟有了提高,懂得了一些革命道理,彼此之间的联系和团结也得到了加强。

四、上海大学支援上海工人二月大罢工

共产党和国民党建立了联合战线后,大力开展工农群众运动。1925年春,北京、武汉、唐山、苏州、长沙、南京、杭州、宜昌、奉天(即沈阳)等地都发生了罢工事件,上海亦发生了日商纱厂工人二月大罢工。

这次罢工起因于日本纱厂管理人员任意殴打中国工人。沪西是工厂集中地,亦是日本纱厂集中地区,有好几个棉纺公司,二十多家工厂,其中内外棉株式会社的工厂最多。2月2日,内外棉八厂粗纱间有个夜班女工因疲劳过度,在下班前倚墙角休息片刻,被日本人发现,即遭毒打,致腿部受伤。同车间的姐姐与日本人理论亦遭殴打。车间工人见日本人如此凶狠无理,心中不平。他们因在平民夜校和沪西工友俱乐部接受过教育,对帝国主义已有一定的认识,便群起向日本人交涉,如厂方庇护坏人,不予以赔偿,则即使停工亦在所不惜。日本资本家对中国工人的剥削压迫特别残酷,不把中国人当人,而且从平民夜校的开办和沪西工人俱乐部的活

动中,他们已察觉到厂里的工人开始活跃起来,就想用"养成工"来代替这些工人,如今工人竟敢聚众向厂方提出抗议,遂乘机将粗纱间50多个工人全部开除出厂。工人要求结算工资,日方不仅不给工资,反而把工人送到衙门判刑。日人如此强暴,激起工人愤怒,群起而攻之。沪西工友俱乐部即刻将这一情况向上海党组织和中共中央汇报,党中央极端重视事态的发展情况,决定加强对这次工人斗争的领导,成立罢工委员会,由邓中夏、李立三负责领导,号召上海党团员支援日商纱厂工人的斗争。

上海大学共产党小组立即开会研究决定派出党员参加日商纱厂工人的罢工斗争。据杨之华回忆:"二月初,我们接通到上海地委的紧急通知,要我们派人组织罢工委员会,领导工人起来罢工。校党支部派邓中夏、刘华、郭伯和和我等到潭子湾工人俱乐部,和李立三同志一起工作。"[①]2月9日,内外棉八厂工人首先起来罢工,接着内外棉五、七、十二厂工人都进行罢工,近万名罢工工人到苏州河对面的潭子湾空地开大会,会场竖起一面白旗,上面写着"反对东洋人打人!"由邓中夏、杨之华上台演说,他们讲得生动有理,慷慨激昂,工人听得频频点头,义愤填膺,高呼口号。当场成立了内外棉纱厂工会委员会,宣布同盟罢工,组织纠察队,发表罢工宣言和敬告工友书。上海大学师生起草宣言,以"反对东洋虐待!""反对东洋人打人!""从前做牛马,以后要做人!"为口号,要求各界同胞"共同起来援助我们,为国家争光,为同胞争面子"[②]。这进一步引起了工人的共鸣,赢得了社会各界的同情与支援。

上海大学师生积极参加沪西工友俱乐部的工作,组织内外棉厂的工人到尚未罢工的工厂门前,散发传单,宣传演讲,高呼口号。这激起了纱厂工人的同情,也纷纷进行罢工。从2月9日到18日,先后参加二月日商纱厂大罢工的就包括日本在沪的内外棉、日华、大日本、丰田、同兴和东洋纺等6个纺织会社,总计有22家工厂,约3.5万名工人。这是日本纺织业入侵中国以来第一次受到如此大规模罢工的打击,大长了中国工人的志气,打击了日本商人的嚣张气焰。

---

① 杨之华:《忆秋白》,黄美真主编:《上海大学史料》,复旦大学出版社1984年版,第133页。
② 参见上海社会科学院历史研究所编:《五卅运动史料(第一卷)》,上海人民出版社1981年版,第303页。

日本政府和日本资本家想方设法破坏二月大罢工，日本政府向北洋军阀政府提出严重抗议，要求赔偿罢工期间各厂之损失，并转令沪地方政府制止工人"暴动"。同时日本的军舰亦做起了动作，开到了上海[1]，妄图用炮舰政策压服上海工人的罢工。东京的日本纱厂总会亦致电上海日商，嘱其"严厉对付，誓为后盾"。沪上日本资本家即召开日商纱厂代表会议共商对策，制定了一些威胁利诱的办法。上海公共租界工部局和上海警察厅亦对工人罢工进行镇压，一面派巡捕、警察驻日本纱厂进行保护；一面大肆逮捕工人领袖、罢工工人和援助工人的学生，逮捕人数多达50人，其中有领导二月大罢工的邓中夏、孙惠良、蔡之华、吴先清等人，并封闭了沪西工友俱乐部。但是这次在中国共产党领导下的二月大罢工中，工人们团结一致，不受任何威胁利诱，无论罢工或复工一律听从工会命令，这使日本帝国政府、上海租界的英美当局、北洋军阀政府和上海警察厅一筹莫展。此外，日本各厂每日的损失总计一万二千两，日本资本家面对如此巨大的损失，不得不被迫坐下来与工人谈判，经过各方出面调停，最后于2月26日签订了复工协议：第一，今后如有虐待，准告厂主办理；第二，工人回厂照旧工作；第三，储蓄金满5年发还；第四，工资两星期发一次[2]。27日，被捕人员释放，至此二月大罢工胜利结束。

二月大罢工在上海工运史上占有重要地位，它有显著的特点：第一，注重对工人的教育；第二，罢工斗争组织严密；第三，广泛争取社会同情，初步建立反帝统一战线；第四，广泛建立工会组织[3]。上海大学师生在这次罢工斗争中亦得到了锻炼，邓中夏成为工人运动领袖，学生刘华成为沪西工友俱乐部的领导，杨之华等成为工人运动中的积极分子，得到了工人们的拥护和爱戴。二月大罢工中涌现了大批积极分子，共产党及时发展党员，1924年下半年上海党组织有8个小组、109名党员，至1925年五卅运动前夕已发展到50个支部，党的组织获得迅速发展。

二月大罢工是工人群众反帝斗争的一次大演习，它在各方面为即将

---

[1]《民国日报》1925年2月23日。

[2] 参见上海社会科学院历史研究所编：《五卅运动史料（第一卷）》，上海人民出版社1981年版，第386页。

[3] 任建树、张铨：《五卅运动简史》，上海人民出版社1985年版，第43—46页。

爆发的五卅运动提供了宝贵的经验,创造了有利条件,是五卅运动的前奏曲。

五、上海大学师生英勇参加五卅反帝风暴

任何事件的发生都是诸种因素合力造成的。五卅运动的爆发是反对租界越界筑路、反对租界当局的"四提案"和反对日本资本家对工人的刻意压迫而引发的。

1925年2月,上海租界当局在得到北京公使团同意之后,即越过租界到华界的北新泾、徐家汇、虹桥等地强占民田,掘坟毁墓,拆除民房,竖桩插标,铺设管道,修筑马路——仅在沪西就开辟新马路十几条。"越界筑路"是西方帝国主义扩充租界范围的一种手段,直接侵犯了上海郊区农民和乡绅的利益,引起沪西和上海各界人民的强烈反对。在中国共产党的领导和推动下,上海人民自动组织"国民保土会",有些百姓将英租界工部局所立的界桩、木标纷纷拔除。上海留日学会、商邦协会、中等以上各校教职员联合会、留欧同志会、林荫路商会等团体联合向北京政府外交部发出呼吁电报,指出:沪西外人越界筑路,变本加厉,大好国土,受人侵越,租界扩充无形,主权损失益巨。是而可忍,孰不可忍!要求政府严正交涉,制止越界筑路[1]。一股反帝之潮正在掀起。1925年4月,公共租界召开纳税西人例会,再次提出"四提案",即增加码头捐案、增加印刷附律案、交易所注册案、改善雇佣童工案。这四个提案如果通过,就要增加税赋、钳制出版自由、控制交易所注册权和使童工合法化,这对上海人民、知识分子、工商业者以至于儿童都不利,只是对洋人有利,引起上海各阶层的反对。4月中旬,上海学联、上海市民协会等团体组成"上海市民反对印刷附律协会",发表宣言,组织演讲。上海大学师生积极参加,分别到公共租界、法租界、闸北、南市、西门等处演讲,听众上万,多表示反对,散发传单达6万张以上[2]。由于上海各界及市民的强烈反对,这次会议以不

---

[1]《新闻报》1925年5月21日。
[2]《民国日报》1925年4月16日。

足法定人数而未能通过"四提案"。但工部局并不甘心,准备于6月2日再次开会强行通过,为此他们发了1 200封信,劝说纳税人保证出席并投票通过。这一消息传出,进一步激起了上海学生、工商业者和市民的强烈反对。上海女界国民会议促进会散发《上海是中国人的上海》的传单;各商业团体联合发表抗议"四提案"宣言;上海总商会和工商业各团体联席会议也印发宣言书,并通过银行向洋行散发;工部局5名华董也联名发信敦促工部局认真考虑。这一股反帝潮流逐渐掀起。

最重要的一股反帝潮流就是上海工人掀起的。自从二月大罢工后,日本人怀恨在内,蓄意进行报复。上海的日本资本家悍然破坏二月罢工协议,拒绝二月罢工中的积极分子入厂工作,对厂内工人的虐待变本加厉。日本监工携带铁棍、手枪,工人偶一不慎即遭棍击、罚款。1925年4月,棉纱行情发生变化,由棉贱纱贵变成棉贵纱贱,这使工人不能轻易使用罢工武器,而日商乘机反攻。5月7日,日本纺织同业会开会通过三项决议:① 坚决不承认工会;② 如引起罢工,则断然关厂;③ 要求工部局和中国官方取缔工会活动。5月14日,日本厂方突然宣布开除内外棉十二厂工人代表多人,工人们提出质问,遭到铁棍殴打,并有5名工人被捕,被厂方开除。15日,内外棉七厂夜班工人去上工,厂门紧闭,日本人、印度巡捕、"包打听"等手持武器把守着。点名员喊道:"厂里没有纱做,大班叫你们统统回去。"共产党员顾正红带领工人上前交涉,要求大班出来,提出工人已经来了要发工资。厂方人员满脸横肉地说:"不发,统统回去。"工人们更加气愤,准备冲进厂内。厂方人员见形势不妙,开了一扇小门退进厂内,顾正红等工人乘势冲进厂内。早有准备的副总大班元木和七厂大班川村带领一批打手进入厂内对工人大打出手,元木对准顾正红连开三枪,顾正红当场倒在血泊之中。这次日本厂方率领工部局巡捕对工人进行镇压,被殴打成重伤的有7人,轻伤的有数十人之多,还有一批工人被拘留①。这是日本厂方蓄意对中国工人的打压。驻沪西俱乐部的刘华立即向党组织报告,当晚中共上海地委召开会议,经李立三等同志讨论决定:控告东洋人

---

① 参见任建树、张铨:《五卅运动简史》,上海人民出版社1985年版,第51—55页。

打死工人，提起诉讼；发动宣传，要求各团体支援，做一个反对东洋人运动①。中共中央亦十分重视，先后发出第32号、33号公告，提出做一个反日大运动，号召各地党团员下全体动员令，并号召各种团体一致援助。李立三在上海地委会议上提出公祭顾正红，做一大示威运动计划。5月24日，内外棉纱厂工会举行顾正红公祭大会，一万多名群众参加，这成为一次反对日本人的宣传大会，并进一步激发了人们的同情和民族尊严。上海大学的不少师生举着上海大学的旗帜，参加大会，群情激昂地高呼口号。在进行宣讲活动时，有2名学生被捕。上大师生回校开会决定继续进行宣讲，并营救被捕学生。接连几天陆续有学生因宣传演讲被捕。工部局决定于5月30日公审这些学生，形势日益严峻。28日，中共中央召开联合会议，国民党方面、共产党方面、工人、学生都做了汇报，李立三、恽代英等积极提出意见。会议通过四条决定：① 分头向各校负责人谈话；② 向党校宣传，须派工人同去；③ 印行传单——包括外人侵略一切事实；④ 上街演讲示威定于30日下午。这些决议十分正确，适应了当时反帝斗争的形势，以工人为基本力量，充分发挥学生的先锋桥梁作用，把帝国主义的越界筑路、"四提案"、东洋人打人等外人侵略的一切事实统统集中起来，要让各界人士共同呼喊出"打倒帝国主义，废除一切不平等条约"的基本口号。

29日，各界积极进行准备。上海大学于29日组织了13个决死队，对演讲示威进行仔细研究。30日早上，13个决死队浩浩荡荡直奔公共租界中区一带，示威演讲。决死队队员原有180多人，但一路上又临时加入了很多演讲员，越是演讲，跟随的队伍越多。上海大学师生成为五卅运动的英勇先锋队。后来牺牲的何秉彝就是第4决死队队长②。30日下午2时，南京路老闸捕房因不断拘捕演讲的学生，使抗议的人群越聚越多。下午3时45分，英捕头爱活生召集巡捕，下令"开枪"！霎时南京路上血流遍地，造成了震惊中外的"五卅惨案"！

这件血案中共有13人殉难，重伤数十人，轻伤无数，被捕50余人。在

---

① 《中共上海地委1925年5月15日会议记录》，转引自任建树、张铨：《五卅运动简史》，上海人民出版社1985年版，第55—56页。
② 《现代史料（第一集）》，海天出版社1934年版，第305页。

这次演讲示威中,"据捕房调查所得,站在群众斗争前列的大多是上海大学的学生,另外是南洋大学学生"①。

帝国主义的血腥暴行激起了上海各界人士的极大愤怒。当晚,中共上海地委、国民党上海执行部、全国学联、上海学联、上海各工会、各马路商界联合会、上海商界总联合会以及各大团体纷纷集会制订反帝方案。中共中央亦召集紧急会议,陈独秀、蔡和森、李立三、恽代英等出席,会议决定组织行动委员会,建立各阶级反帝统一战线,发动全上海罢工、罢市、罢课,组织工人、学生去总商会呼吁罢市。经过5月31日的积极活动,6月1日,上海实现了罢工、罢市、罢课"三罢",各行各业都发表了宣言,上海大学亦发表了罢课宣言②,一个爱国反帝运动就此轰轰烈烈地展开了!上海的帝国主义分子坚持反动镇压,先后进行9次屠杀,枪杀60余人,重伤70余人,轻伤者不计其数。为此,中共中央进一步研究反帝斗争策略,决定不仅仅在上海一地进行反帝爱国斗争,以免过多的损失和牺牲,而是把上海的反帝爱国斗争扩大到全国。6月4日,中共中央创办《热血日报》,由瞿秋白主编,及时报道运动的进展,传达共产党对运动的方针政策。6日,《向导》周报发表《中国共产党为反抗帝国主义野蛮残暴的大屠杀告全国民众》,指出这次反抗运动的性质和任务,制定各阶级联合战线的根本策略,号召全国人民起来,打倒帝国主义!中华民族解放万岁!在中国共产党的号召鼓舞下,上海的五卅反帝爱国运动迅猛席卷全国,600多个大小城镇,1 700万人直接投入斗争,影响特别巨大的如省(广东)(香)港25万名工人大罢工,有力地打击了英帝国主义。五卅反帝爱国运动还得到了五洲华侨的支援,他们纷纷发出通电并进行捐献,也得到了世界各国人民与进步政党舆论上和道义上的声援。

这场席卷全国、持续四个多月的反帝爱国运动有着重大的历史意义,它进一步揭露了帝国主义勾结中国封建军阀对中国人民的剥削和压迫,鼓舞了中国人民反帝反封建的决心和斗志,促进了中国各革命阶级的联合战线,为第一次大革命吹响了号角,揭开了北伐战争的序幕!

---

① 《字林西报》1925年6月1日。
② 上海社会科学院历史研究所编:《五卅运动史料(第二卷)》,上海人民出版社1986年版,第118—119页。

六、继承光荣革命传统,培养祖国建设人才

在中国共产党的领导下,上海大学的广大师生将理论与实践相结合,深入到工人中,开展平民教育,传播马克思主义,组织工人建立自己的组织,开展工人运动,支持日商纱厂工人二月反日大罢工,英勇参加五卅反帝爱国运动,这一系列活动使全国人民的觉悟程度和组织力量得到了极大的提高。上海大学师生在这一系列活动中发挥了至关重要的作用,上海大学为中国革命和建设培养了大批人才,成为一所培养革命干部的高等学府,亦是中国共产党活动的一个基地。上海大学的这些革命精神和锐意改革创新的精神,都是新上海大学应该继承与发扬的红色基因。正因如此,上海大学被帝国主义视为眼中钉。1925年6月4日,英帝国即派出巡捕和万国商团70余人进入上海大学进行搜查,掠夺大量书报,把学生赶出校园,又派海军陆战队进驻学校加以封锁。学校不得不多次迁移,但仍坚持斗争。6月6日,上海大学借小西门少年宣讲团开会,由于右任校长任主席,由职员韩觉民、学生贺威圣报告被迫解散的经过,大会讨论表示决不灰心,要继续把学校办好,并推选上海大学临时委员会,由施存统、韩觉民、侯绍裘等7人组成(其中5人为中共党员)[①],觅址办学。会后还发表《上海大学教职员学生宣言》,宣告:"本大学所主张的打倒帝国主义,完全基于自由思想的结果、民族图存的必需,并非受任何特殊主义的影响。本大学永远认强权不就是公理,凡为学术思想起见,无论如何的淫威来压迫自由,如何的黑暗侵袭独立,断然师生合作一起,努力与抗,决不退让。"[②] 1927年蒋介石在上海发动"四一二"反革命政变,将上海大学彻底封闭。

十年树木,百年树人。上海大学在短短不到五年的时间里培养了大批革命青年,毕业的有600多人,大多参加了革命。其中著名人物有秦邦宪、王稼祥、黄仁、余鸿泽、李硕勋、雷荣璞(雷经天)、刘华、何秉彝、林钧、

---

① 《民国日报》1925年6月7日。
② 《民国日报》1925年6月8日。

郭伯和、杨之华、罗石冰、龙大道、贺威圣等。

20世纪20年代，为培养大批革命干部创办上海大学；80年代，为培养建设人才，又重建上海大学，真是一脉相承，上海大学是时代的产物。从办学年龄看，新上海大学正是青少年时代，意气风发，发展迅速，已经成为全国著名的理工文商综合性大学，大师名师日益增多，各地学子纷纷前来报考求学。2022年，将是上海大学的百年校庆，"百年上大，红色传承"[①]。新上海大学将继承与发扬老上海大学光荣的革命传统，培养大批祖国建设人才，为实现中国现代化和中华民族复兴的中国梦做出杰出贡献！

作者：唐培吉，同济大学教授；曾任上海市中共党史学会会长

[①] 2019年12月28日，上海大学校方召开"中国共产党与百年上海大学"研讨会，提出"百年上大，红色传承"的口号，得到大家的一致赞同。12月30日，中共上海市委书记李强到校视察，在座谈会上肯定并赞扬上海大学的办学指导思想和成绩。

上海大学的实践与中国革命道路探索

熊月之

五四运动以北京大学为中坚与先锋,五卅运动以上海大学为中坚与先锋。五四运动为中国共产党的成立做了思想与干部储备的准备,五卅运动则为中国共产党培养了一大批干部,在中国革命道路探索方面,做出了可贵的努力。五卅运动又与上海大学有着密不可分的联系。

一、上海大学实质上是中国共产党创办的大学

关于上海大学的创办,以往的表达是:上海大学是在统一战线的旗帜下国共两党共同创办的[①]。这个表达自然是合乎实际情况的。但是,在统一战线旗帜下,到底是哪个党为主呢?这个表述并没有解决这个问题。现在细读史料,可以下此结论:上海大学实质上是中国共产党创办的大学。

关于将东南高等专科师范学校改为上海大学的过程,现在还缺乏详细的资料。据当事人程永言回忆:鉴于东南高师当局腐败,他与周学文、汪钺等十名同学,秘密组成一个叫"十人团"的组织,借口伙食问题,掀起推翻旧学校、创建新学校的活动。那些学生多是接受过新文化运动洗礼的青年,所以他们要创办的学校,就是"一所革命大学"。出于这个宗旨,

---

① "20年代初期,国共两党在统一战线的旗帜下,共同创办了一所著名的文科学校——上海大学。"黄美真、张云、石源华:《上海大学史略》,《复旦学报》1981年第2期。"上海大学是一九二二年秋,在国共两党酝酿合作的过程中建立的。"见阳翰笙:《阳翰笙选集(第5卷)》,四川文艺出版社1989年版,第86—112页。

他们想在章太炎、陈独秀与于右任三个著名的革命家兼学问家当中,找一人来当校长。最后落实到于右任身上。

在此废旧立新的过程中,有一个极其重要的环节,就是这些激进的学生中,有人与共产党有直接联系,找到党组织,希望共产党来接办这所学校。中共中央经过慎重考虑,觉得还是请国民党出来办这所学校,对学校更为有利。对此,茅盾的回忆非常有价值。他说:

> 平民女学是党办的第一个学校,上海大学是党办的第二个学校。原来有个私立东南高等师范学校,这个学校的校长想用办学的名义来发财,方法是登广告宣传他这个学校有哪些名人、学者(例如陈望道、邵力子、陈独秀)任教职,学费极高。学生都是慕名而来,思想比较进步的青年,来自全国各地。开学后上课,却不见名人,就质问校长,于是学生团结起来,赶走了校长,收回已交的学费。这时学生中有与党有联系的,就来找党,要党来接办这学校。但中央考虑,还是请国民党出面办这学校于学校的发展有利,且筹款也方便些,就告诉原东南高等师范闹风潮的学生,应由他们派代表请于右任出来担任校长,改校名为上海大学。于是于右任就当了上海大学的校长,但只是挂名,实际办事全靠共产党员。①

1922年,茅盾是为数不多的中共党员之一,也是与上海大学关系很深的党员之一,他的回忆应当可信。

从事实层面上看,上海大学也是中国共产党经办的大学,大学的骨干力量是邓中夏、瞿秋白等一批人,大学的办学宗旨、系科设置、教员聘请也主要是由共产党人决定的。

关于上海大学与中国共产党的关系,刘锡吴的回忆说得最为清楚。刘是当时教职员党小组的小组长,小组成员有瞿秋白、施复亮、李季、恽代英、萧楚女、彭述之等。他说:"上大是党办的学校,实际上等于党校,教职

---

① 《20世纪20年代的上海大学(下卷)》,上海大学出版社2014年版,第1111页。

员工的任命,学生的情况,都有(由,引者改)中央讨论。"上大校长是于右任,但教务长邵力子、社会学系系主任瞿秋白都是中共党员。党中央很多负责人都在上大教书,只有陈独秀未去教书。

正因为学校是党直接领导的,所以,"上大平时上课的人不很多,但一开会游行示威人就很多了。如瞿秋白报告时,各区委书记就来,恽代英一上课,各校的学生都去听了"。当时有很多干部,是一面在外边工作,一面在上大学习的。如刘华在上海总工会工作,也在上大念书。康生五卅运动时在总工会工作,又在上大做支部书记。区委书记如陈怀甫、朱义权、林钧等都是大学生。

正因为学校是党直接领导的,所以,"还有的人到工厂搞一年半年,又到上大来了。反之,外面需要党员团员,也就有(由——引者)上大调去"。五卅运动时,上大的工人党员并不多,只有十几个。五卅运动之后,各地在社会上站不住脚的党团员,都到上大来了,于是上大的党团员一下子增加了许多。"记得那年八月升学后,恽代英报告说:各地委来的很多,各地集中到这里怎么办呢,校外也有很多的积极分子会议在上大开的。"五卅运动时,上大的知识分子要占上海的一半。1926年学校有约一千名学生,党团员就有八百多人。

正因为学校是党直接领导的,所以,"上大的系主任都有(由——引者)中央决定,如瞿秋白走后,中央决定史群同志去担系主任,但学生反对,结果学生去找陈独秀反映,陈独秀说:'中央决定的。'康生当时顶了他一句,'你不要家长制,学生最欢迎的是瞿秋白、恽代英'。李汉俊第一天去讲课,全部人也去了,但第三次课时,就没有人去听。陈望道讲课,也不欢迎。那时社会科学系与中文系、英文系不团结,瞿秋白就批评社会科学系,说你们都是党团员,团结搞不好,要由你们负责"。

正因为学校是党直接领导的,所以,"上大与党中央是分不开的。游行示威时,上大的队伍未到,大家要等上大队伍,上大队伍的旗帜未竖起来,大家的旗帜都不竖起来,反之,上大旗帜一竖,大家的旗帜都竖起来了。当时的全国学生会,也是以上大为标识的。当时江苏学生,百分之三是上大送去的,如张琴秋、杨尚昆、王稼祥、秦邦宪、陈伯建,都是上大去的"。

正因为上大是党直接领导的,所以,上大的"教职也是尽义务"①。

刘锡吴的以上回忆,以确凿可信的资料,说明了中共中央对上海大学的直接领导,对于我们理解上海大学在中共党史上的地位,至关重要。

由于上海大学在社会上的影响,其也被认为是革命的大学。刘华从四川到上海后,到中华书局印刷厂当学徒。他很用功,常看报纸、杂志,喜欢探听社会活动的消息。"一年半以后,有人告诉他,说有个上海大学,是革命的学校,你最好能进去。"正是循名责实,刘华才进了上大附中。对此,何秉彝致父母亲的信中,也说得很清楚:"男何以一定要住上海大学呢?上海大学在上海虽是私立,但男相信它是顶好的学校,信服它的社会科学是十分完善,它的制度、它的组织和它的精神,皆是男所崇拜而尊仰的。"②

施蛰存在进入上大以前,曾在别的大学做过学生,他比较了上大与其他大学的不同之处:"今年暑假之前,我也曾在一所大学里做过学生,但我总觉得丝毫没有得到一点大学生的学问,也没有干过一些大学生应有的活动。我所得到的,至多只能说住过好些时的高大洋房,多记得好几个英文名词罢了。"而上海大学,绝不是和旁的大学一样,而是有一种"特殊的精神"。上海大学的学生,从四川、陕西、安徽、广东、湖南等处来的很多,他们"秉着刚毅不拔的勇气,从很远很远的地方赶到这上海大学来,不是来享福,不是来顶大学生招牌。他们是能忍苦求学,预备做建造新中国的工人的"③。最后一句话,其实就是上大宗旨:"预备做建造新中国的工人。"

二、中国共产党在城市进行革命的可贵探索

上海大学师生在上海发动工人运动的实践,反映了中国共产党人在

---

① 以上引文见《20世纪20年代的上海大学(下卷)》,上海大学出版社2014年版,第1154—1155页。
②《20世纪20年代的上海大学(下卷)》,上海大学出版社2014年版,第1161页。
③ 施蛰存:《上海大学的精神》,黄美真、石源华、张云编:《上海大学史料》,复旦大学出版社1984年版,第15页。

城市进行革命的可贵探索。邓中夏、刘华、杨之华等人,发动上海工人投身反帝反封建斗争的经历,有重要的范本意义。刘华、杨之华等一开始在工人当中做思想动员工作,从宣传理论入手,宣传什么叫帝国主义、资本主义,什么叫最后阶段、必然灭亡。没有文化的工人,听了一头雾水,不明白他们讲的道理。后来,刘华、杨之华等改变宣讲策略,从近处说起,从实处说起,"从他们自身的情况谈起,讲切身利益。比如说,讲东洋人怎样对待他们,你从他们自身讲起,他们就感到讲的是自己的事。这样就把理论和实际结合了。讲工人的生活,一步一步地就感到亲切,容易理解"。他们还变通了宣讲的方法,"先让学生讲,说东洋人怎样虐待你,怎样打你们、骂你们。日本养的特务,监视、欺负,甚至侮辱工人。还有拿摩温(女的居多)怎样帮助日本人。工人们讲起东洋人、特务、打手、拿摩温等进厂时搜工人的身,出厂时也搜身,进厂怕带传单,出厂怕偷棉纱"。这一改变的实质,就是探索在上海这样一个遭受帝国主义侵略,而工人知识水平普遍较低的大城市里,如何用马克思列宁主义来武装群众的问题。这样做的效果果然很好。刘华、杨之华等人,都是在实践中不断学习、不断成长起来的,上海工人队伍也就是在这样的教育下逐渐强大起来的。

马克思主义如何与中国革命实践相结合的问题,说到底,就是中国革命道路探索的大问题。是从马克思主义的本本出发,还是从中国革命的实际出发,将马克思主义基本原理与中国实际结合起来?这是中国共产党成立以后,左倾教条主义与日后形成的以毛泽东为代表的中国特色马克思主义的根本区别。这一区别,在五卅时期就已经露出端倪。刘华、杨之华等人的努力,其实就是在探索符合中国国情的革命道路。这条道路,在城市与农村有不同表现。在城市,就是要从工人实际出发,讲工人听得懂的话,做工人理解得了的事。这种区别,在1927年以后的上海工人运动中依然存在。

三、通过理论与实践相结合的途径培养青年干部

以上海大学为依托,中国共产党不断探索培养青年干部的有效途径。上海大学从创办伊始,强调的就是读懂两部书:一部是有字之书,即

学习马克思主义;一部是无字之书,即了解中国社会现实。对此,王稼祥的理解十分到位。他说:"我们既要革命,必须先研究革命理论,实习革命方法。"①张崇文的回忆与王稼祥的理解完全一致。他说:"上大是反对读死书和死读书的。学校十分强调参加社会革命活动,结合实际来学习。老同学大多兼有平民夜校、工人学校义务教员的职务,我们新来的,暂时没有兼职,但重大的革命宣传活动都必须参加。记得刚入校不久,三月十八日段祺瑞执政府在北京枪杀请愿学生,造成流血惨案。消息传来,上大的同学立即全体出动,深入厂区、街市发传单,作讲演,组织抗议声援。随后,五卅惨案周年纪念,我又跟同学一道,参加了声势浩大的宣传活动。"②

上海大学最强调的就是两门课:一是学习理论,二是了解社会,进行改造社会的实习。就是通过这两门功课,党组织了解学生、培养学生,使这些学生成为党所急迫需要的干部。上大学生周文在对此有深入的分析与系统的总结。他说:

上海大学学习理论不同于其他学校,它不是关门读书,而是把所学的理论用于实践,这在当时可说是全国第一。由于学生有一定的政治觉悟,所以不图安逸,不懒惰,有政治运动积极参加,没有政治运动时认真读书。

在五卅运动中,上海大学的学生不仅在学生运动这一条战线起了带头作用,而且在整个运动中都起了骨干作用。上海大学的学生深入到总工会、工商学联合会等团体,把党的意图贯彻到这些团体的工作中去。党通过上海大学的这批人和其他各个区的骨干,掌握情况,领导着这次运动。另外,这次反帝爱国运动对后来整个国民革命运动,比如巩固广东革命政府、北伐、上海工人三次武装起义,都起了作用。从北伐和上海工人三次武装起义来说,就为我们党培养了武装斗争方面的人才。我认为,五卅运动为从群众性的反帝爱国运动

---

① 《20世纪20年代的上海大学(下卷)》,上海大学出版社2014年版,第1178页。
② 《20世纪20年代的上海大学(下卷)》,上海大学出版社2014年版,第1154页。

发展到武装斗争,播下了种子,培养了干部,壮大了北伐军,这方面的作用是很大的。像阳翰笙他们,就是在这次运动中得到了锻炼,成为学生运动中的出名领袖。①

周文在将上海大学与上海其他学校进行比较,认为上大这套培养干部的方式特别有效:

> 上海大学与其他学校的区别:第一,上海大学很早就建立了党的组织,它直接受上海地委、江浙区委的领导。其他没有建立组织的学校,共产党员只是个人在那里起作用,比如南洋大学陆定一,他一个人或几个人就不可能把南洋大学的运动搞起来,更不可能掌握南洋大学的领导权。上海大学不仅有党的组织,而且邓中夏、瞿秋白等又是学校的领导人,这种情况就很不一样了。第二,其他学校除参加全市性的较大的活动外,一般活动比较少。上海大学则不然,一直不断地开展社会活动,学校内组织的团体也很多。我们除了上课就是搞社会活动,办平民学校,出刊物,运动不断,这也可能是上海大学出人才的一个原因吧。②

正因为上海大学强调理论与实际相结合,在实践中考察干部,所以,上海大学在当时上海各大学中,虽然学术地位未见得很高,但是,在从事革命活动方面,绝对是第一流的。上大学生刘披云对此有综合分析,他说:

> 从学术方面来说,上海大学在当时的上海并没有什么地位,但从革命方面来说,上海大学就最突出了:干部好调动,很多学生能说会道,又肯干。顾正红惨案发生后,上海大学派许多学生到各工厂去演说,南洋大学、教会学校就出不来。当时哪一项工作需要干部,党就

---

① 《20世纪20年代的上海大学(下卷)》,上海大学出版社2014年版,第1144页。
② 《20世纪20年代的上海大学(下卷)》,上海大学出版社2014年版,第1144页。

到上海大学来调,学生说走就走,无牵挂。上海学联、全国学总有很多干部是上海大学的学生。如刘一清是第六届的学总委员长,也就是全国学生总会的主席,而后是李硕勋任第七届学总委员长,我是第八届学总委员长。林钧也是上大学生,他代表上海学联参加工商学联合会,是专职干部。在工商学联合会中,工界代表李立三、汪寿华等是很重要的,其次就是学界代表,商界不起什么作用。……五卅运动以后,上海大学学生在上海担任党团部委书记的很多,如郭伯和是闸北部委书记,苏爱吾是杨树浦部委书记;担任团的部委书记的有顾作霖(江苏人,一九三〇年以后去苏区,曾任团中央书记或组织部长,后来牺牲)、吴振鹏。我是团法南区部委书记。①

党组织便在实践中了解、考察这些年轻学生。王稼祥、秦邦宪、杨尚昆、张琴秋等那么多学生,就是这么脱颖而出,被送到莫斯科中山大学而一步一步成长起来的。

不到五年时间,上海大学就荟萃那么多精英,培育那么多人才,产生那么大影响,这是近代上海教育史上,也是近代中国教育史上的奇迹。

通过上大解读上海,通过上大解读中国共产党对中国革命道路的探索,可以发掘的内涵很多。从这个意义上说,上海大学的历史研究,方兴未艾!

作者:熊月之,上海社会科学院历史研究所研究员;中国历史学会副会长

---

① 《20世纪20年代的上海大学(下卷)》,上海大学出版社2014年版,第1138页。

论五卅运动对中共四大的历史回应
——兼论上海大学在五卅运动中的特殊贡献

张　云

20世纪20年代中叶，一场波澜壮阔的反帝怒潮在上海爆发，并席卷全国，震惊中外，史称五卅反帝爱国运动。"它是在新民主主义革命初期继'五四'运动后一次规模更大的反帝爱国运动；它是国共合作后出现在神州大地上的第一次大革命风暴的起点，从此展开了中国近代史上轰轰烈烈的1925—1927年大革命；它也是中国共产党领导和推动下的上海及全国工人运动的第二次高潮，其声势和影响远远超过1922年的第一次高潮。"①

对于这场运动的意义，不少研究专家均有过明确的阐述，发表过许多真知灼见。其中一个很重要的观点，就是1925年初在上海召开的中共四大"为全国革命运动的新高涨作了思想上及组织上的准备"，"很快即爆发了上海、青岛两地日商纱厂工人的罢工，揭开五卅运动的序幕"②。中共四大促进和推动了五卅运动的爆发，这是无可争辩的历史事实。但是，这只是事情的一个方面。那么，五卅运动又是怎样回应中共四大所提出的思想路线和方针政策的呢？其中"北有五四的北大，南有五卅的上大"③的上海大学又做出了怎样的特殊贡献？这是事情的另一方面，也是

---

① 沈以行、姜沛南、郑庆声主编：《上海工人运动史（上卷）》，辽宁人民出版社1991年版，第200页。
② 李新、陈铁健总主编：《中国新民主主义革命通史（第2卷）》，上海人民出版社2001年版，第152页。
③ 张士韵：《中国民族运动史的上海大学》，《上海大学留沪同学会成立大会特刊》，1936年。

本文所要讨论的问题。

一、提出无产阶级领导权思想的正确性得到了彰显

中共四大讨论的一个中心议题，是围绕民族革命运动而展开的。会议通过的《对于民族革命运动之决议案》集中体现了这次全会的主题，在党的历史上第一次提出了无产阶级领导权问题，明确指出："中国的民族革命运动，必须最革命的无产阶级有力地参加，并且取得领导地位，才能够得到胜利。"因为无产阶级的参加，不但使这一运动加了新的力量，而且使这一运动有了"新的意义"[①]。这一重要思想的第一次大规模革命实践，就是以工人阶级为主力，以上海为中心的全国范围内的反帝爱国运动——五卅运动。

上海是中国工人运动的发祥地，是中国产业工人最集中的地方。"1920年，上海工人达56.3万余人，其中工厂工人有18.14万多人；而在500人以上工厂做工的工人占工厂工人总数的59.6%，其人数之多和集中程度之高为全国之首。"[②]从19世纪40年代起的80余年间，上海工人在苦难中挣扎，在斗争中摸索，完成了由自在阶级到自为阶级的转换。

1925年，五卅运动爆发，在中国共产党的组织领导下，上海总工会率领20万名工人，掀起了前所未有的反帝大罢工。这次罢工，以反帝爱国、拯救民族危亡为目的，旗帜十分鲜明，"是工人阶级自觉地联合起来以反抗帝国主义的压迫"[③]。在罢工、罢课、罢市"三罢"斗争中，上海工人团结一致，齐心协力，以磅礴的气势、不屈不挠的战斗精神，既要把主要的斗争锋芒集中于帝国主义，又要与民族资产阶级的妥协行为做必要的斗争。6月下旬，上海总商会在帝国主义和奉系军阀威胁、欺骗和打压下，借调

---

① 《对于民族革命运动之决议案（1925年1月）》，中央档案馆编：《中共中央文件选集（1921—1925）（第1册）》，中共中央党校出版社1982年版，第273—274页。
② 沈以行、姜沛南、郑庆声主编：《上海工人运动史（上卷）》，辽宁人民出版社1991年版，序，第2页。
③ 沈以行、姜沛南、郑庆声主编：《上海工人运动史（上卷）》，辽宁人民出版社1991年版，第223页。

解之名,篡改工商联合会向帝国主义交涉的有关条款,单独向帝国主义示好,并主张商界于6月23日开市,率先退出"三罢"运动,置工人阶级和学生群体利益于不顾。25日,由总商会、工商联合会和纳税华人会三团体联署发表《开市宣言》,决定于26日先行开市①。25日,上海总工会向各工会发出通告,明确表示:"无论商界开市与否,工人决不上工,坚持到底,非达到完满目的不止。"②到7月以后,大中学生放假,小资产阶级的斗争情绪迅速低落。"三罢"就剩下罢工这"一罢",工人阶级于是只能孤军奋战。直到9月初,为了保存革命力量,巩固工人已取得的胜利成果,中共中央决定停止总同盟罢工,五卅反帝大风暴落下帷幕。

五卅运动再次证明:中国工人阶级是反帝爱国运动的主力军,其坚定不移的斗争精神,实实在在地回应了中共四大对中国工人阶级的总体评价,验证了国民革命中必须坚持无产阶级领导权的判断不愧为一种高明的战略抉择。正如刘少奇所指出的:"工人阶级在'五卅'反帝国主义运动中牺牲为最大,主张最为急进,奋斗最能坚持,力量亦表现得非常伟大。在各种奋斗事实中,足以证明无产阶级在国民革命运动中之领导地位,是确凿不移的。"③

对于工人阶级的罢工斗争和主力军地位,也自始至终得到上海大学师生的声援和支持。上大是一所在国共统一战线旗帜下,以中国共产党人为骨干创立和发展起来的文科大学。这所学校以"养成建国人才,促进文化事业"为其办学方针,成为地地道道的"社会革命大本营",是革命斗争的前哨阵地,是五卅运动的一面旗帜。而高擎这面旗帜最主要的贡献,就在于始终坚定不移地站在工人阶级的立场上。

五卅运动爆发前,上大革命师生就在工人中办夜校、办俱乐部,启发工人觉悟,发动罢工,发展共产党组织等一系列活动。五卅运动爆发后,上大进步师生在邓中夏、李立三、刘华、杨之华、郭伯和等带领下,一方面积极进行罢课斗争,另一方面则有力支援和直接参加工人的罢工斗争。

---

① 《民国日报》1925年6月25日。
② 《民国日报》1925年6月26日。
③ 刘少奇:《一年来中国职工运动的发展》,《中国工会历次代表大会文献(第1卷)》,工人出版社1984年版,第65页。

"在沪西,小沙渡与日本厂方代表谈判由'上大'学生刘华负责,朱义权在场。林钧在全国学联负责上海商界工作,具体参加马路商业联合会工作。"① 同时组织募捐队,向各界人士募捐,以维护罢工工人的生活。当时驻沪日本商业会议所主席田边曾致函工部局总董英人费信惇说:"那些煽动分子和狂热分子煽动罢工的经费,则由本市一所大学校供给,这所大学被认为是俄国布尔什维克的宣传机关。"② 他所指的"一所大学校"就是上海大学,所说的"罢工的经费"就是上大师生为支援工人罢工向各界募捐所得。这也从一个侧面反映了上大师生对工人阶级先锋队在国民革命中领导地位的认同。

二、加强组织和宣传工人的必要性得到了验证

中共四大一个突出的议题,就是强调必须改善党的组织和宣传工作。关于组织问题,会议达成一个重要共识,即认为组织问题是党生存和发展的一个"最重要的问题",如不能切实予以加强和改善,"党决不能前进"。党的组织问题的决议落实到对于职工运动的指导上,主要内容则集中于《对于职工运动之决议案》,该决议案着重提出在民主革命时期,尤其是与国民党合作时期,应该特别注意职工运动,认为"中国共产党是中国工人阶级唯一的指导者",而主要策略则包括"主动力争工会的公开","主张工会的统一","指导群众的行动的时候,必注意于提出的口号,使能适合当地群众的组织力量,需要及情绪,而促起群众做切实的更进一步的奋斗",还阐述将工人组织起来的详细办法:"只要有可能,到处都应当努力以工厂小组的方法去组织工会","工厂小组,在每一工厂或作坊中,只要有三人以上,就可组织起来","全厂各小组代表大会,为厂中最高机关,选举若干人(人数按情形而定)组织某工厂委员会,再由各厂代表选举若干人组织某企业或地方工会"③。至于宣传工作,中共四大提出加强党的

---

① 周启新:《上海大学始末》,《党史资料丛刊(第3辑)》,上海人民出版社1982年版。
② 工部局总办处卷宗2879(二)。
③ 中央档案馆编:《中共中央文件选集(1921—1925)(第1册)》,中共中央党校出版社1982年版,第351页。

政治教育，特别是共产主义理论的宣传和引导，强调发挥知识分子的作用，要求各地设立马克思主义研究会、讨论讲演会，深入到工人群众中间，加强共产主义宣传和扩大党的影响。

根据中共四大的相关规定，在中共中央直接领导下，由李立三、刘少奇等具体指导，在罢工一开始就公开宣布成立全市性最高指挥中心——上海总工会，并与各工厂、企业一百多处基层工会相联系。不仅如此，总工会还按产业系统建立若干产业总工会及区域性工会组织，即总工会分区办事处。这种组织网络的建立，便于上情下达、下情上达，掌握和指导反帝斗争的正确动向，逐步形成了纺织、公用事业、海员、码头工人四大行业的上海产业工人反帝斗争局面，从而带动各行各业工人协同作战，形成了总罢工的强大威力，使帝国主义者"昏头转向，不知所措"，其根本原因就在于上海工人在五卅运动中充分体现了高度的组织性。

在此过程中，上大党组织与革命师生的支援和帮助，是不可或缺的一个重要原因。上大创办后，一批共产党的著名政治家、宣传家、教育家、文学家，如邓中夏、瞿秋白、蔡和森、恽代英、任弼时、萧楚女、张太雷、杨贤江、侯绍裘、沈雁冰、安体诚等先后来此任教，并开展建立党组织的工作。至1924年底，中共上海地方委员会上海大学组由原来的党小组发展为党支部，共20人，经过五卅运动，1926年中共上海地方委员会改组为中共上海区委，上大支部扩组为独立支部，直属上海区委领导，党员已达60人，至当年底已发展到130人，共编为12个小组。

正是依靠这支坚强的核心领导力量，上大成了五卅运动的一面旗帜、反帝斗争的前哨阵地，尤其在宣传工作方面，可谓出类拔萃，发挥了巨大作用。1925年5月30日，上大学生会组织了由400人参加，共计38组之多的"学生讲演团"，他们进入南京路新世界至抛球场一带，与工人宣传队一起，向市民、店员慷慨陈词，抗议帝国主义暴行，却遭到老闸巡捕房英捕和印捕的开枪射击。顿时，南京路上血流遍地、尸体横陈，先后13名同胞壮烈牺牲，其中学生3名、职工9名，还有1名洋货商人。上大学生、共产党员何秉彝为第一个牺牲者。这一天，上大还有13人受伤，130人被捕。

惨案发生后，上大革命师生群情激昂。第二天，他们继续组织宣传

队上街讲演,又有60多人被捕。上大学生会发表通电,宣布"本校决于6月1日起实行罢课,誓达惩办雪耻之目的"①。"一时沪上各报竞载该校消息,上大威名遂震惊全国。此一时期,学生个个生龙活虎似的,各种文化运动,各种革命集会,以及一切反军阀反帝斗争,无不以该校学生为台柱。"②6月4日,租界帝国主义者派出万国商团和英巡捕六七十人,突然闯进学校强行查封,勒逼全体学生立即出校,第一、第二两院及中学部均被英水兵强占。"顷刻之间,庄严尊贵的学校,竟成了强盗的劫掠场!"但上大学生,"这时没有半点退志,反而勇气倍增",并且"专致力于宣传","以达到唤醒民众的目的","于是分途并进,或服务于上海各团体,或到内地宣传,都有不少的贡献于社会"③。

纵观五卅运动的历史过程,其组织工作的有条不紊和宣传工作的蓬勃推进,上大党组织和革命师生始终坚守阵地,不懈奋斗,与上海工人阶级并肩作战,从政治到经济、从物质到精神、从生产到生活等各个方面,都给予帝国主义者以沉重打击,促进和推动了中国革命高潮的来临,上海大学功不可没。

三、发展工农运动、推动革命高潮到来的任务得以实现

中共四大以唤起工农民众、发展工农运动,以推进国民革命高潮的到来为基本任务。因此,在强调发动工人运动的同时,中共四大"有一个伟大的决定就是做农民运动。农民是民主革命的主要力量"。会议通过的《对于农民问题之决议案》指出农民与工人阶级有基本相同的利害关系,因此"天然是工人阶级之同盟者",强调"农民问题在中国尤其是民族革命时代的中国,是特别重要的"④,并且把这一问题提到了中国共产党与

---

① 《民国日报》1925年6月3日。
② 转引自:《于右任与上海大学》,《现代史料(第1集)》,海天出版社1933年版,第291页。
③ 马凌山:《本校同学三年来的奋斗工作》,《上海大学三周年纪念特刊》,1925年10月23日。
④ 中央档案馆编:《中共党史报告选编》,中共中央党校出版社1982年版,第223页。

工人阶级在民族革命运动中能不能取得领导权和能不能取得革命成功的高度。

五卅运动是中国共产党第一次领导的全国规模的反帝爱国运动。党在斗争实践中不仅加深了对无产阶级在中国革命运动中领导权思想的认知,也进一步懂得了组织和发动工农运动的重要意义。以工人阶级为主体的五卅运动,也把乡村的农民发动了起来。在反帝爱国斗争的鼓舞下,上海附近的崇明、江阴、丹阳、武进、无锡、泰兴等县,农民运动得到迅速发展。在呼喊"打倒帝国主义"口号的同时,又掀起抗租抗税斗争。有些地方还成立农民协会,创办农民补习学校。在农民运动比较领先的广东、湖南一带,五卅运动的影响则更加深远。广东的农民在国民政府的支持下,纷纷投身于反帝爱国斗争,慰问罢工工人,帮助工人纠察队封锁港口,维护社会秩序。湖南不少农民纷纷参加本地区新成立的雪耻会。北京等大城市郊区农民也积极参加声援沪案的反帝斗争。河南修武、沁阳农民20多万人到焦作矿区,参加焦作煤矿工人支援五卅运动罢工的游行示威活动。

为唤起工农民众、发展工农运动,以推进国民革命高潮的到来,上大做出了特殊的贡献。6月4日上大被封后,革命师生参加反帝爱国运动的热情"却不因此而中止,同学们仍在各处做反帝工作,那种可歌可泣的坚忍精神"反而更加强烈。1926年下半年,在国共两党共同领导和推动下,在全国特别是南方工农群众运动的配合下,发动了轰轰烈烈的北伐战争,这标志着中国第一次大革命高潮的到来。在这期间,上大的许多学生都已经进入各革命的军事与政治机关,参与各项工作,"他们的每一个都作为酵母渗和到广大的革命民众中,在北伐的前线,在封建的军阀与帝国主义的壁垒下不断地抛掷他们的手榴弹与生命,向民众与人类倾注他们的热爱与坚信,他们的生命与意志永远新鲜而热烈,他们的生命永远年青。虽然由他们的手已经创造了巍然的事迹,然他们的使命尚未完成,迄今仍在不断地前进"①。

百年上大,是在国共统一战线旗帜下,以共产党人为骨干创立和发展

---

① 张士韵:《中国民族运动史的上海大学》,《上海大学留沪同学会成立大会特刊》,1936年。

起来的。在五卅运动、北伐战争等反帝反封建的民主革命斗争中,上海大学的"一种活生生的坚忍不拔的民族运动"精神,早已载入史册,这种精神是永恒的,"由这种精神我们可以使中华民族再生,可以创造一个理想的新中国"①。

张云,国防大学政治学院教授;上海市中共党史学会名誉会长

---

① 张士韵:《中国民族运动史的上海大学》,《上海大学留沪同学会成立大会特刊》,1936年。

上海大学师生与五卅运动

邵 雍

1925年的五卅运动是中国共产党领导的大规模的反帝爱国运动,上海广大群众表现出高度的政治热情,其中上海大学革命师生的表现尤为突出。本文充分利用历史档案及相关回忆录,尽量复原真实的历史场景,以期深入上海革命史的研究。

一、五卅运动爆发前的上海大学

设在西摩路132号(今陕西北路342弄)的上海大学是大革命时期在上海创办的一所大学。共产党人邓中夏任总务长,瞿秋白、施存统先后任社会学系系主任,侯绍裘、高尔柏分任上海大学附中主任与附中训育主任。恽代英、蔡和森等党的早期领导人也曾经在该校任教,宣传马列主义,培养革命干部,在他们的教育影响下,上海大学学生的思想觉悟有了较大提高,有的入团入党[①],有的成为群众运动的领袖。据进入上海大学社会学系学习的丁郁回忆,1925年初,她由杨之华、张琴秋介绍加入中国共产党。当时的系主任是施存统。"上大的党组织是教师和学生编在一起的。我们党小组的组长是施存统。他常常同我们开小组会,领导我们

---

① 刘华,1923年8月考入上海大学中学部,同年11月入党。杨之华,1923年底考入上海大学,不久由瞿秋白介绍加入中国共产党。李硕勋,1923年底考入上海大学,1924年由青年团员转为共产党员。张琴秋,1924年考入上海大学,同年4月加入社会主义青年团,11月转为共产党员。林钧,1924年考入上海大学社会学系,兼任上海大学附设平民学校教务主任,同年参加中国共产党。

学习。"①中外反动派惊呼上大是"布尔什维克主义温床""卢布大学""过激分子的总机关"②。

五卅运动前后,上海大学在上海学生运动中占有重要的地位。当时的学生组织有两个,一个是全国学联,一个是上海学联。全国学联总会会长兼交际部主任是上海大学学生李硕勋,上海大学学生林钧"在全国学联负责上海商界工作,具体参加马路商业联合会工作"③。

上海学联开会时,上海大学的学生代表郭伯和经常在会上发言。圣约翰大学的右派学生杨子英污蔑上海大学不搞学习,光搞革命,是"卢布大学"④。"五卅惨案"发生后,上海学联扩大组织,选执委十五人,以圣约翰大学代表顾谷宜(国民党左派)为学联执委会委员长,上海大学代表刘一清为副委员长,下设十六科。又一说,五卅运动后上海学联极为活跃,学联委员长由交大学生担任,副委员长由上大学生高尔柏担任⑤。在上海学联中主持工作的还有上大学生朱义权⑥。上海学联当时做了不少联系群众、抵制日货的工作。

1924年进入上海大学学习的高尔柏(同时在上大附中任国文教员),同年加入中国共产党,后任上大党支部书记。编入这个支部的向警予,时

---

① 丁郁:《我在博文女学、上海大学等校的经历以及赴苏前后的活动》,中共上海市委党史研究室编:《上海党史资料汇编 第一编 建党和大革命时期》,上海书店出版社2018年版,第157—158页。
② 上海公共租界工部局《警务日报》1924年12月2日;上海社会科学院历史研究所编:《五卅运动史料(第一卷)》,上海人民出版社1981年版,第269页。
③ 高尔柏:《回忆上海大学及其他》,中共上海市委党史研究室编:《上海党史资料汇编 第一编 建党和大革命时期》,上海书店出版社2018年版,第150页。一说,林钧是上海学联委员。
④ 李强:《五卅前后上海学生运动点滴》,中共上海市委党史研究室编:《上海党史资料汇编 第一编 建党和大革命时期》,上海书店出版社2018年版,第258页。
⑤ 高尔柏:《回忆上海大学及其他》,中共上海市委党史研究室编:《上海党史资料汇编 第一编 建党和大革命时期》,上海书店出版社2018年版,第151页。黄正厂回忆,1925年6月,上海大学的刘一清任学联主席。学联代表大会下设执行委员会,上海大学的高尔柏任执委会副委员长。黄正厂:《第一次大革命琐忆》,《上海研究论丛(第20辑)》,上海书店出版社2012年版,第274页。
⑥ 程永言:《回忆上海大学》,中共上海市委党史研究室编:《上海党史资料汇编 第一编 建党和大革命时期》,上海书店出版社2018年版,第145页。

任中共中央妇女部书记,常到上海大学女生宿舍看望进步学生,与她们"谈形势,谈学习,谈思想,谈工作"①,做了不少思想政治工作。

1925年2月上海沪西日商内外棉各厂的二月罢工,就是上海大学党支部奉中共上海地委之命派邓中夏、郭伯和、刘华、杨之华等人到闸北潭子湾组织罢工委员会发动和领导的。高尔柏回忆说:"在沪西、小沙渡与日本厂方代表谈判由'上大'学生刘华负责,朱义权在场。"②上海大学学生自始至终参加了二月罢工,李硕勋按照党的指示,深入内外棉纱厂工人中,鼓励他们坚持斗争,此外还参加了募捐、联络等工作。杨之华、张琴秋深入女工姐妹中,组织女工纠察队十四队,每队十人,和男工纠察队一起执行任务,她们后又带领一批上海大学学生到工人俱乐部和工会联合办事处等地方演讲、发传单,教唱《国际歌》和反帝歌曲,鼓励工人加强团结,坚持斗争,受到工人的普遍欢迎③。

二、五卅风暴中的上大师生

5月15日晚,内外棉七厂的日本工头川村悍然枪杀共产党员工人顾正红。惨案发生后中共中央发出第三十二号通告,号召"援助上海日商内外棉罢工工人,发动反日运动"。

上海大学、文治大学、南洋大学等校学生纷纷组织起来声援工人斗争。杨之华发动上海大学和上海美专、务本女中、坤范女中、敬业中学等校同学自18日起上街募捐,抚恤顾正红烈士的家属,援助生活困难的罢工工人④。张琴秋还同向警予等集体创作了短剧《顾正红之死》,以上海各界妇女救国联合会名义在街头演出,揭露帝国主义的暴行⑤。

24日,顾正红烈士追悼大会在潭子湾举行时,英国驻沪领事下令禁

---

① 杨之华:《回忆秋白》,人民出版社1984年版,第8页。
② 高尔柏:《回忆上海大学及其他》,中共上海市委党史研究室编:《上海党史资料汇编 第一编 建党和大革命时期》,上海书店出版社2018年版,第150页。
③ 参见《中共党史人物传(第十七卷)》,陕西人民出版社1984年版,第233页。
④ 参见《中共党史人物传(第四十七卷)》,陕西人民出版社1991年版,第304页。
⑤ 参见《中共党史人物传(第十七卷)》,陕西人民出版社1984年版,第233页。

止参加追悼会的群众通过公共租界,前往参加追悼会的上海大学学生遭到租界巡捕的蛮横拘捕。据《申报》1925年5月26日报道,24日下午1时许,普陀路西捕头福来与包探崔顺扣、陈广义及中西探捕,在沪西宜昌路、戈登路等处,查见上海大学学生朱义权、韩步先、江锦维、赵振寰等手执旗帜,上书"要日本人偿命""夺回工厂""奋斗到底"等字,率领平民学校学生结队游行,沿途分发传单,当即把他们连同旗帜、传单一并带入捕房。在这之前被捕的文治大学学生施文定则在《一周被捕记》说,"下午四时,上海大学同学朱义权、韩步先、赵振寰、江锦维四人,欲赴顾君追悼大会,手执旗帜传单,路经捕房,亦被捕入",并特别强调,江锦维同学江君,年仅十五岁①。25日晨,朱义权等人被解送公共公廨查办。他们的律师称:"被告以其同胞被人枪伤身死,昨日(24日)公祭,路过租界(戈登路)被捕,对于纱厂罢工之事,毫无关系,请求准予交保。"②

消息传来,闻者莫不为之切齿。上海学生联合会决定"不能再向横蛮成性之英人,作乞丐式之哀告"。他们分发名为《学生被捕》的传单,称帝国主义的巡捕房,"当然对于这种直接间接的反抗日本帝国主义者的举动要一律禁止了!因此要募捐去接济、免得工人失败的文治大学学生二人,和去公祭顾正红而路过租界的上海大学学生四人都被捕房捉去,关在牢狱里了!"③6月4日,上海学联主编的《血潮日刊》创刊号刊发的《学生被捕》一文,坚持抗议道:"上海大学学生朱义权、韩步先、赵振寰、江锦维四人,因偕同二十同学共往小沙渡致祭工人,途经普陀路捕房,亦被捕去,余人得乘机逃脱。此六人所犯何罪,真莫名其妙!"④

5月27日下午3时半,来自大夏大学、上海大学、文治大学与同德医专的三十二个学生在麦根路(今淮安路)22号的同德医专内开会,讨论

---

① 《血潮日刊》第22、24号,上海学生联合会,1925年6月25、27日;上海社会科学院历史研究所编:《五卅运动史料(第一卷)》,上海人民出版社1981年版,第617页。
② 上海社会科学院历史研究所编:《五卅运动史料(第一卷)》,上海人民出版社1981年版,第614页。
③ 上海社会科学院历史研究所编:《五卅运动史料(第一卷)》,上海人民出版社1981年版,第687页。
④ 上海社会科学院历史研究所编:《五卅运动史料(第一卷)》,上海人民出版社1981年版,第695页。

抵制公共租界工部局提出的增加印刷附律案和增加码头捐案的办法，由在上海大学任教的共产党员恽代英主持。恽说："工部局除竭力策划制定那些我们应坚决反对的可恶的附律之外，最近巡捕房又逮捕了爱国学生，因为他们力图援助那些遭受日本纱厂主残酷迫害的中国工人，这证明工部局当局有助长压迫的非正义的倾向。"然后讨论和通过了下列决议："一、通过传单和露天演讲向公众说明罢工的真实情况；二、募款援助因罢工而急需救济的工人；三、现在被拘押的学生，如果到五月三十日尚未恢复自由，应采取措施，设法营救。"①

5月29日上海学生联合会开会，决议出发讲演，"规定以五人至七人为一组。……上大、大夏、东华、同德、文治担任静安寺路、爱文义路一带；定次日下午一时，分头出发"②。

上海大学的教师不失时机，讲述了顾正红被日本人杀害的情况，发动学生起来斗争。学生听了怒火满腔，热血沸腾，决心要为烈士报仇。学校领导对五卅行动做了具体的计划和部署，该校党支部书记高尔柏回忆说："五卅时的游行、演讲由恽代英、侯绍裘和我们一起布置，分小组指定地点活动，每组八至九人。当时，南京路中心地段，由'上大'负责，到处可以见到'上大'的学生在向群众演讲。传单由我与黄正厂（附中国文教师，党员）一道拟写，侯绍裘指导，内容基本有二条：一为揭露顾正红被害真相，二为打倒帝国主义。"③经高、黄两人执笔，侯绍裘定稿的传单《打倒帝国主义》写道："列位：你们觉得生活困苦吗？你们知道为什么比从前要苦吗？"接着历数帝国主义在政治、经济等各方面侵略、压迫中国的罪行，号召广大同胞为救死而斗争："我们起来同他们争生活呀！大家团结起来，打倒帝国主义！"④5月30日当天，学生们拿着这些传单在南京路上广为散发，力图把反帝爱国斗争推广到社会上去。

---

① 工部局《警务日报》1925年5月28日；上海社会科学院历史研究所编：《五卅运动史料（第一卷）》，上海人民出版社1981年版，第627页。
② 上海学生联合会：《五卅后之上海学生》第一章（1925年12月30日），上海社会科学院历史研究所编：《五卅运动史料（第一卷）》，上海人民出版社1981年版，第632页。
③ 高尔柏：《回忆上海大学及其他》，中共上海市委党史研究室编：《上海党史资料汇编　第一编　建党和大革命时期》，上海书店出版社2018年版，第150—151页。
④《打倒帝国主义》，《申报》1925年5月31日。

"学校的组织分工有通讯队、救护队、敢死队等,敢死队的任务是到各大马路上宣传演讲。"丁郁和黄胤两位女同学报名参加了敢死队①。

5月30日早上,上海大学被捕学生全部交保释放,在欢迎会上大家决定出动"学生讲演团"38组上街讲演,每组十人,设组长一人,均有"学生讲演团"的旗帜及传单。每组中只要有一人被捕,全组必须同往,改以他组继续演讲,以此表示不屈不挠的精神,引起民众的同情。

全市各校三千多名学生到南京路等上海主要马路演讲,指挥部设在望志路永吉里34号国民党江苏省临时省党部,由恽代英(时任团中央委员、《中国青年》主要编委之一)和侯绍裘(时任国民党上海执行部宣传委员、教育委员)实际指挥。上大学生全部分配在南京路新世界至抛球场一段,但都争先恐后集合到老闸捕房门口演讲。当天下午,丁郁她们来到南京路老闸捕房斜对面,"向商店借了只长凳向群众进行演讲,讲日寇侵我领土,杀我同胞,屠杀顾正红烈士等,听讲的市民越围越多,都愤怒异常"②。杨之华与瞿秋白的胞弟、上海大学社会学系学生瞿景白也参加了这次游行示威。瞿景白在南京路学生游行队伍中高呼口号,鼓励大家前进,后被公共租界巡捕房逮捕。

在两小时内,有百数名学生被抓进捕房,后以人数过多,不能容纳,随即被鞭打足踢赶了出来。上海大学社会学系学生丁郁等人是当天最早被捕,直到晚上才放出巡捕房的一批。另有三十五人被捕房指为首领,没有释放③。

据在场的沈孟先回忆,在当天的示威人群中,何秉彝站在最前面,挥舞着拳头,领导大家呼喊口号。后来何秉彝向许多演讲队宣布:这里被抓的人已放了,"新衙门"(即会审公堂,位于浙江路海宁路口)还关了许

---

① 丁郁:《我在博文女学、上海大学等校的经历以及赴苏前后的活动》,上海社会科学院历史研究所编:《上海党史资料汇编 第一编 建党和大革命时期》,上海书店出版社2018年版,第157—158页。

② 丁郁:《我在博文女学、上海大学等校的经历以及赴苏前后的活动》,上海社会科学院历史研究所编:《上海党史资料汇编 第一编 建党和大革命时期》,上海书店出版社2018年版,第158页。

③ 马凌山:《本校同学三年来的奋斗工作》,上海社会科学院历史研究所编:《五卅运动史料(第一卷)》,上海人民出版社1981年版,第637页。

多被捕的人,大家一起到"新衙门"去营救他们。于是大家一致高声地喊着:"到新衙门去!到新衙门去!"转过头来推动群众向浙江路走去,行至贵州路,三四个巡捕从背后追上来,野蛮鞭打示威群众,不许队伍行进。这时被夹在中间的何秉彝等人,一面呼喊着:"不许打人!"一面劝告群众继续前进。但巡捕还是不停地鞭打游行群众。何秉彝和几个会说英语的演讲队员挺身出来质问、抗议,要求巡捕立即停止打人的野蛮行为。经交涉后,巡捕一个个退走了[1]。15点45分,南京路老闸捕房的英国巡捕公然开枪,当场打死13人,其中有何秉彝,于达同学亦负重伤,此外轻伤几十人。

何秉彝,四川彭县人,1924年春考入大同大学,专攻理化,"顾以国事日非,民不聊生,乃慨然叹曰:'目前吾国外遭帝国主义之侵略,内受万恶军阀之蹂躏,吾人陷此水深火热之境地,欲求救国救人,舍行国民革命外,其道无由。致力自然科学,虽有相当之价值,然非此时所需也'。"即于是秋间转入上海大学社会学系肄业,不久参加中国共产党。1925年5月30日,何秉彝在上海公共租界南京路讲演"此次日人枪杀工人之经过及帝国主义侵略之阴谋,激昂慷慨,听众无不动容"。因之竟遭英捕开枪射击。何秉彝中弹倒下时,"口中犹连呼'打倒帝国主义''中华民族解放万岁'不已"[2]。

"五卅惨案"发生当天下午,刘华在潭子湾三德里工友俱乐部百人集会上说,工会将发动工人罢工,支援被捕的学生。晚上中共中央召开紧急会议,决定建立各阶级反帝统一战线,动员全市各界罢工、罢市、罢课。侯绍裘与恽代英在国民党江苏省临时省党部主持召开了江苏和上海国民党各方面负责人会议,听取汇报,具体布置"三罢"斗争,开展反帝运动。

5月31日,愤激异常的上大学生一面通电全国,促使全国民众一致奋斗;一面冒雨出发演讲,大都集中在南京路新世界至石路(今福建中路)口一段。各校学生演讲的秘密指挥部在大东旅馆,由南洋大学的张永和

---

[1] 沈孟先:《关于五卅反帝宣传示威的回忆》,上海社会科学院历史研究所编:《五卅运动史料(第一卷)》,上海人民出版社1981年版,第669—670页。
[2] 《何秉彝烈士传略》,《上大五卅特刊》1925年6月15日,转引自上海社会科学院历史研究所编:《五卅运动史料(第一卷)》,上海人民出版社1981年版,第723页。

与上海大学的刘一清分任总司令和总指挥①。这天仍有六十余人被捕，内有女学生五人，但随即释出。下午3时许，上大学生又参加了由学生代表林钧主持的上海各界各团体大会，会议决定先由各团体各推代表二人组织委员会，办理罢工事件，再要求总商会签约，商界明日一致罢市，总商会最后签字同意。6月1日，上大学生继续出发演讲，分配在浙江路、福州路一带，还是有多人被捕，但不久即释放。当天，上海大学、南洋大学、上海法政大学、复旦大学、同济大学等许多院校和中学相继罢课，又联合工商界等，实行罢工、罢市。

6月3日，上海大学学生会通电罢课。通电称："全国各学校各团体暨各界人士鉴：万急！五月三十日上海各校学生在南京路一带讲演，意在引起国人注意，并无越轨行动。不料巡捕开枪轰击，惨毙多人，受伤及被捕者不计其数，本校同学何秉彝，亦被枪死。前昨两日，工商人士及学生续遭惨毙，为数益多，本校亦于六月一日起实行罢课，誓达惩凶雪耻之目的，还望全国各界一致响应，实所至盼。特此电闻。"②

上海"三罢"斗争的主力是20万名工人，总指挥是5月31日公开成立的以李立三为委员长的上海总工会。总工会成立次日发布的第一道命令就是总同盟罢工令。上大学生在总工会担任要职的有：刘华任副委员长兼组织主任，杨之华任妇女主任。张琴秋负责与引翔港总工会第二办事处的联系工作，她经常深入各厂了解罢工动态，鼓励工人坚持斗争到最后胜利③。

6月4日，上海市工商学联合会成立，由上海学联、全国学联、上海总工会、马路商界总联合会四大团体共同组织，为反帝斗争总指挥机关，任务是"对内以计划方针，对外以严重交涉"，推选商界代表邬志豪和全国学联的林钧为正副委员长④。上大学生林钧在集中力量促成上海商界罢

---

① 黄正厂：《第一次大革命琐忆》，《上海研究论丛（第20辑）》，上海书店出版社2012年版，第273页。
② 《民国日报》1925年6月3日；上海社会科学院历史研究所编：《五卅运动史料（第二卷）》，上海人民出版社1986年版，第119页。
③ 参见《中共党史人物传（第十七卷）》，陕西人民出版社1984年版，第233页。
④ 俞昌时：《亲历五卅运动》，中共上海市委党史研究室编：《上海党史资料汇编　第一编　建党和大革命时期》，上海书店出版社2018年版，第264—265页。

市方面做了不少工作。上大学生李硕勋当选该会委员①。

三、面对中外反动派联合镇压的上大师生

6月4日早上,上海大学被英国巡捕、海军陆战队查抄占领。据6月8日上海大学教职员及学生在《民国日报》上发出宣言:

> 四号早晨九时左右,来了汽车十余辆,随即下来了武装英捕六七十人,脸色凶狠,说要搜查。当即将本学校所有住校的教职学生唤到校庭,叫都高扬两手,有举手稍缓的,便用双拳蛮打头、胸部,有几人当即身受重伤。人身搜查一无所得,又各令人领到自己房中,其时恰又来了荷枪实弹的海军六七十人,便一并带枪持刀,押着进房,翻箱倒箧,无所不至。他们又不认识中华文字,见有未订讲义便都认作五卅传单,强行夺去,更不听人说明;最后并限在校诸人,于十分钟内一体离校,不得再进校门。至正午十二时,第一、第二两院已尽被英国海军占领,学生当时不在校的约六七十人,便连日用衣服、夜具也被截在内,不得领取了。②

6月5日,上海大学在老西门勤业女子师范学校建立了临时办公处,继续组织全校师生投入"三罢"斗争。

6月6日,北洋政府江苏省宣抚使卢永祥、江苏省省长郑谦发出告示:"惟望各界人等,概持镇静,以待解决,倘或激于义愤,罢学罢工,交涉之初步,尚未进行,而自己之牺牲,所损已巨,甚或有匪徒流氓,乘机附和,致为轨外行动,别生事端,非特影响于治安,且恐贻人以口实,是以极胜利

---

① 黄正厂回忆说:"工商学联合会成立,恽代英派我作为全国学联的代表参加工作。工商学联合会开了第一次会议,……推我和严谔声为文书。"接着黄奉命到上海总工会宣传部工作,旋回学联接替高尔柏主编《血潮日报》。黄正厂:《第一次大革命琐忆》,《上海研究论丛(第20辑)》,上海书店出版社2012年版,第275—276页。
② 《民国日报》1925年6月8日;上海社会科学院历史研究所编:《五卅运动史料(第二卷)》,上海人民出版社1986年版,第130页。

之希望,而转发生障碍,想亦非各界人等爱国之本意。此则本宣抚使、本省长,不得不为各界谆谆劝导者也。仰即转告各界人等,一体知悉,务即明了中央及省政府对于此案郑重之意,静候解决,其各自安生业,勿得纷扰,致滋别故,是为至要。"①

面对中外反动派的恫吓与镇压,上海大学革命师生并没有被吓到。当天下午他们在小西门少年宣讲团开会,一百六十余人参加。大会主席于右任校长称:"本校此次虽遭解散,然并不以兹灰心,除讨论善后事宜外,且将从事于进展计划。"接着教职员韩觉民、学生贺威圣"相继报告被迫解散之经过及前日开会之情形。次经议决组织一上大临时委员会","当选者有施存统、韩觉民、侯绍裘、秦治安、韩步先、朱义权、贺威圣等七人",其中教职员三人、学生四人,"并经议决住校学生由学校代觅膳宿场所,通学生则由学生自办"②,继续进行更大的反抗。

6月8日,上海大学教职员学生在《民国日报》上发表宣言,宣称:

> 本大学现已到了转换忍受态度为奋斗态度的时候了,对于中外特行郑重申明:凡本大学以前所受的搜查判决,全系恃势压伏,反乎实情,本大学所主张的打倒帝国主义,完全基于自由思想结果,民族图存的必需,并非受任何特殊主义的影响。本大学永远认强权不就是公理,凡为学术思想起见,无论如何的淫威来压迫自由,如何的黑暗侵袭独立,断然师生合作一起,努力与抗,决不退让,特此宣告。③

6月11日,会审公堂审讯被捕的上海大学学生瞿景白、杨思盛、王宇春、王自勤。四人年龄在十八至二十二岁之间,就读上海大学的时间最少

---

① 《申报》1925年6月9日;上海社会科学院历史研究所编:《五卅运动史料(第三卷)》,上海人民出版社2005年版,第983页。
② 《民国日报》1925年6月7日;上海社会科学院历史研究所编:《五卅运动史料(第二卷)》,上海人民出版社1986年版,第129页。
③ 《民国日报》1925年6月8日;上海社会科学院历史研究所编:《五卅运动史料(第二卷)》,上海人民出版社1986年版,第131页。

的不到半年,最多的已有两年。他们被捕有先后之分、被动主动之别,但口径则基本相同:抗议日本人惨杀我同胞顾正红。

其中瞿景白,二十岁,常州人,原在浙江第一师范读书,后被其兄瞿秋白带往上海大学学习,在社会学科已有一年。他说,到达南京路先施公司后,见一些同学正在演讲。他们被巡捕抓去,所有过路的行人都问他们为什么被捕。"巡捕列队立于捕房门口,……有一穿便衣的外国人,令一巡捕将我拘捕。"他强调当时"只图探悉捕房如何处理我的同学。……有许多事,如不将旧的破坏,新的事情就无法建立起来"①。

杨思盛,十八岁,四川人,1925年才来上海大学,就读中国文学科。他说:"星期六我们有六个人,三男三女。我带一面小旗。另一同学也带一面小旗。……我去演讲。讲日人惨杀一个中国工人。……我们只是要让公众知道这件事而已。"他说,"我队有三个人被捕。"②

王宇春,即陈觐光,二十岁,浙江湖州人,在上海大学读中国文学科还不到半年。他说,"是受良心的召唤才出来的",去南京路"讲日本人杀死我的同胞",并坚称"我只要公众知道实际发生什么事。……我的演讲是听良心指挥做的"。这时审讯者问:"你知道仅仅一个纱厂就损失关银五万二千两吗?"王理直气壮地回答:"即使有稍许损坏,那也是由于日本人虐待我工人所致。"③

王自勤,二十二岁,广东人,在上海大学读书已有两年。他说,5月30日午饭后"和几位同学出发到新世界演讲","我们的讲题就是同胞被日本人惨杀的事","我们正想选定地点",准备向大众宣传,"就被巡捕拘捕"。他还说,一队有十二人,"同学中有一人手执小旗","他就是蔡鸿立"。"我们刚要设法集合演讲,但是我们演讲尚未开始,我们即已被捕,被巡捕带走"。审官问:"你既未被捕,为什么随他们两人进捕房?"王回

---

① 《上海会审公廨审理五卅、六一惨案记录》,上海社会科学院历史研究所编:《五卅运动史料(第三卷)》,上海人民出版社2005年版,第714—715、717页。
② 《上海会审公廨审理五卅、六一惨案记录》,上海社会科学院历史研究所编:《五卅运动史料(第三卷)》,上海人民出版社2005年版,第719页。
③ 《上海会审公廨审理五卅、六一惨案记录》,上海社会科学院历史研究所编:《五卅运动史料(第三卷)》,上海人民出版社2005年版,第721—723页。

答:"那是因为我的同学被捕,我很想探悉他们为什么被捕。"①

四位学生在公堂上大义凛然,不卑不亢,众口一词,有理有节,赢得了不少同情。本案正审官关炯之据此宣判称:"兹本公堂讯得被告人等,大多数系属青年学子,因日人工厂内工人被杀,在租界内结队演讲,散发传单,本公堂认为无欲暴动之意,且其拘入捕房时间,均在发生开枪事件以前,尚有少数被告,讯系马路驻看闲人,被告等着一律具结开释,保洋发还。本埠发生此不幸重案,本公堂甚为惋惜。汝等青年学子,具有爱国思想,宜为国珍重,力持镇静,听候解决,是所厚望!"②这一判决,总体上对上海大学的爱国学生是有利的。

1925年下半年,上海大学搬到了闸北青云路师寿坊新校舍复课。复课后的上大学生已近八百人,共产党员、青年团员占半数以上,革命斗志非常高昂③。这时上海大学的党支部书记是高尔柏,支部委员有高尔柏、李季、施存统三人④。搞团的工作的同志经常到青云路上党课,党的领导人罗亦农、瞿秋白、李立三都去讲过课⑤。时任中共江浙区委书记的罗亦农也常到上海大学、上海学联等单位讲演,为这些单位的党、团员解决思想问题和工作中遇到的困难。

五卅运动后,上海总工会代理委员长刘华积劳成疾,患上肺病,经常咯血,卧床两个多月,11月中旬始愈。11月29日,他途经公共租界时被巡捕抓去。11月30日晨,会审公廨审理刘华一案。公共租界捕房情报处捕头吉文司向公堂控告:"在五月份,刘华为闸北工会书记,四至五月份中,渠为实际之负责者。渠系一著名之煽动分子,在工人中制造许

---

① 《上海会审公廨审理五卅、六一惨案记录》,上海社会科学院历史研究所编:《五卅运动史料(第三卷)》,上海人民出版社2005年版,第727—728页。
② 《正审官宣布判词》,《新闻报》1925年6月12日。上海社会科学院历史研究所编:《五卅运动史料(第三卷)》,上海人民出版社2005年版,第737页。
③ 程永言:《回忆上海大学》,中共上海市委党史研究室编:《上海党史资料汇编 第一编 建党和大革命时期》,上海书店出版社2018年版,第145页。
④ 黄正厂:《第一次大革命琐忆》,《上海研究论丛(第20辑)》,上海书店出版社2012年版,第277页。
⑤ 李强:《五卅前后上海学生运动点滴》,中共上海市委党史研究室编:《上海党史资料汇编 第一编 建党和大革命时期》,上海书店出版社2018年版,第260页。

多纠纷，影响工人使之罢工。在三月份，渠曾作过五十次以上过激性演说。渠另一化名为王本华，而以煽动者及以反对当前社会制度著称。在罢工方面，渠极为活跃。在排外反对帝国主义方面为一领袖。中国当局因其人在华界犯有种种案件，故欲其归案。"公堂判令将被告引渡与中国当局①。

12月2日，刘华被引渡到淞沪戒严司令部，罪名是"曾于闸北等处，数次演讲，以激烈论调，煽动人心"②。当天及12月3日，上海大学、文治大学、大夏大学学生前往上海共和路戒严司令部，要求保释刘华。3日，上海大学代表傅正和内外棉纱厂工人代表王志山赴张家口访西北军将领冯玉祥，请求协助营救刘华③。不料，12月17日夜，军阀孙传芳下令淞沪戒严司令部严春阳，就地枪决刘华并灭尸不宣。

1926年1月24日，上海大学非基督教同盟、上海大学台属同学会、上海大学女同学会、上海大学同学会、上海大学三民主义研究会、上海大学济难会、上海大学附中济难会、上海大学附中非基督教同盟、上人附（中）学生会等一百三十余个团体在《民国日报》发表响应拥护人权宣言，抗议帝国主义和军阀当局残杀工人领袖刘华：

>刘华之罪，则系因彼曾于五卅运动时，数次在闸北等处，以激烈言词，鼓动人心。此项新闻纪事，直至今日刘华被秘密枪毙之讯宣传后，迄未见当局有若何之声明与否认。夫五卅运动者，对外争国家存亡之运动也。所谓"激烈言词"者，又至无界限，何以准确为定者也。即令确有刘华在五卅时，以激烈言词，鼓动人心之证据，然此不过爱国行为，何得成为犯罪。更何得即执行死刑。据法理论，已属违法、非法。何况刘华被捕时，固为一久病未瘥之"非现行犯"，

---

① 《字林西报》1925年12月1日；上海社会科学院历史研究所编：《五卅运动史料（第二卷）》，上海人民出版社1986年版，第724页。
② 《刘华被害之经过》，《中国青年》1926年第111期；上海社会科学院历史研究所编：《五卅运动史料（第三卷）》，上海人民出版社2005年版，第1031—1032页。
③ 《警务日报》1925年12月5日；上海社会科学院历史研究所编：《五卅运动史料（第二卷）》，上海人民出版社1986年版，第724—725页。

乃更不经正式审判,既无犯罪证据,又无一语供词,又无一字宣布其果犯何罪,遂于半夜秘室中执行枪毙,即在袁世凯式之"惩治盗匪条例",亦尚须于执行判决之时,出一告示;宣布该匪该盗曾抢某人,窃某物。刘华以爱国而犯罪,竟并一盗匪在法律上所应享之保障,亦不可得。……特以吾人日处恐怖世界、自身已于任何时可以为刘华耳。人权之保障不立,吾人尚可一日生活乎? 前此丁晓先先生等所宣言提出之四条保障人权最低限度要求,吾人认为实系吾四万万中国人争生存之起点,亦为现在黑暗社会中之空谷足音。凡我同胞,均应一致兴起,仗义拥护,必以达到此四条最低要求为目的。①

1926年3月7日,《上海总工会三日刊》第110期刊出了署名"失业工人"的诗歌《悼刘华》:

> 正月里来是新春,刘华本是大学生;替我工人谋解放,用尽心血指迷津。二月里来暖阳阳,领导我们苦演讲;无产阶级都联合,帝国主义真吓伤。三月里来是清明,英国强盗胡乱行;常常压迫结团体,恨得刘华怒火喷。四月里来蔷薇红,日本厂主手段凶;待我工人如牛马,狠心打死顾正红。五月里来是端阳,南京路上大开枪;打伤同胞无其数,这种惨杀破天荒。六月里来热难当,工人罢工来抵抗;刘华同志做领袖,不达胜利不上工。七月里来正秋凉,卖国军阀是奉张;无故封闭总工会,通缉刘华出赏洋。八月里来雁门开,孙传芳带兵上海来;各国领事来接待,提起刘华过激派。九月里来是重阳,刘华捉进巡捕房;即刻解到司令部,披枷带(戴——引者)锁苦难当。十月里来小阳春,字林西报漏风声;刘华同志遭枪毙,深更半夜暗执行。十一月里来雪花飘,各工厂闻信哭号啕;誓与刘华来报仇,严春阳吓得不得了。十二月里来过年忙,追悼刘华永不忘;继他生平未

---

① 上海社会科学院历史研究所编:《五卅运动史料(第二卷)》,上海人民出版社1986年版,第731—732页。

竟志,个个来做革命党。①

这一首诗歌寄托了上海工人对上海大学学生刘华的缅怀,充分肯定了他在五卅运动中的领袖风范与重要贡献。曾为上海大学社会学系教授的蒋光慈也写了一首题为《在黑夜里——致刘华同志之灵》的悼诗,赞颂刘华是"上帝的叛徒,黑暗的劲敌",控诉帝国主义和直系军阀的暴行,坚信"黑夜总有黎明的时候"②。公道自在人心,与何秉彝一样,刘华作为五卅烈士,永远活在上海人民心中。

综上所述,在五卅运动中上海大学的革命师生起了很大的作用,恽代英、侯绍裘、李硕勋、林钧、刘华、杨之华、张琴秋等人在运动中大显身手,崭露头角,锋芒初试,展示了出色的领导才华。上海大学大学部、附中部教师引导大学生齐上阵,大学生又引领附设学校学生,并且在工界、商界也起到了先锋和桥梁的作用。其中,大学生何秉彝等人的牺牲直接引起了五卅运动的风暴,刘华则从一个大学生成长为上海工人的领袖、上海总工会代理委员长。归根到底,所有这些号召力、凝聚力、战斗力均来自工人阶级的先锋队——中国共产党及其在上海大学的党支部。瞿秋白、邓中夏、恽代英等党的早期领导人在上海大学开创的宣教工作在五卅运动中得到了检验,培养出来的干部如刘华赢得了人民群众的认可。五卅运动前后的历史表明,党在上海大学的工作是成功的。

邵雍,上海师范大学历史学系教授;中共上海市委党史研究室特约研究员

---

① 上海社会科学院历史研究所编:《五卅运动史料(第二卷)》,上海人民出版社1986年版,第737—738页。
② 转引自哈晓斯:《蒋光慈》,《中共党史人物传(第四十三卷)》,陕西人民出版社1990年版,第134页。

上海大学、五卅运动与中共"群众党"建设

杨　阳　忻　平

发生在中共四大闭幕后不久的五卅反帝爱国运动,标志着大革命高潮的到来。中共四大确立的政策、决议对五卅运动的开展有直接的影响,而席卷全国的五卅运动又进一步推动了党组织与群众团体大发展,回应和落实了中共四大提出的"群众党"(即群众性政党)建设要求。在这场运动中,中国共产党领导下的上海大学通过学生普遍联系工人、农民、青年、妇女等社会群体,以学生运动结合工人运动,具体实践了中共四大提出的群众组织建设方案。本文总结了上海大学师生群体在五卅运动中的作用及两者间的关系。

一、学生动员工人：上海大学在五卅运动中的两大作用

近代以来中国青年学生群体思想趋于激进,"谁有青年,谁有将来"的观念驱使国共两党均致力于争取和发动学生参与革命。五四前后,孙中山的政治主张曾吸引青年学生的注意,因而产生一定社会影响力,尤其是上海的学生长期处在"国民党影响之下"①。大革命前夕,国民党逐渐从依靠会党、军阀势力转而认识到学生的革命作用,欲以学生担任政治运动的重要角色。

中国共产党方面,自其成立之初便注重青年学生的作用,一是其自身

---

① ［俄］舍维廖夫:《张国焘关于中共成立前后情况的讲稿》,《百年潮》2002年第2期。

组织建设需要吸纳革命学生参与,二是以学生为媒介动员工农群体。据统计,中国第一代共产主义知识分子中的学生占比达41.7%①,中共早期党员群体的学生比例亦较高,党领导下的青年团更"可说完全是'学生团'"②。党的早期领导者彭述之称,从1920年渔阳里建团开始直到1925年初,青年团内"几乎全部是学生",而且团的影响力也主要在学校范围内③。然而,学生只是一种身份而非职业,学生运动之所以能够产生社会效果在于学生倾向同情与教导平民,中共认识到:"最易对无产阶级革命表同情的,就是一般青年学生。"④而且,学生行动易引发其他阶层与职业群体的同情、赞襄与援助,促使学生唤起工农群众投身革命是中共组织学生运动的重要动因。以学生为媒介动员工农群体,成为中共进行社会动员时的一种行之有效的途径,中共领导下的上海大学在其中扮演了重要角色。

上海大学是第一次国共合作时期国共两党联合创办的高等学校,此一机构的诞生充分证明了培养具备革命理论素养的青年学生已经成为国共两党的共识。上大创建后,国民党对于该校学生的革命作用有所期冀。1922年10月,出任上海大学校长的国民党元老于右任在欢迎会上对学生训话,称其今后要在上大制造炸弹、地雷,"不仅在中国落地开花"且"要炸得全世界开花结果"⑤。于右任将学生喻作炸弹、地雷,上大学生果然不负其所望,在五卅运动中爆发出震惊中外的强大威力。尽管上海大学名义上是由国民党人担任校长,由两党共同领导的,但实际上是由中共直接领导的。1923—1926年上大毕业生近六百人,为中共培养了大批干部,其中不少学生成长为中共的主要领导成员,证明了中共悉心培养青年

---

① 江晓峰:《第一代共产主义知识分子群体结构研究》,华东师范大学硕士学位论文,2008年,第16页。
② 《对于青年团的意见》,《先驱》第6号,1922年4月15日。
③ 彭述之:《彭述之回忆录:中国共产主义的起飞(上)》,香港天地图书有限公司2016年版,第458页。
④ 存统:《本团的问题(1923年6月12日)》,中国新民主主义青年团中央委员会办公厅编:《中国青年运动历史资料(1)》,内部发行,1981年重印,第278页。
⑤ 程永言:《忆上海大学》,《党史资料丛刊(第2辑)》,上海人民出版社1980年版,第83页。

学生的前瞻性,该校也因此被誉为"党的第一学府"。在具体操作上,中共如何利用上海大学这一前沿阵地推动五卅运动,上海大学师生群体在运动过程中发挥了何种作用呢?

一方面,在五卅运动爆发前夕,上海大学师生发挥了组织骨干的作用,为运动的爆发和扩展铺垫了群众基础。五卅运动的两大策源地是上海大学和沪西工友俱乐部,前者为中共培养青年干部的主要基地,后者则为领导工人运动的前线指挥部[①]。为宣传革命真理,唤醒民众的阶级觉悟,中国共产党领导下的上海大学注重对平民的社会教育,通过学生教导民众的方式建立两者间的联系。1924年春,上海大学在西摩路(今陕西北路)校内开办平民学校,由上大师生担任教职员。至11月,平民学校学生已达460余人。与此同时,上大师生又在上海各地兴办工人补习学校、工人夜校等机构,借此组织和发动工人。1924年下半年,"中共上海地方委员会以上海大学学生为骨干,深入到工人中开展工作,在沪西、沪东、浦东等区创办了七所工人夜校"[②]。根据在长辛店、安源等地筹备工人俱乐部的经验,中共地方组织在这些学校成立一些基础的工人俱乐部,比如沪西工人运动的中心——沪西工友俱乐部,就是从补习学校发展成立的。上海大学师生在筹组俱乐部的工作中发挥了骨干作用,上大学生刘华被党组织调往沪西工友俱乐部任副主任,促进学生与工人运动相结合。上大师生通过开办工人学校和工友俱乐部,不断向群众宣传革命思想、扩大党的影响、发展党员和团员,顾正红就是在1924年参加了工友俱乐部,翌年入党的。利用工农群众尊崇学生的社会心理,由学生开办平民学校去教育和引导工人,借此成立工运组织——此种方式成为沟通学、工、农等群体的主要桥梁。上大学生的前期工作为后来的五卅运动打下了坚实的群众基础。

另一方面,上大师生在运动爆发后走上街头,积极开展演讲、散发传单、组织游行,在五卅反帝爱国运动中发挥了先锋模范作用。惨案发生后,400多名上大师生一共组成38个演讲团四处开展演说,发动民众共

---

① 任建树、张铨:《五卅运动简史》,上海人民出版社1985年版,第24页。
② 中共中央党史研究室:《中国共产党历史 第一卷 (1921—1949)(上)》,中共党史出版社2002年版,第161页。

同反对帝国主义的暴行。共产党员何秉彝成为上大学生中的一个牺牲者,他的牺牲进一步激发全校师生的反帝爱国情绪。1925年6月初,上海大学被租界工部局占领,学生的革命情绪更加激昂。上大师生通过召开大会、发表通电和宣言、组成临时委员会等方式领导运动。15日,上大还专门出版了《上大五卅特刊》,倡导进一步开展反帝爱国斗争,从而推动了上海全市的"三罢"斗争。时任青年团代理中央书记的任弼时撰文说,青年学生"代表社会先进思想,富有反抗能力,对于社会上种种无礼的虐待——何况是外国权力虐待中国学生,当然有所表示"[①]。由于上大学生的英勇抗争,使得运动的对立面——帝国主义势力为之震动恐惧,帝国主义者把上大学生视为"眼中钉",必欲早日拔除为快。当时英国《字林西报》的报道把上海大学称为"宣传共产主义的著名温床"。租界方面也认为,"鼓动此次引起扰乱之学生或学童皆来自过激主义之大学——即西摩路之上海大学"[②]。上海大学师生不惧怕帝国主义的武力镇压,积极投身运动,由此点燃中国人民郁积已久的对帝国主义的仇恨怒火。鉴于上大师生在运动中的突出表现,时人将上海大学与新文化运动的主阵地北京大学相提并论,认为"北有五四的北大,南有五卅的上大"[③]。

二、学生动员妇女:上海大学女性师生促进妇运发展

近代以来女权观念不断成熟,中国妇女群体萌发了摆脱封建压迫与礼教束缚的独立自主意识,开始获得与男性一样的受教育权利,出现了兴办女校、男女同校等现象。上海大学的前身是私立东南高等专科师范学校,在创办之初便打出试验"男女同校"、提倡"新文化"的旗号,吸引了

[①] 任弼时:《上海五卅惨杀及中国青年的责任(1925年6月)》,中共中央文献研究室、中央档案馆编:《建党以来重要文献选编(1921—1949)(第二册)》,中国文献出版社2011年版,第395页。
[②] 黄美真、石源华、张云编:《上海大学史料》,复旦大学出版社1984年版,第142页。
[③] 黄美真、石源华、张云编:《上海大学史料》,复旦大学出版社1984年版,第34页。

许多历经五四运动洗礼的有志青年慕名而来。上海大学正式成立后,许多进步的女性青年在此学习或任教。同时,上海是女工集中的城市,为唤醒女工的阶级觉悟并奋起抗争,党领导下的一批女性党员深入其中开展组织工作。上海大学以女性党员、团员为代表的女教师和女学生在五卅运动中扮演了重要角色,成为党的早期历史上独具特色的现象。据统计,上海大学半数以上的女性在中共上大支部的领导下参加了女工工作,杨之华、张琴秋等人是其中代表[①]。在上大工作或学习的向警予、王亚璋、王一知、丁玲等人也曾积极投身到发动和组织群众的工作中,她们受到女工群体的欢迎,许多女工参加了共产党创办的平民学校。以党的早期领导人、时任中共中央妇女部部长的向警予为例,她时常到上大女生宿舍去和学生们讨论政治问题,借此引导倾向革命的女学生注重与妇女运动相结合,深入女工中去。当时在上大读书的张琴秋后来回忆,向警予带她去参加职工会议,要求学生们"不断地与工人群众接近,与他们逐渐建立起深厚的感情",并且鼓励她"一个革命者,就要在群众中锻炼自己"。1923年进入上海大学社会系学习的杨之华也是妇女运动中的一名健将,在校期间她积极参加各项政治活动,对妇女运动非常热心。上海大学开办的工人夜校设有妇女特别班,杨之华为特别班女工讲课。她经常穿着女工服装深入女工集中的工厂中作宣传和动员。在向警予、杨之华等人的带动下,中共四大前后有一大批共产党员深入妇女群众中传播革命真理,有计划地建立妇女组织。上海各界妇女联合会的成立标志着上海妇女界反帝联合战线的形成,上大女性师生参与发起的新型妇女群众组织广泛动员各阶层妇女投身革命。

上大女性师生在五卅运动中的模范表现,预示着党领导下妇女运动的实质性发展。从中共二大、三大到四大召开时,中共中央均专门制定过发动妇女运动的决议案,但实践效果并不明显。从中国共产党成立到1925年中共四大召开,女性党员所占党员总数的比例都比较低。1923年6月,全党只有13名女性党员,7月中央机关驻地上海的51名党员中只有

---

① 王长流、徐云根:《上海大学与五卅运动》,《上海革命史资料与研究(第14辑)》,上海古籍出版社2012年版,第280页。

2名女性党员。对此,陈独秀在中共三大报告中指出"中国的妇女运动还很不发展",只是在上海、广州等个别地方有一些影响①。这一情况在中共四大闭幕后开始得到根本改变。中共四大的《对于妇女运动之决议案》专门指出,女学生在妇运中的作用日益凸显,"一部分小资产阶级出身的妇女——特别是女学生,已渐渐有倾向革命之可能。我们妇女同志除努力参加外,更应切实指导这种工作使之日趋于革命化"②。鉴于中共四大提出的妇运路线和女性党员人数较少的情况,1925年5月,中共中央设立妇女部作为妇运的领导机关,指导各地方党组织努力发展女性党员,向警予当选为主任,至是年10月,由杨之华接任该职务。妇女部的建立是对中共四大要求党的妇女运动应有专门负责之机关等决议的执行。

经过五卅运动,党领导下的妇女组织得到大发展。运动中心上海的党员性别比例构成发生较大的变化。女性党员所占比例迅速增加,基本占五分之一左右③。五卅运动中各地方党组织女性党员人数的迅速增长,离不开上大女性师生的宣传和鼓动工作。

三、中共四大与五卅运动是建设"群众党"的关键环节

五卅运动发生在中共四大召开后不久,直接受到中共四大政策的影响。中共四大决议的全面实践为五卅运动建立了组织基础,五卅运动在全国的影响又反过来促成了"群众党"的大发展。

中共创建之初原本是一个以宣传与理论研究为主的政治性小团体,共产国际代表马林将其称为"小组织"。1922年中共二大提出了要建设

---

① 陈独秀:《在中国共产党第三次全国代表大会上的报告(1923年6月)》,中共中央文献研究室、中央档案馆编:《建党以来重要文献选编(1921—1949)(第一册)》,中央文献出版社2011年版,第245—246页。
② 《对于妇女运动之决议案》,中共中央文献研究室、中央档案馆编:《建党以来重要文献选编(1921—1949)(第二册)》,中央文献出版社2011年版,第252页。
③ 共上海市委组织部、中共上海市委党史资料征集委员会、中共上海市委党史研究室、上海市档案馆:《中国共产党上海市组织史资料(1920.8—1987.10)》,上海人民出版社1991年版,第12—16、24—27页。

成为一个群众性政党的建设目标,首次明确提出"要'到群众中去',要组成一个大的'群众党'"。1925年中共四大召开,大会明确提出了无产阶级在民主革命中的领导权和工农联盟问题。有学者指出,大会阐明的领导权问题是革命的根本问题,决定了革命的性质、道路和前途,工农联盟则是获得无产阶级领导权的根本途径①。无产阶级领导权的提出,掀起了国内革命的高潮,因此毛泽东说"由于无产阶级的领导,根本地改变了革命的面貌","所有这些,都是在资产阶级领导革命时期不可能出现的"②。中共四大强调无产阶级的领导地位落实到五卅运动期间,反映为党施行的政治路线,即"各革命阶级联合战线"。中共四大通过的工、农、青、妇运动的决议案以及对民族革命运动的具体安排,加强了对群众运动的领导。作为运动先锋的上海大学积极贯彻中共四大路线,成为中共向"群众党"转型过程中的一个活跃要素。

五卅运动向全国的发展促进了党组织的大扩张,为"群众党"的发展奠定了坚实的基础。中共四大召开时,全国共有党员994人,五卅运动结束后增加为约3 000人,1925年底更达到约1万人的规模。以运动的发源地上海为例,运动前上海共有支部15个,党员220人;运动过程中,上海区委增加了800名左右的新党员,共有党员1 100名左右,并且当年10月统计结果为80%多的党员是产业工人③。随着运动向全国推进,党组织派出许多党员到内地省份和边远地区进一步促进党组织大发展,如云南、广西、安徽、福建等地的党组织就是在此一时期建立起来的,这扩大了党在群众中的政治影响。共产国际代表维经斯基曾经评价五卅运动对于中共在革命动员与组织建设上的意义:"在上海,破天荒第一次把12万产业工人组织起来了","共产党本身得到了发展,靠吸引工业无产阶级的先进分子扩大了队伍"④。

---

① 潘秦保:《浅析中共四大与五卅运动》,《红广角》2016年第9期。
②《毛泽东选集(第1卷)》,人民出版社1991版,第315页。
③《致庆云、伯坚、人达诸同志的信(1925年12月28日)》,余沈阳主编:《王一飞传略·文存》,中共党史资料出版社1988年版,第79—80页。
④《共产国际执行委员会主席团会议讨论中国问题的速记记录(1926年2月10日)》,中共中央党史研究室第一研究部编:《共产国际、联共(布)与中国革命档案资料丛书(第3册)》,北京图书馆出版社1997年版,第47页。

中国共产党的创建是一个历史过程,中共四大的召开与随后发生的五卅运动,是党从渔阳里时期的政治团体转型为"群众党"过程中的关键因素。对此,1925年10月,《中共中央局报告决议案》总结说,党在五卅运动中"能够有发动并扩大的决心与努力",使得中国共产党"由小团体逐渐走到成为群众的大党",这是令中央"最满意的"[①]。上海地方党组织在讨论中央扩大会议案提交的意见书时说:"我党自五卅后已由思想的小团体,扩大到行动的群众政党。"[②]五卅运动起初是由工人和学生组织的,后来发展成为各阶级、各地域民众共同参与的反帝爱国运动,中共领导下的上海大学在前后两个过程中均发挥了不可磨灭的历史作用。运动结束后,上大师生又积极参加大革命中的历次斗争,在北伐战争和上海工人三次武装起义中均有建树。因此,上大由于自身的历史功绩而闻名全国,被誉为"北有北大,南有上大""武有黄埔,文有上大"。

作者:杨阳,上海大学历史系博士研究生;忻平,上海大学历史系教授,中共上海市党史学会会长

[①]《中共中央局报告议决案(1925年10月)》,中共中央文献研究室、中央档案馆编:《建党以来重要文献选编(1921—1949)(第一册)》,中央文献出版社2011年版,第21页。
[②]《上海法界部委对中央扩大会议案的意见书(1926年8月29日)》,中央档案馆、上海市档案馆:《上海革命历史文件汇集(中共上海区委宣传部组织部等文件1925年8月—1927年4月)(甲3)》,1986年,第366页。

"赤化"、过激与救国：
五卅运动时期上海大学爱国形象的塑造①

刘 强 刘长林

1925年的五卅运动，是体现中共政治动员能力的标志性事件。中共不仅认为五卅运动是五四运动的继续②，而且认为这种结果的出现，正是因为有了"无产阶级做指导者"，有"国际的联络"，所以，"在中国革命史上开一新纪元"③。中共还从这一运动，看见了"世界革命的前途"④。上海大学在运动中表现突出，在中国革命史上写下了光荣的一页。上海大学被视为红色学府，即始于五卅运动时期。然而，这种形象开始却被称为"赤化"，是帝国主义者对上海大学的"污名化"和"妖魔化"。这与当时工部局将上海大学看成是中共控制的大学，列为重点打击对象密切相关。在争夺舆论和法律支持的过程中，工部局力图证明上海大学"纯为过激主义"之大学，上海大学则极力澄清自身与中共的关系，强调学生五卅演讲只是爱国行动，并无越轨之举。以往研究多侧重于论述中共对上海大学的领导，较少涉及学校如何应对五卅运动前后被指"赤化"这一危机问题，以及与后来学校被称为红色学府有何关系。本文对此试作探讨。

一

"赤化"即"共产主义化"，意在描述共产主义的活动及其影响。共

---

① 本文系上海市哲学社会科学规划"党的诞生地史料挖掘与建党精神研究"（专项课题：2019ZJD027）"上海大学红色基因的生长与红色形象的建构"的阶段性成果。
② 毛泽东：《新民主主义论》，《解放》1939年第98、99期。
③ 大雷：《五卅运动之分析及纪念之意义》，《人民周刊》1926年第12、13期。
④ 秋白：《义和团运动之意义与五卅运动之前途》，《向导》1925年第128期。

产党人从理论上论证了这个革命进程的合理性。作为一个描述性词汇，这个词语本身并无褒贬可言，它在中共内部始终是一个正常用语。换句话说，"赤化"的"不良内涵"与词语本身并无关系，而是源于人们对共产党和共产主义的不解甚至曲解，进而生出的担忧和恐惧心理。所以我们可以看到，中共在论证"赤化"合理性时，也是围绕苏联、共产党活动的合理性以及帝国主义和军阀活动的不合理性而展开的。理论层面的核心问题，则在于论证阶级革命的合理性，而论证阶级革命和民族解放的关系问题，又是当时及其后最常涉及的一个焦点①。但在20世纪20年代的中国，经过帝国主义者及反动势力的污名化、妖魔化宣传，"赤化就是过激，就是洪水猛兽"②，北京司法部曾训令京外各机关，"凡查获宣传共产党员，依刑律内乱罪从严办理；如有政党为护符者，亦一律依法办理"③，使对共产主义不了解的人，对"赤化"产生了担忧和恐惧心理。将上海大学看作"赤化"的大本营而进行打击，是因为工部局侦探到二月罢工前后有上海大学师生参与其中。

　　1925年的二月罢工，是五卅运动的前奏。为了领导罢工，中共组织了由邓中夏、李立三负总责的罢工委员会，调动了上海全体党员100多名，以沪西工友俱乐部为指挥机关，希望再一次掀起中国工人运动的高潮④。作为中共力量在上海地区的重要组成部分，上海大学的中共党团员参与了中共的一系列行动。杨之华自述说："二月初，我们接到上海地委的紧急通知，要我们派人组织罢工委员会，领导工人起来罢工。学校支部派邓中夏、刘华、郭伯和和我等几个人到了潭子湾工人俱乐部，和李立三同志一起工作。"⑤

---

① 王建伟：《民族主义政治口号史研究（1921—1928）》，社会科学文献出版社2011年版。王建伟：《试析北伐前后中国共产党对"赤化"和"反赤化"的评述》，《中共党史研究》2010年第4期。
② 瞿秋白：《世界的及中国的赤化与反赤之斗争》，《新青年》1926年第5期。
③ 独秀：《一封给章行严的信》，《向导》1925年第103期。
④ 孙建军、朱志敏主编：《1921—2011：中国共产党九十年历程·合作北伐》，吉林人民出版社2011年版，第407页。
⑤ 杨之华：《忆秋白》，《忆秋白》编辑小组编：《忆秋白》，人民文学出版社1981年版，第202页。

2月9日下午4时，在罢工委员会的运动下，沪西小沙渡日本内外棉纱厂"忽发生全体工人九千余罢工之风潮"，"各厂工人在场内散发传单，停止工作"，工人们申述日方的虐待，提出以后不准打人、按照每人原有工钱加给十分之一、恢复被开除工人职位并释放被捕工人、两周发工钱一次、罢工期间照常发工资、不得无故开除工人等六项条件①。这次事件拉开了二月罢工的序幕②。当日，刘华被选为内外棉纱厂工会委员长③。据张维桢讲，刘华还起草了罢工宣言④。刘华是以上海大学学生身份成为沪西工友俱乐部负责人之一的。1924年9月1日，沪西工友俱乐部正式成立，上海大学刘华、顾秀、江元清三位学生被聘为工人识字班、工人夜校补习班义务教员，刘华、顾秀兼任俱乐部委员会宣传委员⑤。沪西工友俱乐部成立不久，嵇直外调，刘华接任秘书一职，随后又成为俱乐部主任，担负主要工作⑥。

刘华此次担负要职，与他在上海大学的经历不无关系。据李立三回忆："刘华是二月罢工后过好几天才去潭子湾的，刘华是上海大学学生，邓中夏是上大教务长。中夏说让刘华去潭子湾工作，我记得我与中夏还同刘华同志一起谈过一次话。"⑦邓中夏后来在书写《中国职工运动简史》时也表露出他对刘华的器重："刘华同志便是在此次罢工中训练出来的，他原系一印刷工人，后来入上海大学附中做半工半读学生，在此次罢工中

---

① 《民国日报》1925年2月10日，上海社会科学历史研究所编：《五卅运动史料（第一卷）》，上海人民出版社1981年版，第298—299页。
② 齐卫平等：《中国共产党创建与上海》，上海人民出版社2011年版，第203页。
③ 关于组织名称，一般写作"内外棉纱厂工会"，而《警务日报》载，2月13日，工会纠察员手持的旗子上书"内外棉纱厂工人联合会"字样。见上海市档案馆编：《五卅运动（第二辑）》，上海人民出版社1991年版，第7页。
④ 张维桢：《一九二八年以前上海工运的一些情况》，中国人民政治协商会议全国委员会文史资料研究委员会编：《革命史资料（1）》，文史资料出版社1980年版，第45页。
⑤ 刘贯之：《关于1924—1925年上海工人运动的回忆》，《中国工运史料》第1—8期（下），工人出版社1984年版，第92—93页。
⑥ 苏智良主编：《中共建党与上海社会》，上海人民出版社2011年版，第79页。
⑦ 《李立三同志对二月罢工和五卅运动的回忆（访问记录）》，上海社会科学历史研究所编：《五卅运动史料（第一卷）》，上海人民出版社1981年版，第143页。

表现异常勇敢勤劳,而且善于煽动,于是工人甚为爱戴。"①刘华以上海大学学生身份参与工运工作,是中共内部普遍的认识。张国焘回忆说:"我曾亲到沪西纱厂区去考察,看出同志们颇能利用已往的经验,尤其是我在长辛店发动职工运动以来的经验。中共上海区委会在纱厂工人密集的地方,设立了一些工人补习学校和工人俱乐部等,团结了不少工人。这些学校和俱乐部大多数由青年知识分子负责领导,其中上海大学学生刘华就是最能干的一个。"②

中共虽是罢工运动的策划者和组织者,但其成员主要还是以其他名义公开活动的。中共当时的情况比较复杂,有一部分党员的身份是公开的,大部分仍是秘密的。例如,许子威1927年加入中国共产党,后来他回忆自己的入党之路时说:"当时军校(武汉中央军事政治学校——引者注)有国民党左派组织活动,我们集体参加了国民党左派,但内心还想参加中国共产党。可是怎样才能参加共产党呢?那时除了恽代英、施存统两个公开的共产党人以外,我们不知道还有谁是共产党。"③罢工委员会成立时虽然向工人们说明了"成立罢工委员会是在事先开过多次会议酝酿决定的",但是这种所谓的"酝酿",在工人们看来显然是沪西工友俱乐部做的④。李立三当时使用的名字是"李成",为国民党员身份。最开始,就连工部局也没有识破,1925年2月14日上海工部局《警务日报》便称其为"著名国民党煽动分子李成"⑤。邓中夏被捕过,但其真实身份最初也未暴露⑥。当初"二七"罢工失败后,邓中夏秘密由京转沪,化名"邓安石",受聘为上海大学总务长。他边在学校工作,边秘密从事工人运动相关活

---

① 上海社会科学院历史研究所编:《五卅运动史料(第一卷)》,上海人民出版社1981年版,第538页。
② 张国焘:《我的回忆》(全3册),香港明报月刊出版社1966年版,第412—413页。
③ 许子威:《八十自述》,鄂豫边区革命史编辑部、华中农业大学编:《百年诞辰记念(1908—2008):许子威文集》,2006年,第12页。
④ 姜维新:《从二月罢工到"五卅"运动》,吴汉民主编:《20世纪上海文史资料文库(第1辑)·政治军事》,上海书店出版社1999年版,第182页。
⑤ 上海市档案馆编:《五卅运动(第二辑)》,上海人民出版社1991年版,第7页。
⑥ 姜平:《邓中夏的一生》,南京大学出版社1986年版,第113页。

动①。1924年下半年,邓中夏辞去上海大学总务长职务,致力于工人运动②。他任中共中央工人运动委员会书记时,党外了解他政治身份的人还是比较少的③。同样,其他参与鼓动罢工行动的上海大学中共党团员,开始时外界还是主要注意其上海大学师生的身份。

当时,大量上海大学师生出现在与罢工相关的活动中。据姜沛南描述:"荒僻冷落的潭子湾,成为热气腾腾的罢工斗争的大本营;天天有工人群众在这里开会,有上海大学学生轮流在这里演讲,并散发各种传单,鼓励大家团结一致,罢工到底。"④担任过上海大学附中学生会副主席的唐棣华对当时的活动作了一些简单的概述:"二月罢工期间,我们到小沙渡一些女工多的工厂去宣传鼓动,每次总是等工人上工时混进工厂去,与女工一起做工,鼓动她们罢工、要求加薪、改善待遇,告诉她们贫穷的根本原因是她们受资本家剥削压迫的结果。当时我们到工厂去开展工作,回校后向杨之华汇报,经常在瞿秋白家里开会。"⑤在上海大学附中读书的李锦蓉也有类似的回忆:"我们女同学主要忙着写标语,制小旗,散传单,到工厂区慰问工人,上街为工人募捐。"⑥

上海大学师生频繁出现的情景,成了外界直接观察到的一个重要的信息。工部局警务处对罢工动向密切关注,上海大学师生的活动便经常出现在其日常报告中。如《警务日报》2月14日载,2月13日下午2时,

---

① 大生:《忆邓中夏》,中国社会科学院近代史研究室编:《五四运动回忆录(续)》,中国社会科学出版社1979年版,第122—123页。
② 张铨:《关于沪西工友俱乐部》,《党史资料丛刊(第3辑)》,上海人民出版社1980年版,第117页。
③ 《李立三同志对二月罢工和五卅运动的回忆(访问记录)》,上海社会科学历史研究所编:《五卅运动史料(第一卷)》,上海人民出版社1981年版,第143页。
④ 姜沛南编写:《五卅运动前后沪西工人的革命斗争——上棉二厂厂史选载》,《文史资料选辑(第2辑)》,上海人民出版社1978年版,第21页。
⑤ 《唐棣华同志的回忆(1980年)》,上海市委党史征集委员会主编,王家贵、蔡锡瑶编著:《上海大学(一九二二—一九二七年)》,上海社会科学院出版社1986年版,第86页。
⑥ 《李锦蓉同志的回忆(1982年7月)》,上海市委党史征集委员会主编,王家贵、蔡锡瑶编著:《上海大学(一九二二—一九二七年)》,上海社会科学院出版社1986年版,第115页。

"赤化"、过激与救国：五卅运动时期上海大学爱国形象的塑造

"内外棉各纱厂的大约六百名罢工工人,在闸北大丰纱厂附近的三德里一号沪西工友俱乐部开会,由著名国民党煽动分子李成主持",探查人员注意到,出席会议的便有"上海大学杨之华、王一知等三名女学生"①。2月16日又载:"为了筹款支援内外棉各厂罢工工人,本埠各学校于二月十五日下午三时在西门勤业女中举行会议","会议由西摩路一三二号上海大学学生刘一清主持"②。2月23日则说得更明确:上海大学和大夏大学"学生过去经常在槟榔路的一所学校里教书,而这所学校却明显是个向工人进行宣传的基地"③。

不过,在工部局的密切监视下,部分上海大学师生的中共背景很快被识别出来。如《警务日报》3月2日载:"大约有七百名工人群众于三月一日下午三时三十分在闸北潭子湾炳江茶楼前面的一块空地上举行集会","大会由一个叫刘华的学生主持,他号召工人们为自己的利益团结起来成立大型工会。刘在结束演讲时,要求与会者为最近罢工调解人欢呼三次。按这次罢工是以工人们取得胜利而结束的。刘的这一要求受到了大叫大嚷的响应","声明狼藉的共产党分子杨之华是瞿秋白的老婆,她在会上说,工人们必须谨慎行事,切勿使自己受任何派系利用"④。3月5日载:"约有二十名日商纱厂工人代表于三月四日下午七时在闸北潭子湾炳江茶楼举行非正式会议,继续进行工会的筹组工作"。"具有共产主义倾向的煽动分子刘华也在其中。"⑤ 没隔几天,3月9日又明确指出:"包括三名妇女和若干煽动分子在内的大约一百名日商纱厂工人代表,于三月八日下午二时在三德里三十九号工友俱乐部开会,由学生共党分子刘华主持。"⑥ 虽然中共行动隐蔽,但仍成为日本方面等首先指责的对象。罢工发生不久,日本方面表示:"上海纱厂罢工已暴动化,外务当局认为罢工性质已非专对资本家之单纯劳动争议,而带有排外之性

---

① 上海市档案馆编:《五卅运动(第二辑)》,上海人民出版社1991年版,第7—8页。
② 上海市档案馆编:《五卅运动(第二辑)》,上海人民出版社1991年版,第11—12页。
③ 上海市档案馆编:《五卅运动(第二辑)》,上海人民出版社1991年版,第21页。
④ 上海市档案馆编:《五卅运动(第二辑)》,上海人民出版社1991年版,第33页。
⑤ 上海市档案馆编:《五卅运动(第二辑)》,上海人民出版社1991年版,第35页。
⑥ 上海市档案馆编:《五卅运动(第二辑)》,上海人民出版社1991年版,第36页。

质,除令矢田总领事采取慎重之措施外,又向北京政府、上海地方官宪交涉,要求取缔。"①2月11日,《警务日报》显示,工部局通过调查认为此次罢工是由沪西工友俱乐部"煽动"的②。租界内的外国报纸也多将责任归咎于罢工中的"煽动分子"和"狂热分子",他们不满中共在罢工运动中推波助澜③。

这些报纸分析认为,"煽动分子"的来源主要有两处,一处为广州,一处则为上海大学④。2月12日,英国《上海泰晤士报》发表社论《纱厂罢工的重要意义》,认为:"当中国人在内外棉纱厂最初罢工时,人们想,如果工人们有什么委屈,向厂方说明,双方很可能达成一个解决的办法。因此,当闸北警察署拘捕了一些违法乱纪的中国人时,厂方不愿处罚他们",但问题在于,"工人是煽动分子煽动起来的,这些煽动分子一部分据了解是从广州来的具有布尔什维克思想的中国人,一部分是那个布尔什维主义温床——所谓上海大学——的学生。……布尔什维克分子,其中包括一些中国妇女和乳臭未干的学生,在企图毁灭工业家的事业时,如任其得逞,十分明显,本埠的贸易必将被全部打乱,而且罢工运动必将从上海蔓延到全国各地",该文进而大胆预测,"随着纱厂罢工的持续,有一点已日益明显,即正在酝酿着一次严重的运动,在上海制造广泛的劳工骚动。"⑤

2月18日,英国《字林西报》发表社论《布尔什维主义在纱厂》,标题显然比《上海泰晤士报》更为鲜明,但在言辞上又比《上海泰晤士报》摆出更为"中肯"的姿态。他们强调:"我们没有特殊利害关系要为内外棉纱厂辩护,当然也绝不想仅仅因为工人是罢工者而谴责他们。不过我们

---

① 《日本政府的对策》,上海社会科学历史研究所编:《五卅运动史料(第一卷)》,上海人民出版社1981年版,第311页。
② 上海市档案馆编:《五卅运动(第二辑)》,上海人民出版社1991年版,第3页。
③ 罗志田、杨天宏、冯筱才等著,中国社会科学院近代史研究所中华民国史研究室编:《中华民国史 第五卷 (1924—1926)》,中华书局2011年版,第195页。
④ 相关研究从文化角度指出,上海大学是20世纪20年代上海地区学生"抵抗文化"的中心([韩]郑文祥:《1920年代上海的大学与学生文化》,《史林》2004年第4期)。
⑤ 《上海泰晤士报》1925年2月12日,上海社会科学历史研究所编:《五卅运动史料(第一卷)》,上海人民出版社1981年版,第385、386页。

相信,任何公正的评论家都会承认,这家公司对待工人至少可以说是很公平的,如果我们不想用更热情的字眼的话;……罢工的整个过程证明,罢工是煽动分子和狂热分子制造出来的,而且,虽然可能并没有俄国的直接影响在起作用,但是根据我们通常理解的那种含意的布尔什维主义,那肯定是有的。"① 由此,文章还在叙事中有意区别了"煽动分子""恶棍"和"着了迷的男女学生"。虽然没有明确提到上海大学,但这样的表述方式,表明他们并没有把学生看成"铁板一块",而且倾向于认为学生是"着了迷"。换句话说,学校中还有"煽动"学生的"煽动分子"。这种认识并不鲜见,早在1924年底上海公共租界工部局警务处的调查报告中便指出:"中国布尔什维克之活动有显著之复活,……这些过激分子的总机关设在西摩路一三二号上海大学内,……该大学之大部分教授均系公开的共产党人,彼等正逐渐引导学生走向该政治信仰。"② 虽然报告中提到"该大学之大部分教授均系公开的共产党人",并不能掩盖他们对上海大学认识的模糊性。其一,从其具体内容来看(后文有全引),他们对上海大学的情况并不十分清楚;其二,从真实情况来看,上海大学的教师"大部分"为共产党员,也是不符合事实的③。

报纸的看法可能不是孤立存在的,或已成了租界外国人的"共识"。二月罢工发生不久,2月21日,上海日本商业会议所长田边辉雄在写给工部局总董费信惇的信中便这样说道:"此次运动之性质,绝非仅以日本雇主为对象之普通劳工骚动。若干方面曾就此点声称,尤以本地若干报纸曾以更明白之语调声称,工潮之全部过程,证明其为具有周密计划之运动之第一步,该项运动系在苏俄以及与苏俄保持密切联系之国民党过激分子之影响下,反对在华外人事业与一般资本主义;而煽动工潮之经费,则由一本地大学发给煽动者与狂热分子,一般认为该大学系俄国布尔什维

---

① 《字林西报》1925年2月18日,上海社会科学历史研究所编:《五卅运动史料(第一卷)》,上海人民出版社1981年版,第379—380页。
② 《上海大学瞿秋白等活动》,上海公共租界工部局《警务日报》1924年12月2日,黄美真、石源华、张云编:《上海大学史料》,复旦大学出版社1984年版,第110页。
③ 黄志荣:《关于一九二三年至一九二七年上海大学党组织的发展情况》,《党史资料丛刊(第2辑)》,上海人民出版社1982年版,第98—102页。

克党之宣传机关。"① 许德良回忆时指出,所谓"该大学",即指上海大学。他还认为,所谓支持罢工经费,是指上海大学学生的募捐支援②。该信认定上海大学为中共的重要活动基地,沪西工友俱乐部多有上海大学共产党党团员的活动。

二

面对"赤化"说,中共方面适时予以回击。2月21日,陈独秀发表《被压迫者的自由与赤化》,从民族运动的角度论说了罢工的合理性。他首先列举了法国《晨报》鼓吹英、法、日、美应联合抵制苏联在亚洲势力膨胀的言论及《大陆报》评说二月罢工隐含"赤化"意味的报道。他认为这"一方面是表示帝国主义者自供其横暴,一方面是说明苏联的赤化运动是被压迫民族之福音",然后进一步指出,这些言论本质上体现了英、法、日、美对苏联援助亚洲民族运动的担忧,所以"为了我们的民族自由,我们应该欢迎苏联,欢迎赤化呵!"然而"此次罢工是含有阶级的反抗和民族的反抗两个意义"。因此,"帝国主义者的意思我们知道了。他们是说:你们中国人已是亡国奴,必须你们自己否认民族自由,必须你们受日本人的打一声不响,才免得赤化嫌疑"③。

2月28日,《向导》发表瞿秋白的文章《帝国主义的佣仆与中国平民》,署名"双林"④。该文指出,"赤化"一说是日本资本家首先放出的谣言,是他们用以对付罢工的手段。瞿秋白分析说,日方大力宣扬此事并非纯粹的排日,而是排外;罢工是有人出资支持的,并非普通的劳资之争,乃社会主义对抗资本主义的运动。他指出,正因为如此,这很快得到英美

---

① 上海社会科学历史研究所编:《五卅运动史料(第一卷)》,上海人民出版社1981年版,第351页。
② 许德良:《五卅运动与上海大学》,《文史资料选辑(第2辑)》,上海人民出版社1978年版,第56页。
③ 独秀:《被压迫者的自由与赤化》,《向导》1925年第103期。
④ 1924年底,上海大学和瞿秋白住所被工部局搜查,瞿秋白从此转入地下活动。据杨之华回忆,瞿秋白不再公开地到上海大学讲课,但仍然参加中共党团的会议和活动。(杨之华:《回忆秋白》,人民出版社1984年版,第13页)

帝国主义的呼应，"赤化"说广为传布，帝国主义与中方当局均得到暴力镇压的口实。瞿秋白在文中最表气愤的是，国内竟然有人相信这种说法，相信"这完全是受共产党的过激宣传和煽惑"，还有人组成了国民党护党委员会和反共产主义同盟。瞿秋白说，"帝国主义者的赤化谣言，正要完全压制罢工，使社会上不敢帮工人说话——帮工人说话的，便是罪大恶极的过激派"，所以"拼命帮帝国主义制造传布这种恐吓社会的谣言，岂不是助桀为虐、逢迎帝国主义的奴仆？"①瞿秋白认为，这是中国人长期遭受文化侵略的惯性反应，其实帝国主义者口中的"赤化""过激"，就是中国的民族革命，凡有民族觉悟和阶级觉悟的人是不会上当的："难道要有人煽动才会反抗吗？也是一定不必的。然而日本帝国主义的佣（仆），居然异口同声的说纱厂罢工是共产党的煽动所致。中国人受着几十年帝国主义的文化侵略，一听见'排外'、'仇洋'，便自认为是中国'无知小民'的大罪恶，最近更加上了一过激派的徽号。帝国主义的走狗，利用这种心理，所以要放那些谣言，使反抗日本侵略的纱厂工人罢工成立罪大恶极的赤化罪，以为如此便可以防止这次罢工扩大到普遍的民族斗争。其实，甚么是赤化？赤化便是革命——中国的民族革命，便是争中国的解放独立，使外国资本家不能奴隶中国人。这在外国帝国主义及其走狗的眼里看来，便算是罪大恶极，便算是赤化。中国劳动平民的实力，只有这种民族觉悟和阶级觉悟；谁要想借谣言作用，削弱民族运动，谁便是反革命的帝国主义的佣仆。"②

早期研究已对这一时期外国报纸评说工人运动的报道做了详细的分析，指出这是"帝国主义报纸对工人运动极尽攻击之能事，并且企图把罪责强加于人"③。因为，在中共看来，事情本是日本资本家"对中国工人实行残酷的压迫、剥削"，"由此引起工人反抗"④。所以，外国报纸的观点无疑否定或至少忽视了内因的重要性。暂且搁置裴宜理的"不同的工

---

① 双林：《帝国主义的佣仆与中国平民》，《向导》1925年第104期。
② 双林：《帝国主义的佣仆与中国平民》，《向导》1925年第104期。
③ 倪延年、吴强：《中国现代报刊发展史》，南京大学出版社1993年版，第293页。
④ 陈廉：《第一次国共合作史》，北京图书馆出版社1998年版，217页。

人有不同的政治"这一看法①。仅从外因来讲,中共党史和革命史通常强调中共的"领导"与"影响",兹得一简明而较为完整的表述:"二月罢工的胜利,是在国内工人运动掀起高潮的有利条件下取得的,是在中国共产党的正确领导、组织、发动下取得的,是在有严密组织的工会的直接领导,由纠察队、义勇队维持秩序,又取得社会广泛同情,得到各方援助下取得的。"②这与当时外国报纸的观点虽有本质区别,却有相似之处。中共强调帝国主义的压迫是引起罢工的根源,外媒则认为中共的"煽动"是罢工持续高涨的肇因;中共强调工人阶级因无法忍受压迫而起来反抗,外媒则指出工人群体内部有不同的声音,且不少工人倾向于经济利益得到满足即可。总而言之,就罢工的外因而言,中共与帝国主义互相指责;就内因而言,双方的看法又存在很大分歧。这种争论投射到学术界,便是研究者对于"阶级觉悟"的内涵和表现、历史真相的理解与解释不尽相同。在中国传统研究中,无疑把阶级觉悟放在第一位,所以裴宜理的专著出版后,在"国外学术界反响热烈","然而在中国,人们对裴著的了解还不多"③。

中国共产党人否认"赤化"说,并指出这是帝国主义对中国人民的"污蔑"。从中共党内视"赤化"为正常用语的角度不难看出,中共所说的"污蔑",其本质并非指"赤化"不好,而是指帝国主义把所有责任都推到共产党身上,而中国的革命活动实际上是中国人民觉悟后进行抗争的结果。

所以,尽管中共竭力让人们理解阶级斗争的重要性,理解共产党作为的正当性,从而理解"赤化"的合理性,但是整个20世纪20年代,在帝国主义反动势力的污名化与妖魔化下,"赤化"成为攻击共产党人的符号,制造了唯恐避之不及的社会心理。因此,中共成员虽在上海大学占据重要地位,但无论基于何种原因,上海大学方面都不能公开表示自己与中共

---

① [美]裴宜理:《上海罢工:中国工人政治研究》,刘平译,江苏人民出版社2001年版,第328页。
② 卞杏英:《上海革命简史》,学林出版社1990年版,第83页。
③ 刘平:《还原:工人运动与中国政治——裴宜理〈上海罢工〉述评》,《近代史研究》2003年第3期。

的亲近关系。与此相反,面对"赤化"论,还得极力辩驳。

三

二月罢工前后,上海大学正因邵力子案件与工部局抗衡,而此案又与二月罢工中上海大学在如此短暂的时间内被指"赤化"密切相关。1924年12月,上海公共租界工部局在上海大学搜得宣传共产主义的资料,上海大学因此被英、日等帝国主义者看作中共宣传共产主义"赤化"的大本营,将其代理校长邵力子逮捕。邵力子在法庭上为上海大学辩护,不承认上海大学有共产党组织,声称学校师生有研究马克思主义的自由。工部局虽然释放了邵力子,但对上海大学师生仍然密切监视[1]。

1924年底工部局掌握可靠信息后,便确信上海大学为中共的重要活动基地。即便1925年3月刘华离开上海大学,仍不能转移工部局对上海大学的注意力。据李立三回忆:"工人复工以后,一些日本资本家及职工仍不肯停止对工人的虐待,经常和工人发生冲突,一些工厂、车间几乎每天都有工人抗议或局部罢工的事情发生。工人的斗争必须组织起来,以免上资本家的当,被各个击破。这种重大、艰巨的任务应该由一个才华出众、精力充沛的同志去完成。上海地委根据我的推荐,指定刘华同志去当时最关键的岗位小沙渡领导工会组织。刘华同志没有辜负党的信任,他的工作非常出色,不久便赢得工人群众的深深爱戴。他亲手培养了大批干部,把小沙渡工会组织变成上海最有组织性、最有战斗力的一支队伍,因此在1925年五卅惨案后上海总罢工期间以及1927年3月上海工人胜利起义中,小沙渡工人都能起到先锋队的作用。"[2] 二月罢工后,李立三推荐刘华专门从事工人运动。《警务日报》3月16日载:"大约有三十人于三月十四日上午八时聚集在闸北三德里四十号门外,其中大多数是纱厂工人。那个与上海大学有关系的沪西工会会员刘华给他们每人发了二角

---

[1] 刘长林、刘强:《邵力子、于右任对上海大学"赤化"的辩白》,《上海文化》2018年第4期。
[2] 中共中央党史研究室第一研究部编:《李立三自述》,中共中央党史出版社1999年版,第549页。

钱,并要他们到会审公廨去欢迎估计能在那天早晨获释的犯人。这些工人当即照办离去。"① 工部局的这种认识,再次成为其后来制裁上海大学的重要因素。在中共的影响下,上海大学出动了一批人员,他们在五卅演讲示威中扮演了重要角色。这一现象,继二月罢工后再次引起外界关注。面对突然高涨、势不可遏的群众运动,工部局在缺乏证据的情况下,对上海大学采取了暴力措施。

1925年5月15日,顾正红惨案发生,傍晚时中共上海地委得到沪西小沙渡方面吴先清报告,"本日下午约五点半时候,第七厂工人因欲进门工作,而厂中坚拒,遇八厂工人同去,而日本人即开手枪,死工人二名,重伤者三名,其余受轻伤者颇多",于是议决,"成即赴小沙渡。一、控告东洋人打死工人二名,提起诉讼。二、发宣言(除立刻发新闻外)。三、宗旨以不扩大罢工为要。先以东洋人惨杀工人问题,要求群众各团体援助,做一个群众反对东洋人的运动"。② "成"即李成,也就是李立三。不久,沪西工友俱乐部附近便贴有启事,上面写道:"尽管日本人枪击几名中国工人,但这些工人的同事们务必克制自己,切勿报复,切勿殴打日本人。"③

5月19日,中共上海地委根据李立三的报告,决定:"公祭日人残杀顾正红君:极力宣传运动联合各学校各团体作一有力的运动,作一大示威运动计划。"④ 但是到了5月22日开会时,又认为"一、现在所得到之结果状况,未能冲动社会上一切小资产阶级之同情起来援助。二、不能确定抓得住群众的指挥,群众成无意识的兴奋,恐酿事端。三、只是极明显的纯粹无产阶级大活动,太过则反使引起政治上之压迫,这是现在的情形",所以决定"前定大游行示威,兹决议改变取消之",但公祭顾正红活动照常进行,且据李立三报告,此事"组织尚好,人数有把握者约有万余

---

① 上海市档案馆编:《五卅运动(第二辑)》,上海人民出版社1991年版,第40页。
② 《上海地委会议记录——小沙渡罢工及各地工作状况(1925年5月15日)》,中央档案馆、上海市档案馆编:《上海革命历史文件汇集:上海区委会议记录(1923年7月—1926年3月)(乙1)》,1989年,第107页。
③ 上海市档案馆编:《五卅运动(第二辑)》,上海人民出版社1991年版,第76页。
④ 《中共上海地委团、上海地委宣传联合会会议记录——抗议日人枪杀工人及公祭顾正红计划(1925年5月19日)》,中央档案馆、上海市档案馆编:《上海革命历史文件汇集:上海区委会议记录(1923年7月—1926年3月)(乙1)》,1989年,第109页。

人"①。毕竟,5月20日,沪西工友俱乐部已经将5月24日下午1时公祭顾正红的消息告知了所有成员②。

然而,在"以不扩大罢工为要"的情况下,公祭顾正红活动仍然引起了工部局的高度重视。公祭顾正红的活动在潭子湾举行,此地不属租界管辖范围,工部局无法干涉。5月24日,上海大学学生韩步先、江锦维、赵振寰、朱义权四人前往潭子湾时,途经租界普陀捕房,"因嫌疑被捕"③。5月25日,会审公廨对其进行审讯,捕房律师梅脱兰声称,"被告等结队游行,并未得工部局允许给予照会,有违定章","近来日商纱厂罢工风潮甚烈,且损坏纱厂机器。本案与罢工事件有关,故请求改由日领陪审"④。上海大学律师克威则说,"此案被告以其同胞被人枪伤身死,昨日公祭,路过租界被捕,对于纱厂罢工之事,毫无关系。请求准予交保,或将被告从轻发落"。由于"此案有日商关系",中英官员"磋商良久","遂下谕云,应否交保,候礼拜六解案复核"⑤。

5月30日(即星期六),日本副领事田岛参与审理,"据捕头福来,探日沈崇礼,包探崔顺扣、陈广义等上堂禀称,韩、赵、朱、江四被告于二十四号手执各种旗帜结队游行并在内外棉纱厂门首分发传单,……随将旗帜一束及传单呈案请察"⑥。上海大学律师克威辩护称,"该生等二十四号所发之传单,系自动的用上海学生联合会名义,故上海大学教员事前并未知觉,现该生等已认过,对于贵公堂及日本人暨该校师长三方面均甚抱歉,请求堂上格外成全,将该生等交给上海大学教员领回,严加管束"⑦。江锦维只是说自己"年十五岁,浦东人,在上海大学附中读书,传单非我所发"。于是中日官员磋商后,"判江锦维具结开释,余人各交一百元保候

---

① 《上海地委会议记录——研究小沙渡公祭顾正红计划及发展党员(1925年5月22日)》,中央档案馆、上海市档案馆编:《上海革命历史文件汇集:上海区委会议记录(1923年7月—1926年3月)(乙1)》,1989年,第111—112页。
② 上海市档案馆编:《五卅运动(第二辑)》,上海人民出版社1991年版,第82页。
③ 《文治大学来函》,《申报》1925年5月27日。
④ 《学生被捕案候日领堂期审讯》,《申报》1925年5月26日。
⑤ 《学生被捕案候日领堂期审讯》,《申报》1925年5月26日。
⑥ 《两大学学生被拘案续志》,《申报》1925年5月31日。
⑦ 《两大学学生被拘案续志》,《申报》1925年5月31日。

并案讯办"①。

工部局对上海大学特别注意,除沪西工友俱乐部外,其他在罢工活动中起到重要作用的上海大学师生也受到工部局的关注。

在韩步先等人被捕之前,部分上海大学学生的活动就频繁出现在工部局的记录中。据《警务日报》载,5月19日下午5时在沪西工友俱乐部召开的针对顾正红惨案的会议,便有上海大学学生郭伯和、孟励吾的参与②。5月20日上午10时,"大约有六百名内外棉纱厂工人"在潭子湾集会,上海大学学生杨之华演讲说,"沪西工会已收到上海和全国各地十万人的来信,这些来信对顾正红之死表示哀悼,同时也对罢工工人表示慰问","为了继续举行罢工,本埠学生不久将积极为罢工工人进行宣传和募捐",并对段祺瑞亲日表示谴责,"揭发段拒绝撤销集会禁令,和对北京学生游行示威采取高压手段,所有这些都成了他背叛祖国的铁证"③。当日下午4时,在潭子湾召开的"大约有二百五十名男工和五十名女工(均系罢工工人)"参加的会议上,上海大学学生陶同杰"号召全体工人团结成一个坚强整体,为提高他们的共同利益而忘我工作。他们必须认清斗争将不是轻而易举的,因为形势将迫使他们去制服现代帝国主义的反抗,以及帝国主义的工具——外国巡捕和腐败的中国官吏"④。此外在集会上演讲的还有"上海大学学生高伯定和刘峻山"⑤。5月23日下午4时半,杨之华又在潭子湾召集约200名女工参与的集会,她说,"全体无产阶级姐妹们必须协助开好二十四日举行的顾正红追悼会",并带领与会者高呼"反对日本""报仇雪耻""全体工人团结起来"等口号⑥。

就在公祭顾正红当日,工部局还探听到,恽代英在顾正红追悼会上向群众发表演讲⑦。恽代英说:"中国的腐败官吏是日本人所收买的走狗,他们不仅不将罪犯提交司法审判,反而派遣警察监视受害人的伙伴。因

---

① 《两大学学生被拘案续志》,《申报》1925年5月31日。
② 上海市档案馆编:《五卅运动(第二辑)》,上海人民出版社1991年版,第80—81页。
③ 上海市档案馆编:《五卅运动(第二辑)》,上海人民出版社1991年版,第83—84页。
④ 上海市档案馆编:《五卅运动(第二辑)》,上海人民出版社1991年版,第82—83页。
⑤ 上海市档案馆编:《五卅运动(第二辑)》,上海人民出版社1991年版,第83页。
⑥ 上海市档案馆编:《五卅运动(第二辑)》,上海人民出版社1991年版,第88页。
⑦ 上海市档案馆编:《五卅运动(第二辑)》,上海人民出版社1991年版,第89页。

此,中国人民必须采取措施务使杀人犯缉拿归案。如果达不到目的,就应团结起来把日本人统统赶出中国。"①

上文已知上海大学律师克威辩称韩步先等人的行为系受上海学生联合会指派,与上海大学无关。但据工部局探知,经常主持上海学生联合会的刘一清便是上海大学学生②。随着斗争的激烈化,上海大学师生越来越引起工部局的警惕。工部局探听到,5月27日下午4时至6时,来自20所学校的32名学生在麦根路20号同德医学院开会,会议由恽代英主持,会议决定通过传单和露天演讲向公众说明罢工的真实情况,如果被捕学生到30日尚未恢复自由,则应采取营救措施③。不过,学生联合会及相关的学生团体是公开活动的,所以工部局能轻易得知相关信息。

5月30日,一个以学生为主的演讲示威活动"突然"展开,使得工部局猝不及防。正如恽代英所言:"租界上是不许游行演讲的。最初大家都以为学生一定不敢冒险到租界上来演讲,有些人相信至多只有三百人可以出来,要做一个大运动,是很难的。其实这种见解错了。二十九日,有些学生偕同工人到各学校里去宣传,想去激动学生群众。当时有许多学校是不容易进去的,幸而有好多学校都有国民党的区分部,介绍宣传的学生工人到校内演讲。做了一天工作,于是三十日出来的学生有了三千多个,与大家事前所揣测的,多了十倍。我们不要把革命看得太难,只要我们努力,就可以使革命成功。"④工部局应对匆忙,实施了暴力镇压,上海大学学生何秉彝即在混乱中被枪杀。尤使工部局警惕的是,"被控进行暴乱的四十六人中,有二十二人是西摩路上海大学学生"⑤。当日晚10时半,两名大夏大学学生来到老闸捕房要求保释其同学⑥。当时,被捕的上海大学学生即要求大夏大学学生帮助联系上海大学方面保释他们⑦。

---

① 上海市档案馆编:《五卅运动(第二辑)》,上海人民出版社1991年版,第89页。
② 上海市档案馆编:《五卅运动(第二辑)》,上海人民出版社1991年版,第12、89、116、117页。
③ 上海市档案馆编:《五卅运动(第二辑)》,上海人民出版社1991年版,第93页。
④ 恽代英:《中国民族革命运动史》,上海泰东书局1927年版,第95—96页。
⑤ 上海市档案馆编:《五卅运动(第二辑)》,上海人民出版社1991年版,第99页。
⑥ 上海市档案馆编:《五卅运动(第二辑)》,上海人民出版社1991年版,第98页。
⑦ 上海市档案馆编:《五卅运动(第二辑)》,上海人民出版社1991年版,第99页。

面对工部局的所作所为,上海大学方面公开强调学生演讲示威的正当性。6月3日,上海大学学生会针对五卅惨案发出通电称:"全国各学校各团体暨各界人士鉴:万急!五月三十日,上海各校学生在南京路一带讲演,意在引起国人注意,并无越轨行动。不料巡捕开枪轰击,惨毙多人,受伤及被捕者不计其数,本校同学何秉彝亦被枪死。前昨两日,工商人士及学生续遭惨毙者为数益多。本校亦于六月一日起实行罢课,誓达惩凶雪耻之目的,还望全国各界一致响应,实所至盼!特此电闻。"①但对工部局而言,他们看到的是大量学生出现在活动中,其中上海大学学生又如此之多,上海学联又与上海大学关系密切——种种迹象促使工部局确信,上海大学在活动中的作用不简单。其又探听到由上海学生联合会事务所召开的上海大学代表刘一清主持的会议上通过了十项抗议决议,便认为"看来对当前动乱负有责任的上述各组织准备采取孤注一掷的手段来达到他们的目的,那就是以无政府主义和布尔什维克主义取代秩序井然的统治"②。工部局派军队占领上海大学,以"过激主义"之名镇压上海大学,枪杀、逮捕上海大学等校的师生。

随即,上海大学发表抵制"赤化"说的声明,反对上海大学被"污名化"。校长于右任为师生爱国行为辩护,说他在河南听闻上海发生惨杀学生、工人的大事变,星夜赶回,努力参加此次反抗运动。不只是救济本校学生,也将援助市民的斗争。"上大此次首先被封,正因上大反抗强暴之外人统治最勇猛。同学中切不可因学校被封而趋消极,盖吾校学生实最早提出反对帝国主义及取消不平等条约之口号,遂受过激之诬"③。他回击"过激主义"之诬蔑,强调上海大学师生反抗帝国主义的正当性,以及与国民党反帝目标的一致性。他说这正是国民党代表全国国民提出的正当要求,凡中国国民均当赞成,否则就丧失了作为中国人的资格。他要将这一点广为宣传,使一般民众都能努力参加运动,达到解放中国人的目的。

---

① 《上海大学学生会电》,《民国日报》1925年6月3日。
② 上海市档案馆编:《五卅运动(第二辑)》,上海人民出版社1991年版,第117页。
③ 《上大校长于右任到沪》,《热血日报》1925年6月7日。相关报道还有《于右任论五卅事件·非空言办法能了》,《民国日报》1925年6月9日。

"赤化"、过激与救国：五卅运动时期上海大学爱国形象的塑造

被逮捕的学生梁郁华、蔡鸿立等在法庭上声明，"我校出外演讲者有五六队，均系同学自动的出外演讲，并非受所谓俄国人过激派机关指使，且我更不知何为过激派，此举纯为爱国行动"①，演讲所讲系唤醒同胞、抵御外侮等词，因日本纱厂将工人顾正红杀死，故劝告同胞团结一致，反对日本人。除反对日人外，并不反对其余外国人，反对"学生是过激党排外排日工具"的说法。上海大学学生会创办了《上大五卅特刊》，指出"赤化"是"谣言"，是帝国主义压迫中国人的借口，强调上海大学为国家独立和民族复兴而奋斗，并非受到共产党的"煽动"，过激党的指使。同时，上海大学及四川等多地通过追悼遇难的何秉彝，也在客观上塑造了上海大学学生的爱国形象，称何秉彝为"救国烈士"②，既构建了何秉彝之死的社会意义，也在无形中对"赤化"论起到了瓦解作用，激发了人们反抗帝国主义侵略的爱国精神。时人通过何秉彝认识上海大学时，主要注意的是其爱国抗争的一面。

1924年是中国革命形势迅速转折的一年，各派势力争斗日益剧烈，中共开始进入舞台中央。借助与国民党合作及革命氛围相对好转的形势，中共在上海地区建立了一个教育、组织和动员工人群体的体系，因而可以在工人自发反抗的时候，顺利领导二月罢工。五卅运动前后，上海大学面对"赤化"及"过激主义"的攻击，中共党员师生在抗议斗争中站在前列，对于"赤化"校方予以坚决回击，有力地维护了学校师生参加五卅运动的正义性及其爱国形象。

校长于右任作为国民党人，信奉三民主义，代表上海大学撇清"赤化"嫌疑，强调爱国反帝，既反映了当时国民党与共产党在信仰、理念上的差异，也反映了国共两党在反对帝国主义、反对不平等条约、反对封建军阀等国民革命主要任务的认识上是基本一致的。这既是国共两党能结成统一战线，合作创办上海大学的原因，也是上海大学在遭到帝国主义镇压的情况下，于右任为了保护师生，以及师生中的中共党团员，而从爱国

---

① 《公廨续审惨案·今日尚须续审》，《申报》1925年6月11日。
② 《悼五卅死难烈士何秉彝同学》（原件藏于中国共产党第一次全国代表大会会址纪念馆），上海社会科学院历史研究所编：《五卅运动史料（第三卷）》，上海人民出版社2005年版，第312页。

反帝正当性为他们辩护的原因。从整个新民主主义时期来看，反对帝国主义和封建主义，反对军阀，都是中国共产党的主要任务。因此，上海大学在五卅运动时期爱国形象的塑造，亦构成了这座大革命时期著名红色学府的底色。上海大学作为传播马克思主义的阵地，在中共实际领导下走在反帝反封建的国民革命前列，亦成为这座红色学府最鲜明的本色。

作者：刘强，上海大学出版社编辑；刘长林，上海大学历史系教授，博士生导师

华盛顿体系、反帝运动与国民革命的酝酿

马建标

一、引　言

　　1923年11月11日,孙逸仙代表团团长蒋介石在莫斯科会见苏联革命军事委员会副主席斯克良斯基和总司令加米涅夫时,对中国革命的前途颇为悲观,理由是"国民党的政治工作遇到了来自外国帝国主义者方面的巨大阻力,他们千方百计反对中国人的革命活动。宣传工作主要应该在大工业中心进行,但在这里也遇到了很大的阻力。警察捣毁所有革命组织,残酷地镇压革命者"[①]。所以,在这种情况下从事革命工作就显得特别困难。

　　如果将中国革命与俄国革命加以比较,就会发现这种"困难"更具有现实针对性。当1917年俄国爆发十月革命时,帝国主义列强正忙于第一次世界大战,无暇干涉俄国革命。但是,中国当时正在开展的革命工作面临着帝国主义列强干涉的危险。故而,蒋介石认为:"在俄国,共产党只有一个敌人,这就是沙皇政府。而在中国,情况则不同,地球上所有国家的帝国主义者都反对中国的革命者。在这种情况下,中国的工作遇到了极大的困难。"[②] 可见,蒋介石所言的"困难"是指"帝国主义列强"对中国

[①]《巴拉诺夫斯基关于国民党代表团拜会斯克良斯基和加米涅夫情况的书面报告（1923年11月13日）》,中共中央党史研究室第一研究部编:《共产国际、联共（布）与中国革命档案资料丛书（第1册）》,北京图书馆出版社1997年版,第310页。

[②]《巴拉诺夫斯基关于国民党代表团拜会斯克良斯基和加米涅夫情况的书面报告（1923年11月13日）》,中共中央党史研究室第一研究部编:《共产国际、联共（布）与中国革命档案资料丛书（第1册）》,北京图书馆出版社1997年版,第311页。

的"政治压迫"。在他看来,要解决中国革命的这一"政治难题",只能采取"军事行动"。换言之,武装革命、夺取政权,才是中国革命工作的重心所在。按照国民党武装革命的逻辑,革命的对象自然是北洋军阀及其所掌控的北京政府。

然而,在中国革命工作的重心问题上,苏联革命军事委员会领导人与蒋介石的看法出现严重分歧。斯克良斯基认为,中国当前革命的基本任务应该是对群众的"政治宣传"而非"武装斗争","尽管条件艰苦,国民党也应该在群众中做革命工作。否则它的任何一项任务都不能得到较好的解决"。孙中山领导的国民党有一个鲜明特征,就是重视武装斗争,轻视政治宣传。此时,蒋介石代表孙中山访问苏联的一个主要目标,就是设法获取苏联的军事支援,但苏联方面基于自身的革命经验以及对当时国际形势的判断,强加给中国国民党一个革命口号,即"接近群众,同群众在一起"。这个革命口号,自然是蒋介石和国民党极不情愿接受的。但此时的国民党除了接受苏联的援助,没有任何办法。苏联方面为了照顾国民党的感受,采取了一个折中的办法,就是国民党"在做政治工作的同时,也可以进行军事准备"①。这意味着国民党要把"帝国主义列强"作为中国革命的主要敌人,而北京政府只能作为次要敌人。

几乎与蒋介石在莫斯科举行上述谈话的同时,共产国际代表斯列帕克在1923年11月15日给维经斯基的信中预测中国"国民革命工作需要长达10年、15年,也许更多的年头……现在必须制定不少于10年、15年的计划"②。面对强大的帝国主义者,中国革命的前景看起来确实

---

① 《巴拉诺夫斯基关于国民党代表团拜会斯克良斯基和加米涅夫情况的书面报告(1923年11月13日)》,中共中央党史研究室第一研究部编:《共产国际、联共(布)与中国革命档案资料丛书(第1册)》,北京图书馆出版社1997年版,第311页。
② "国民革命"这一术语是由共产国际代表马林发明的。共产党为了表示与国民党合作的姿态,于1922年9月开始采用这一术语,比国民党人自己使用该术语要早得多。1927年国共合作正式破裂之后,共产党转而使用"大革命",以切断"国民革命"所暗示的与国民党的关系。参见[美]费约翰:《唤醒中国:国民革命中的政治、文化与阶级》,李恭忠等译,生活·读书·新知三联书店2004年版,第250页;《斯列帕克给维经斯基的信(1923年11月25日)》,中共中央党史研究室第一研究部编:《共产国际、联共(布)与中国革命档案资料丛书(第1册)》,北京图书馆出版社1997年版,第324页。

很黯淡。然而,短短两年之后,于1925年爆发的五卅运动便引发全国范围的反帝运动,标志着华盛顿体系在中国人心目中威望和效力的严重滑坡。

从1922年到1925年,这三年是华盛顿体系列强向中国兑现关于"关税自主"和"废除治外法权"等"国际承诺"的关键年份,也是引发中国民族主义运动的转折期,20世纪20年代的国民革命运动就是在此期间酝酿成熟的。

在20年代初期的中国,马列主义只是在中国的知识界进行有限的传播,真正信奉马列主义的知识分子少之又少。到1925年1月,中国共产党在上海举行第四次全国代表大会时,全国党员才有994人[①]。至于国民党,其势力也是一个仅仅局限在中国西南和东南某些特殊地区的"地方党",党的组织力量和凝聚力都很微弱[②]。"五四"之后,中国知识界呈现多种思潮相互竞争的整体格局,马列主义、无政府主义、自由主义等多种思想竞相争鸣,其他思潮的存在自然会减弱马列主义对中国社会的影响。马列主义要超越狭隘的知识界,对社会大众产生影响,难乎其难。但是,1925年爆发的五卅惨案,却在很短时间内引发全国范围的反帝运动,而国共双方都通过此次反帝运动发展了自身的组织力量。这就引出一个问题,苏联、共产国际以及国共合作组织、普通人的民族情感在动员群众开展反帝运动的过程中,究竟发挥了何种作用?如果说普通民众只能依托最朴素的民族主义情绪才能激发出反帝意识,那么是否可以认为民族情感而非政党动员才是反帝运动得以实现的关键?此外,在反帝运动兴起的前夕,美国主导的华盛顿体系列强是否采取过一定的应对措施?这些

---

① 中共中央党史研究室:《中国共产党历史大事记(1919.5—2009.9)》,中共党史出版社2010年版,第19页。

② 共产国际代表斯列帕克在1923年底指出:"遗憾的是,当我把国民党作为一个政党来谈论时,我觉得可笑。实际上可能除了在全中国可以数得出来的无愧于国民党员这个称号的7~10个人之外,这样的党并不存在。其余的则是一些由于友谊和关系而同孙逸仙联系在一起的人。"参见《斯列帕克给维经斯基的信(1923年11月25日)》,中共中央党史研究室第一研究部编:《共产国际、联共(布)与中国革命档案资料丛书(第1册)》,北京图书馆出版社1997年版,第319页。

正是本文要尝试讨论和加以回答的问题①。

一方是英美主导的缺乏凝聚力的华盛顿体系,一方是苏联积极输出革命行动。面对中国日益危险的国内局势,在1922年到1925年间,华盛顿体系列强与苏联都在试图把中国纳入他们所期望的轨道中,这是至关重要的三年,双方都在与"时间"赛跑,谁赢得了这场赛跑,谁就掌握了控制中国未来局势的主动权。及至1925年,华盛顿体系与苏联的输出革命终于在中国发生了实质性对抗,那就是由五卅惨案引发的声势浩大的中国反帝运动。

二、华盛顿体系的帝国主义性质刺激了中国的民族主义

华盛顿体系的实质是英美日等列强以"国际协调"的方式,对西太平洋和中国问题的利益再分配。虽然列强所关注的重点是西太平洋的制海权问题,但中国问题影响到列强之间的合作关系。从1921年11月到1922年2月,在华盛顿会议召开期间,与会各国代表在中国问题的谈判上花费了大部分时间和精力,但是中国问题只有在影响到西太平洋和整个东亚地区发展的时候,才能引起列强的足够重视。

然而,对中国来说,华盛顿体系却直接关乎中国的国家主权利益,中国各界对华盛顿会议的召开高度重视。故而,在参会的九国代表中,中国

---

① 国外学者探讨华盛顿体系与苏联对华外交的代表性研究,首推入江昭的论著。但入江昭的视角是采取美苏日三国政府对华外交的"平行论述模式",基本忽略了华盛顿体系与上海反帝运动的内在联系。参见 Iriye, A. (1965). *After Imperialism: The Search for a New Order in the Far East, 1921–1931*. Harvard University。涉及本文主题的其他著作还可参见 Kotkin, S. and Wolf, D. (1995). *Rediscovering Russia in Asia: Siberia and the Russian Far East*. Aamonk, N.Y. and London: M.E. Sharpe; Norman, S. (2001). *War and Revolution: The United States and Russia, 1914–1921*. Lawrence: University Press of Kansas; Uldricks, T. (1979). *Diplomacy and Ideology: The Origins of Soviet Foreign Relations, 1917–1930*. Sage。国内学者关于华盛顿体系与中国国民革命的宏观性讨论以及同时期苏联对华外交的代表性研究,可参见王立新:《华盛顿体系与中国国民革命:二十年代中美关系新探》,《历史研究》2001年第2期;杨雨青:《国家利益:苏俄对在华合作者的选择》,《历史研究》1999年第4期;等等。

虽是最贫弱的国家，但派出的代表团人数却最多①。此外，上海总商会和江苏省教育会所代表的民族资产阶级，也集资派出代表其利益诉求的国民外交代表余日章、蒋梦麟参加华盛顿会议。华盛顿会议所讨论的关于中日两国的山东问题悬案、关税自主问题、治外法权的废除问题等，无一不牵扯到中国人日益敏感的民族主义神经。1921年底，刚从中国返回美国的杜威就注意到，中国知识阶层对于华盛顿会议及其议题的关注程度超乎美国人的想象，"对他们来说，几乎是一件生死攸关的事情"②。可想而知，中国人当年对华盛顿会议的期待越高，后来所感到的失望就越大，其所激起的民族主义情绪也越亢奋。

虽然华盛顿体系本质上仍然是维护列强在中国的条约特权，但也在一定程度上约束了日本的侵华行动。具体而言，华盛顿会议通过了两项客观上有利于中国的国际条约：一是通过英美法日缔结的《四国条约》，取代了延续20余年的英日同盟，使英国无须再成为日本在东亚大陆进行扩张的"匿名赞助者"，英美两国关系不会再因为英日同盟而滋生矛盾，从而加强了英美两国在亚太地区的合作，可以更有力地约束日本在亚太地区的扩张行为。二是《九国公约》规定"尊重中国之主权与独立及领土与行政之完整"，美国倡导的"门户开放原则"第一次纳入条约，并得到列强的正式承认③。照此设想，日本政府理应放弃过去的侵略政策，转而奉行对华友好的睦邻政策。话虽如此，这个让华盛顿体系与中国问题发生直接关系的《九国公约》终究只是纸上谈兵，英美日等列强在中国的复杂利益矛盾使其显得不切实际。

华盛顿体系试图继续维护列强在中国的不平等条约特权，这一企图

---

① 参加华盛顿会议的中国代表团136人，日本代表团95人，美国代表团100人，英国代表团61人，法国代表团42人，意大利代表团34人，荷兰代表团13人，比利时代表团8人，葡萄牙代表团3人。参见 Waldron, A. (2008). "John V. A. MacMurray: A Wilsonian Realist Follows the China Star, 1914–1935". *The Princeton University Library Chronicle*, 69(3), pp.477–478.

② [美]约翰·杜威：《杜威全集·中期著作（第13卷）：1921—1922》，赵协真译，华东师范大学出版社2012年版，第181页。

③ [美]马士、宓亨利：《远东国际关系史》，姚曾廙译，上海书店出版社1998年版，第671—674页。

让关心国家主权利益的中国民族主义者无法忍受。中共领袖陈独秀即认为，华盛顿会议的本质就是帝国主义列强的分赃大会，难以带来真正的和平①。这一看法与共产国际和苏联政府的认识一致，后者认为华盛顿体系"既不会带来裁军，也不会带来和平"②。此种潜在的不满情绪将使中国而非西太平洋上的那些岛屿如菲律宾、关岛等地，成为华盛顿体系的"隐患"所在。所以，华盛顿体系虽然被有的学者称为"东亚新秩序"，但这个"新秩序"其实仍然包裹着旧的帝国主义条约特权；华盛顿体系之所以能被认为代表着东亚国际关系的"新格局"，是因为它不再坚持旧的帝国主义列强之间的军事同盟政策，而是要求相关列强保证不再进行"军事和政治扩张"，并"帮助"像中国这样的弱国"走上独立和正确的艰难道路"③。华盛顿体系既体现了美国倡导的"自由国际主义"和"资本主义列强之间的国际合作原则"④，也继续承认并维护列强与中国签署的不平等条约关系的有效性。这种"新旧杂糅"的国际关系决定了华盛顿体系列强在处理中国问题上的立场必然是自相矛盾的，这就是华盛顿体系的局限性所在。

华盛顿体系让欧美列强和日本又回到了战前的东亚均衡状态，只是列强之间由一战之前的"双边结盟"变成了带有自由国际主义色彩的"多国合作"。一战破坏了战前列强在中国的"势力均衡"状态，日本在战争期间奉行政治、军事上的扩张主义，成为东亚地区的霸主。一战导致沙俄和德意志帝国的毁灭，破坏了中国的外部国际关系结构，致使列强与中国的"不平等条约体系"出现裂缝。比如，德国与北京政府在1921年订立《中德协约》，这是第一个明文规定没有最惠国待遇、治外法权、协定

---

① 陈独秀：《二十七年以来国民运动中所得教训》，《新青年》1924年第4期。

② Goldberg, H. J. (Ed.). *Documents of Soviet-American Relations: Intervention, Famine Relief, International Affairs, 1917-1933*, vol.1, Academic International Press, 1993, pp.264-268.

③ Iriye, A (1965). *After Imperialism: The Search for a New Order in the Far East, 1921-1931*. Harvard University, p.11.

④ Asada, S. (2006). "Between the Old Diplomacy and The New, 1918-1922, The Washington System and the Origins of Japanese-American Rapprochement", *Diplomatic History*, 30(2), p.211.

关税的条约[1]。苏俄政府在1919年、1920年两次发表对华宣言,表示放弃旧俄的在华特权,并在1924年与北京政府订立《中俄协定》,成为北京政府与革命国家交涉、订立的第一个平等条约,对列强在华均势影响很大[2]。可见,俄国与德国皆因一战而脱离了与中国拥有不平等条约关系的列强阵营。自鸦片战争以来,帝国主义列强依靠"最惠国待遇原则",形成了一套严重损害中国主权的"不平等条约体系",并在此基础上结成了"对华统一战线",共同维护其在中国的条约特权。一战瓦解了旧的帝国主义阵营,让中国在战后成为国际联盟的一员,中国的国际地位大大提升。在此过程中,中国正好从旧的"中华帝国"脱胎而出,并向现代民族国家转型。此时,中国的对外关系出现两种不同类型的模式:一个是与德、俄等国建立的新的"平等的国际关系",一个是与华盛顿体系列强所继续保持的"不平等的国际关系"。这两种同时存在的不同性质的国际关系,极大地刺激了中国的民族主义者,使他们更加迫切地要求废除不平等条约。

由于得天独厚的地缘政治优势,苏联对东亚地区的影响不容忽视。但是,华盛顿会议没有邀请苏俄参加,而是把苏俄排斥在外[3],原因是苏俄的输出革命政策让欧美列强感到恐惧。1923年3月21日,美国国务卿休斯发表公开讲话,指出美国不承认苏联的基本理由,正是因为苏联领导人大肆鼓吹"世界革命",比如托洛茨基在1922年10月宣称"要有组织地、有步骤地、坚持不懈地在欧洲和美国发动革命,这是一个漫长的、残酷的、血腥的革命之路"[4]。事实上,即使在华盛顿会议结束后不久,欧美

---

[1] Iriye, A. (1965) *After Imperialism: The Search for a New Order in the Far East, 1921–1931*. Harvard University, p.13.

[2] Zhang, Y. (1991). "China's Entry into International Society", *Review of International Studies*, 17(1), p.14.

[3] 苏俄未被邀请参加华盛顿会议一事,极大地影响了苏俄对于外交形势的判断,列宁指出"未被邀请参加这个会议的俄罗斯共和国不会承认会议的决定"。参见《给格·瓦·契切林的便条和在苏维埃政府关于承认外债的声明草案上的批注(1921年10月24日)》,《列宁全集(第42卷)》,人民出版社1988年版,第213页。

[4] "Press Release Issued by the Department of State", March 21, 1923, United States Department of States., *Papers Relating to the Foreign Relations of the United States* (以下简称为 *FRUS*). 1923. Vol.II: China, Washington D.C.:U.S. Government Printing Office, 1938, p.758.

列强仍然希望借助苏俄迫切需要的"国际承认"和"国际投资"等问题，把苏俄纳入欧美国家主导的凡尔赛—华盛顿体系，以约束其国际行为。1922年5月，苏俄代表团参加欧洲列强主办的日内瓦会议，因双方的价值观念、政治立场、利益诉求等方面的严重分歧而未达成合作协议，结果造成苏俄与欧美列强继续对抗①。特别是华盛顿会议通过的《四国条约》规定，"任何太平洋问题而引发的争端"都由英美法日四国进行协商，却把有着切身利益的苏俄排斥在外。杜威就此认为："如果争端涉及一个非缔约国的国家，那么，为了对其他国家公平起见，那个国家应当有权出席会议。"②事实上，华盛顿体系流露出的对苏俄的敌意和歧视，早在华盛顿会议召开前就已显露苗头。苏俄领导人或许正是预感到此，因而尤其重视在东亚地区特别是在中国开展民族革命和反帝运动的战略意义。1921年7月，当美国倡议发起华盛顿会议的消息公布之后，共产国际执委会于8月26日在莫斯科举行会议，决定与华盛顿会议同期举行"东方各民族代表会议"，目的就是动员东亚国家内部的力量来反对华盛顿体系③。1921年12月26日，共产国际执委会主席团在莫斯科举行会议，针对美国召集的华盛顿会议结果，决议成立一个"专门委员会"，以便指导东亚地区的"革命运动"④。

美国之所以推动创建华盛顿体系，首要目的就是遏制日本在亚太地区的扩张，却忽略了苏俄政府对华盛顿体系的潜在威胁，可谓顾此失彼。1921年4月，时任美国国务院远东司司长的马慕瑞在一份备忘录里承认，美国对东亚政策的意图"就是恢复由于日本的扩张而破坏了的东亚平

---

① Hughes, C.E. "The Secretary of State to the Ambassador in Italy", May 11, 1922, *FRUS*. 1922. Vol.II: China, Washington D.C.: U.S. Government Printing Office, 1938, pp.791-792.

② ［美］约翰·杜威：《杜威全集·中期著作（第13卷）：1921—1922》，赵协真译，华东师范大学出版社2012年版，第187页。

③ 此次会议于1922年1月21日至2月2日在莫斯科和彼得格勒举行。参见《共产国际执委会执行局会议记录（摘录）（1921年8月26日）》，中共中央党史研究室第一研究部编：《共产国际、联共（布）与中国革命档案资料丛书（第1册）》，北京图书馆出版社1997年版，第64页。

④《共产国际执委会主席团讨论远东会议问题会议记录（1921年12月26日）》，中共中央党史研究室第一研究部编：《共产国际、联共（布）与中国革命档案资料丛书（第1册）》，北京图书馆出版社1997年版，第70页。

衡"①。通过与欧美资本主义列强的合作政策，日本政府放弃战时的政治军事扩张政策，实质仍然是"在旧外交的框架内恢复战前的平衡"。换言之，日本的帝国主义外交观念并未被放弃，所放弃的只是"定义旧的帝国主义外交"的旧概念和旧的外交手段②。华盛顿体系虽然披着威尔逊总统提倡的自由国际主义外交的"新外衣"，里面包藏的却是一套帝国主义的"旧理念"。华盛顿体系的创建，只是顺应了国际关系演变的自然规律。在破坏性的一战之后，战胜国列强自然需要建立一个适应所谓"和平与发展"需要的世界新秩序。华盛顿体系因此应运而生，却不能从根本上克服资本主义列强在中国的利益冲突以及与中国的民族矛盾。

华盛顿体系其实是欧美列强与东亚强国日本之间达成的一个松散的国际联合体，缺陷是凝聚力不足。美国虽然把日本纳入了华盛顿体系，但并没有消除美日两国在东亚和西太平洋地区冲突的根源。在华盛顿体系的合作框架内，美日两国的关系不过是"貌合神离"，显著影响华盛顿体系的有效运作。日本政府首相原敬、外相内田康哉、驻美大使币原喜重郎等新一代文职官员愿意按照华盛顿会议精神与欧美列强合作，但是日本军界的极端民族主义者如海军部的强硬派代表人物加藤宽治对华盛顿体系严重不满，他认为华盛顿体系不过是在"'道义与人性的外衣下'试图剥夺帝国在远东的海上霸权，并使美国取而代之"③。日本陆军、海军关注的是在中国东北和内蒙古及西太平洋的扩张，而不愿顾及欧美列强的感受。日俄战争之后，美日两国海军都把对方视为"假想敌"④。以加

---

① Iriye, A (1965). *After Imperialism: The Search for a New Order in the Far East, 1921–1931*. Harvard University, p.14.

② Iriye, A (1965). *After Imperialism: The Search for a New Order in the Far East, 1921–1931*. Harvard University, p.20.

③ [美] 麻田贞雄：《宿命对决：马汉的幽灵与日美海军大碰撞》，朱任东译，新华出版社2018年版，第110页。在20世纪20年代，日本的宪政民主势力比较强大，达到一个前所未有的高峰时刻。在此背景下，主张"国际合作"的日本文官势力对外交政策的影响更大。参见 Junji, B. "Japanese Industrialists and Merchants and the Anti-Japanese Boycotts in China, 1919–1928" in Duus, P.etal. (Eds.). (1989). *The Japanese Informal Empire in China, 1895–1937*. Princeton University Press, pp.315–329。

④ Iriye (1965), A. *After Imperialism: The Search for a New Order in the Far East, 1921–1931*. Harvard University, p.6.

藤宽治、末次信正为代表的日本海军将领对华盛顿体系充满敌意,伺机破坏。华盛顿会议通过的《五国限制海军军备条约》确立了英美日三国海军"5:5:3"的比例,作为华盛顿会议日本代表团成员的日本海军顾问加藤宽治愤怒地表示:"对美国的战争始于今日,日本一定要对此进行报复。"1921年12月30日,他在日记里写道:"我们绝不接受美国建议基础上的妥协,除非有人能保证美日之间永远不发生战争","中国的问题暂时解决了,但谁也不知道明天会发生什么"[1]。

平心而论,华盛顿体系还是让日本获得了更有利的国际地位。对美国而言,只是换来了日本不可能对其太平洋海军发动"跨洋攻势"的保证而已。虽然"门户开放原则"正式载入《九国公约》,却等于宣布美国不会为了捍卫这一原则而与日本开战,结果让美国在东亚的政治、经济利益成为"日本控制下的人质"[2]。这种美日矛盾关系从侧面反映了华盛顿体系列强在华利益矛盾冲突的难以调和性,这就必然造成列强无法在中国问题上实现真正的"国际合作"。只有从华盛顿体系确立的东亚新秩序中获得切实利益,列强才有可能去合作,但这种情况并未出现。

华盛顿体系开启了日本与欧美资本主义国家对华"经济外交"的新时代,只是很快他们就失望了。中国市场反而加剧了日本与英美的商业竞争,特别是英日竞争更加激烈。1919年至1924年间,日本在中国的市场份额从1917年的40%下降到1924年的23%,这显然是由中国的抵制日货运动以及英美商品的市场竞争所致,美国的市场份额则在16%~18%之间波动。在棉花市场上,英日竞争尤其激烈[3]。日本与英美的在华商

---

[1] [日]伊藤隆整理:《加藤宽治日记》,日本美篶书房1994年版,第51页;[美]麻田贞雄:《宿命对决:马汉的幽灵与日美海军大碰撞》,朱任东译,新华出版社2018年版,第116—117页。

[2] Baer, G.W. (1994). *One Hundred Years of Sea Power: The U.S. Navy, 1890 –1990*. Stanford University Press, p.103.

[3] 关于20年代中国的抵制日货运动及其影响,参见Junji, B. "Japanese Industrialists and Merchants and the Anti-Japanese Boycotts in China, 1919-1928". in Duus, P.etal. (Eds.). (1989). *The Japanese Informal Empire in China, 1895-1937*. Princeton University Press, pp.315-329; Iriye, A (1965). *After Imperialism: The Search for a New Order in the Far East, 1921-1931*, Harvard University, pp.26-27。

业竞争限制了他们遵照华盛顿会议精神而进行"国际合作"的热情。相反,20年代的中国由于军阀战争频发,英美日三国为了更好地维护在华利益而采取了暗中扶持不同军阀的投机主义政策。比如,日本扶持奉系张作霖,英美支持直系吴佩孚①。这一事实证明,华盛顿体系列强"不干涉中国内政,不借此机会寻求私利"的条约承诺不过是一纸空文,只会加剧中国的内乱。1924年11月6日,美国国务院远东司司长马慕瑞在给朋友的信中谈到对华政策,很无奈地承认说:"对于中国的内战各方,我们保持中立,一视同仁……我们给驻华公使的指示都是基于如下原则,就是美国不插手中国内政,只是祈祷其中有人能够打败对手,建立一个获得各方力量都承认的中央政府。"②频繁的内战造成北京政府内阁经常更换,作为列强所承认的北京政府的合法性也越发显得不足。特别是1923年10月10日,直系军阀曹锟凭借"贿选"当上总统,引发孙中山下令北伐,各地人民游行反对。曹锟在职一年,直系内部的"津保派"与"洛阳派"为争夺国务总理,闹得不可开交,内阁四度易人③。北京政府是华盛顿体系列强所承认的代表中国的合法政府,但北方军阀的混战以及由此造成的政局动荡,严重损害北京政府的威信。

北京政府是华盛顿体系在中国的支柱。如果北京政府垮台,华盛顿体系将面临重大危机。1924年10月23日、24日,冯玉祥发动"北京政变",囚禁大总统曹锟,并将前清宣统皇帝溥仪驱逐出紫禁城,造成北京政府出现短暂的权力真空。为保障北京作为中国名义上的国家政治中心的正常运转,冯玉祥和张作霖先是推举曾任教育部总长的黄郛升任代理总理来组建"临时内阁"班子,其后又力邀原皖系军阀首领段祺瑞出山④。11月24日,段祺瑞宣誓就任"中华民国临时执政",在就职宣言中

---

① 俞辛焞:《俞辛焞著作集(第5卷)》,南开大学出版社2016年版,第46页。
② MacMurray to Sterling, November 6, 1924, 500A4e/190, State Department Archives, National Archives, Washington, United States; Iriye, A (1965). *After Imperialism: The Search for a New Order in the Far East, 1921-1931*. Harvard University, p.28.
③ 郭廷以:《近代中国史纲》,上海人民出版社2015年版,第338页。
④ Mayer, F.L. "The Chargé in China (Mayer) to the Secretary of State", November 1, 1924, *FRUS*. 1924. Vol.II: China, Washington D.C.: U.S. Government Printing Office, 1939, pp.387-388.

信誓旦旦地表示"誓当巩固共和……外崇国信"①。所谓"外崇国信"也就是要遵守与华盛顿体系列强的约定,承认列强在中国的条约特权。但是,法国此时又从中作梗,直接影响了华盛顿体系列强在中国问题上的"国际合作"原则。当时,法国正与北京政府因"金法郎案"处于对峙状态,法国试图说服其他国家代表通过威胁不再承认"段祺瑞临时执政府"为中国的合法政府,迫使北京政府承担所谓"国际义务"②。与法国意见明显不同的是,以美国为首的大多数华盛顿体系列强政府认为,"目前的局势仅仅是内阁的一次变动,因此无须提出承认问题",因而拒绝了该提议③。1924年12月初,在美国的倡议下,除法国之外的华盛顿体系列强同意发出联合照会,表示全力支持"段祺瑞临时执政府",但前提是"临时执政府以及之后的正式政府应当尊重由前清政府和之前民国政府所缔结的所有条约、公约,并且尊重外国人在中国享有的一切权利、特权和豁免权",同时承诺"在双方同意的前提下,可以开展修约谈判"。此次联合照会是由美国发起倡议的,具有"一箭三雕"的意图:一是抵制布尔什维克在中国进行的废除不平等条约的"反帝宣传";二是巩固段祺瑞领导的临时执政府;三是留下与孙中山领导的南方政府在"修约"问题上的回旋余地④。

但是,法国的不配合或暗中抵制,严重影响了华盛顿体系列强在中国进行的"国际合作"。这从后续的"递交国书"问题中即可见一斑。1925

---

① 来新夏等:《北洋军阀史(下)》,东方出版中心2016年版,第871页。
② 法国驻华公使即指出:"最近的政变使他们有权拒绝承认新的北京政府,以期迫使它做出令人满意的保证,表示愿意履行对列强的义务。"参见Mayer, M.L. "The Chargé in China (Mayer) to the Secretary of State", November 11, 1924, FRUS, 1924, Vol.I, Washington D.C.: U.S. Government Printing Office, 1939, p.417。
③ 起初休斯的态度是先持"观望态度",与北京临时执政府暂时保持事实上的关系,英国对此也表示赞同。参见Mayer, M.L. "The Chargé in China (Mayer) to the Secretary of State", November 11, 1924, FRUS, 1924, Vol.I, Washington D.C.: U.S. Government Printing Office, 1939, pp.419–423。日本外相币原喜重郎则倾向于支持段祺瑞临时执政。参见Bancroft, E. "The Ambassador in Japan (Bancroft) to the Secretary of State", December 4, 1924, FRUS, 1924, Vol.I, Washington D.C.: U.S. Government Printing Office, 1939, p.414。
④ Mayer, M.L. "The Chargé in China (Mayer) to the Secretary of State", December 4, 1924, FRUS, 1924, Vol.I, Washington D.C.: U.S. Government Printing Office, 1939, p.431。

年4月初，美国驻华公使舒尔曼在给国务院的电报中提及，比利时公使与法国公使还没有完成递交国书的固定程序。当时这两位公使虽然已经被段祺瑞执政府催促递交国书，但法国公使辩解称他的材料尚未寄达中国，而比利时公使则索性承认他已将国书提交给被赶下台的曹锟政府。舒尔曼认为，真正的原因恐怕是他们心里都知道段祺瑞不过是一枚棋子，所以他们才想要视情况的发展伺机而动，等到时机成熟再考虑递交国书[①]。在这种不对等的状态下，北京政府要履行华盛顿体系所规定的"国际义务"，谈何容易。列强要求只有中国履行了条约承诺，才能实现"关税自主"，废除治外法权；但即使中国做到了司法改善和废除厘金制度，列强也不能保证立即实现中国的修约要求。

根据华盛顿会议所达成的《九国间关于中国关税税则之条约及附件》规定，关税特别会议要在条约生效后的三个月内在中国举行[②]。该项会议内容包括要求中国尽快废除厘金，并同意中国征收2.5%的附加税，因此这一税种又被称为"二五附加税"。不幸的是，中法两国间的"金法郎案"纠纷仍在继续，法国强迫中国按金法郎在战前的汇率支付庚子赔款。法国政府威胁说，除非中国对法国在《辛丑条约》赔款中所占份额进行令人满意的支付，否则"将不采取对中国有利的行动"[③]。也就是说，在当时的条件下，法国并不同意召开关税会议和治外法权会议，这就意味着美国所极力倡导的华盛顿体系无法落实。此时，中国因陷入军阀混战，也无法按照既有的约定，就"裁厘"和"司法改良"等问题履行对华盛顿体系的"国际义务"[④]。比如，原计划在1922年5月成立的针对中国现行司

---

① Schurman, J.G. "The Minister in China (Schurman) to the Secretary of State", April 10, 1925, *FRUS*, 1925, Vol.I, Washington D.C.: U.S. Government Printing Office, 1940, p.628.

② 王铁崖编：《中外旧约章汇编（第3册）》，生活·读书·新知三联书店1982年版，第222—223页。

③ Mayer, M.L. "The Secretary of State to the Chargé in China (Mayer)", November 6, 1924, *FRUS*, 1924, Vol.I, Washington D.C.: U.S. Government Printing Office, 1939, p.417.

④ 华盛顿会议结束后，中国内战频繁，如1922年第一次直奉战争。1924年爆发第二次直奉战争和江浙战争，客观上促使了1925年反帝运动的爆发。参见 Waldron A. (2002). *From War to Nationalism: China's Turning Point, 1924-1925*. Cambridge University Press。

法状况的"国际调查委员会",就因中国政府的请求而被推迟一年,无意废除治外法权的华盛顿体系强于是顺水推舟,结果是无限期拖延①。

如果华盛顿体系不能落实,迟早会激发中国人的民族抗议运动,列强在中国的条约利益将遭遇巨大挑战。1922年华盛顿会议刚结束,共产国际就对新成立的中国共产党发布指示,立即开展"反对帝国主义"的宣传活动②。至少到1923年,美国政府已经注意到苏联向东亚地区输出革命可能造成的威胁。1923年12月24日,美国国务院发布的新闻通报指出:"共产国际的后台是苏联,他们有着共同的利益基础,在精神上、道德上和物质上都是捆绑在一起的。"③ 1924年11月,休斯在华盛顿与返美休假的舒尔曼有一次重要的面谈,舒尔曼向其汇报了中国的局势并确信,"在不久的将来,中国人可能会要求修改他们所称的'不平等条约',坚持关税自主和废除治外法权"。休斯也认为,中国政府如果提出"修约要求",将会得到中国民众的强烈支持;如果华盛顿体系诸国一直反对中国的修约要求,将会招致中国的消极抵抗,甚至引起更严厉的抵制运动④。要消弭中国的民族主义情绪,最好的办法就是尽快落实华盛顿体系。

1924年11月24日,休斯为此致电美国驻英大使凯洛格,提出英美合作,共同应对中国的危机,并由英美联合向法国施压,催促法国尽快履行华盛顿会议对中国的国际承诺⑤。在英美的施压下,中法两国终于在1925年4月达成一项解决方案,中国以"金元"而非法郎向法国支付庚子赔款⑥。直到此时,法国才最终决定批准所有华盛顿会议上达成的条

---

① Kellogg, F.B. (1925). "American Policy and Chinese Affairs". *American Bar Association Journal*, 11(9), pp.577–578.

② 张国焘:《我的回忆(第1册 下册)》,香港明报出版社1966年版,第208页。

③ "Press Release Issued by the Department of State", December 24, 1923, *FRUS*, 1923, Vol.II: China, Washington D.C.: U.S. Government Printing Office, 1938, p.758.

④ Hughes, C.E. "The Secretary of State to the Ambassador in Great Britain (Kellogg)", November 24, 1924, *FRUS*, 1924, Vol.I, Washington D.C.: U.S. Government Printing Office, 1939, pp.423–424.

⑤ Hughes, C.E. "The Secretary of State to the Ambassador in Great Britain (Kellogg)", November 24, 1924, *FRUS*, 1924, Vol.I, Washington D.C.: U.S. Government Printing Office, 1939, p.425.

⑥ 顾维钧:《顾维钧回忆录(第1分册)》,中华书局1983年版,第320页。

约和决议,这也间接导致《九国公约》的各签约国一直拖到1925年8月5日才在华盛顿完成标志着条约开始生效的换约仪式①。严格说来,此时华盛顿体系才具有完整的法律效力,相关列强才在理论上有可能按照条约精神来兑现对中国的修约承诺。华盛顿体系列强表面上遵守"国际协调"原则,实际上为了维护本国利益而各行其是,其中尤以法国表现得最为明显,英美日驻华公使就对法国表示严重不满②。实际上,法国在中国的利益有限,与英美日三国在中国的巨大利益相比显得无足轻重。但是,法国的不配合,使其成为华盛顿体系的一块致命短板,严重阻滞了华盛顿体系在中国的落实,让中国人对华盛顿体系列强产生不满。

当延迟已久的关税特别会议于1925年10月26日在北京开幕时,废约呼声已经响彻云霄,震撼中国大地。此外,华盛顿会议通过的议决案规定"辅助并促进中国改良司法,使各国逐渐放弃领事裁判权",这一愿望与要求中国关税自主的呼声同样迫切。但同样由于中法两国的"金法郎案"之争,"领事裁判权委员会"迟至1926年11月12日才召开会议。此时,反帝运动已经遍及全国。从1922年到1925年,可谓华盛顿体系列强"错失良机"的三年。而在这三年里,中国人越发感受到号称"解决中国问题"的华盛顿会议和《九国公约》,不过是列强向中国许诺的一张"空头支票",结果反而更激发了中国人的民族主义情绪。从列强的角度看,无论英美还是日本似乎都更关注北洋军阀的动向,将维护中国秩序的希望寄托在北洋军阀身上,而轻视中国民众的态度③。

与此同时,苏联则对中国采取灵活的双重外交:一方面争取与北京政府建立正式的外交关系;另一方面通过暗中支持共产党和国民党来组

---

① Kellogg, F.B. (1925). "American Policy and Chinese Affairs". *American Bar Association Journal*, 11(9), p.578;[美]马士、宓亨利:《远东国际关系史》,姚曾廙译,上海书店出版社1998年版,第677页。

② MacMurray, J.V.A. "The Minister in China (MacMurray) to the Secretary of State", July 30, 1925, *FRUS*, 1925, Vol.I, Washington D.C.: U.S. Government Printing Office, 1940, pp.803-804.

③ Schurman, J.G. "The Minister in China (Schurman) to the Secretary of the State", January 18, 1925, *FRUS*, 1925, Vol.I, Washington D.C.: U.S. Government Printing Office, 1940, pp.592-593.

织群众,发起政治运动。1922年11月7日、8日,苏俄来华代表越飞在发给契切林的密报里,谈到对华开展双重外交的必要性。他说:"从政治角度来看,目前孙逸仙与中国官方立场相距如此遥远……我们与他公开签订协议还为时尚早。可能,在这种情况下中国政府完全可以宣布与我们断绝外交关系。"① 其后,苏联于1923年8月派加拉罕来华与北京政府展开中苏建交谈判。加拉罕在中国宣扬苏联"平等助华""反帝废约"等言论,有意向中国人制造苏联将实施对华"新外交"的正面形象②。

1924年5月31日,中苏两国签署《中俄解决悬案大纲协定及声明书》,象征着苏联对华"新外交"的重要胜利,对华盛顿体系的冲击以及对中国反帝运动的刺激都发挥了难以估量的影响。1924年7月,加拉罕以苏联驻华大使的身份顺利入住北京东交民巷使馆区。他对华盛顿体系列强内部的不团结,特别是因法国的阻挠而造成华盛顿体系无法落实的情况,当然是有所了解的。作为苏联的资深外交官,加拉罕深感时不我待:苏联必须赶在华盛顿体系落实之前发起更加积极的"新外交"攻势,最大限度地激起中国人的民族主义情绪,将愤怒的"祸水"引向华盛顿体系列强。

三、苏联的"新外交"与中国反帝运动的组织动员

苏联对华"新外交"的开展是苏联革命理想主义和国际现实主义双重考虑的结果③。"新外交"的开展,主要由苏联政府外交人民委员会和共产国际负责,前者代表苏联的国家利益,后者服务于共产国际的世界革

---

① 《越飞给契切林的电报(摘录)(1922年11月7日、8日)》,中共中央党史研究室第一研究部编:《共产国际、联共(布)与中国革命档案资料丛书(第1册)》,北京图书馆出版社1997年版,第149页。
② 唐启华:《被"废除不平等条约"遮蔽的北洋修约史》,社会科学文献出版社2010年版,第212页。
③ 一战后期,美国总统威尔逊与苏俄领导人列宁都提出了以"民族自决"为原则的"新外交",但两者的侧重点不同:威尔逊强调通过"和平民主"的方式,而列宁则鼓励被压迫民族通过武装斗争来实现民族解放。参见欧阳杰:《比较史学视野下的列宁与威尔逊的"民族自决权"思想》,《俄罗斯中亚东欧研究》2006年第5期。

命理想,但其实质都接受苏联共产党的领导①。一方面,苏联主动宣布放弃沙俄在中国的不平等条约权益,与北京政府建交,这样可以破坏华盛顿体系在东亚地区对苏联的外交孤立状态。另一方面,苏联"新外交"的实施,也是列宁关于国际共产主义运动理想的产物。在列宁等苏联领导人的观念里,"世界的各个部分依据几个基本概念设定了界限,如以阶级为界限将人群划分为不同的部分;按照压迫与被压迫来划分不同民族;以社会主义和资本主义划分为不同的国家;以及以政策及其背后的经济结构为依据划分为帝国主义、殖民主义;等等"②。按照这一理论设计,英美日所代表的华盛顿体系列强在中国推行的是一套帝国主义性质的殖民政策,中国对外关系的主要矛盾就是帝国主义列强和中国民族解放运动之间的矛盾。苏联对华"新外交"的开展,就是要帮助中国推翻华盛顿体系。

苏联对华"新外交"开展的特点是双管齐下,带有强烈的机会主义和理想主义的混合色彩。1924年,苏联通过与北京政府的正式建交,使得加拉罕获得入住北京东交民巷外国使馆区的"正当理由",趁机打入代表华盛顿体系列强的驻京公使团,从内部破坏列强的团结。1924年10月28日,英国驻华公使麻克类在给英国外交部的电报中就预见到这一麻烦的到来。他说:"苏联将继续推行其公开宣称之中国政策,决心在将来废止《辛丑和约》,但仍以目前是《辛丑和约》签约国之身份进入使馆区,将会对使馆区及外交团的团结造成灾难性的破坏。中国政府及爱国人士乐见此《辛丑和约》及不平等条约结束的开端……我认为此新形势会减弱外交团面对中国之团结与威望,直接刺激中国要求废除条约权利与特权,因为可得苏联朋友之同情与支持,反对帝国主义列强。"③

成功入住北京使馆区之后,加拉罕要求加入公使团。此时,以美国

---

① 瞿秋白在1921年4月指出,"实际上国际会中委执行委员会的实权在俄共产党手里",因此将共产国际称为"俄共产党的外交机关"。参见瞿秋白:《瞿秋白文集(第1卷)》,人民出版社1987年版,第211页。
② 牛军:《冷战与新中国外交的缘起》,社会科学文献出版社2013年版,第221—222页。
③ Macleay to FO, September 15, 1924, FO371/10283;唐启华:《被"废除不平等条约"遮蔽的北洋修约史》,社会科学文献出版社2010年版,第229—230页。

为首的华盛顿体系列强还没有承认苏联政府,故而加拉罕与其他公使团成员之间的关系非常尴尬①。舒尔曼为此请示休斯,得到的建议是"加拉罕只能参加那些纯形式与礼节性的活动,而不能参与那些具有实际效应和决策功能的事务"。休斯还提醒舒尔曼,根据1924年的《中俄解决悬案大纲协定及声明书》,苏联名义上已经放弃了沙俄时代从中国获取的各项"不平等权益",所以"没有必要也不应当让苏联代表参与《辛丑条约》签约国的公使会议"②。根据休斯的上述指示,1925年3月3日舒尔曼召开公使团成员会议,决定批准加拉罕加入公使团的申请,但同时决定将"公使团原有的职能范围仅缩减为纯粹仪式性的",并另外组织专门会议"以便讨论有关《辛丑条约》签约国家共同利益的事务"③。尽管加拉罕同时还被推举为公使团的"领袖",但并不意味着他对公使团有广泛的号召力,而恰恰暗示着他是公使团的"异类"④。

加拉罕是苏联派到中国的官方大使,指导着苏联在中国的秘密外交活动,也就是改组孙中山领导的国民党工作。1923年底,加拉罕在给苏联外交人民委员契切林的信中指出:"国民党已经彻底涣散,许多卖身求荣的显贵们都自称是国民党党员。现在都是徒有虚名。实际上孙逸仙依靠的是忠实于他本人的个人和团体。"因此他向苏联政府建议,国民党必须进行彻底改组。同时,他还指出必须谨慎处理好苏联对华双重外交的关系,否则会引起国民党的不安。因为,苏联与北京政府的建交举动,会

---

① Grew, J.C. "The Acting Secretary of State to the Minister in China", August 6, 1924, *FRUS*, 1924, Vol.I, Washington D.C.: U.S. Government Printing Office, 1939, pp.451-452.

② Huges C.E. "The Secretary of State to the Minister in China (Schurman)", February 28, 1925, *FRUS*, 1925, Vol.I, Washington D.C.: U.S. Government Printing Office, 1940, pp.636-637.

③ Schurman, J.G. "The Minister in China (Schurman) to the Secretary of State", March 11, 1925, *FRUS*, 1925, Vol.I, Washington D.C.: U.S. Government Printing Office, 1940, pp.637-638.

④ Kellogg, F.B. "The Secretary of State to the Minister in China (Schurman)", March 14, 1925, *FRUS*, 1925, Vol.I, Washington D.C.: U.S. Government Printing Office, 1940, p.638. 加拉罕之所以能名正言顺地成为公使团的"领袖",实际上还是缘于他身为苏联驻华大使的身份,比其他国家派驻北京的"公使"级别要高出一级的缘故。参见吴孟雪:《加拉罕使华和旧外交团的解体——北京政府后期的一场外交角逐》,《近代史研究》1993年第2期。

被孙中山的国民党认为"他们被苏联抛弃了",苏联是在让国民党"听天由命"①。此时,孙中山派出的蒋介石一行人正在苏联考察,却遭到苏联政府的慢待,加拉罕建议应该对蒋介石表示"亲热"②。

事实上,1923年9月至11月,蒋介石一行人在访问苏联期间遭到"冷遇"并非意外,而是苏联对华双重外交的产物。此时,苏联正迫切希望与北京政府早日建交,故而不能对北京政府的对立面——蒋介石代表团表示出特别的热情。孙中山的广州革命政府与苏联的关系非常微妙,这是因为孙中山的"联俄道路"是迫不得已的选择。长期以来,孙中山一直努力联合英美,但遭到英美政府的无情拒绝。1921年5月5日,孙中山在广州就任中华民国政府"非常大总统"后,就致函美国总统哈定,希望美国承认并支持广州政府。孙中山还在对外宣言中表示"遵守列强及其人民与中国签署的条约权利",并通过他的英国老师康德黎协助在英国出版《中国的国际开发》一书,希望获得欧美公众舆论的同情③。

孙中山对欧美列强持一种爱恨交织的矛盾态度。他更喜欢使用情感色彩淡薄的"列强"而非"帝国主义"这一术语。但是,在1923年秋天孙中山突然改变了主意,最终使他相信有必要"打倒帝国主义",起因是他领导的广州政府因要求"分摊海关关余"而与欧美列强发生了严重冲突④。之后,孙中山决心走联俄的革命道路。但是,孙中山与苏联的联合是"有条件的合作"。1923年1月27日签订的《孙文越飞宣言》阐明了孙

---

① 国民党元老张继曾提到:"苏联与中国北方政府签订了协定,这就是一种不光彩的行为,因为它同时又与革命政府签订条约并保持密切的友好关系。"当1924年5月31日《中苏协定》即《中俄解决悬案大纲协定及声明书》签署后,国民党就发表宣言,表示不满,引起鲍罗廷的大怒。参见中共中央党史研究室第一研究部编:《共产国际、联共(布)与中国革命档案资料丛书(第1册)》,北京图书馆出版社1997年版,第307、361、499—500页。
② 《契切林给季诺维也夫的信(1923年11月1日)》,中共中央党史研究室第一研究部编:《共产国际、联共(布)与中国革命档案资料丛书(第1册)》,北京图书馆出版社1997年版,第307页。
③ 陈锡祺主编:《孙中山年谱长编(下)》,中华书局1991年版,第1352—1353、1343页。
④ 苏联驻广州的代表鲍罗廷帮助孙中山起草了一份"打倒帝国主义,打倒军阀"的政治方案。参见[美]费约翰:《唤醒中国:国民革命中的政治、文化与阶级》,李恭忠等译,生活·读书·新知三联书店2004年版,第254—255页。

中山的立场:"共产组织,甚至苏维埃制度,事实均不能引用于中国。"孙中山只希望在金钱、军事、组织经验上得到苏联的支援,但是在"反对帝国主义(华盛顿体系列强)"上,双方又达成了共识。1924年1月13日,孙中山在广东高等师范学校发表演讲时,称赞苏联"新外交""打破俄国帝国主义,且打破世界帝国主义"①。根据共产国际的指示精神,中共二大宣言也将英美法日等华盛顿体系列强列为侵略东亚各民族的头号"帝国主义国家",宣称"许多年来,东亚各民族被踏在英美法日等国铁蹄压迫之下"②。1924年1月28日,国民党通过《中国国民党总章》,允许共产党人以个人身份加入国民党,其后孙中山在给全党同志的信中表示"反对帝国主义之恶魔"③。至此,孙中山从华盛顿体系的自愿维护者转变成这一体系的反对者。1924年,苏联对华双重外交获得成功:一方面,苏联驻华大使加拉罕成为北京公使团名义上的领衔公使,可以合法地代表苏联政府在中国开展外交工作,并秘密协助共产国际代表鲍罗廷等人在中国开展革命工作④;另一方面,共产国际则通过国共两党组织民众运动,从外部冲击华盛顿体系。

如果说华盛顿体系"不干涉中国内政"的原则为中国民族主义运动的发展创造了一个有利的国际环境,那么苏联则在华盛顿体系之外以输出革命的方式,依靠共产国际在中国成功地发展了革命盟友,也就是列宁制定的在"东方国家与民族资产阶级建立同盟"的战略计划⑤。改组后的国民党成为苏联在中国发动群众运动的有力工具,而新成立的共产党则可以借助国民党的现有组织优势进一步发展壮大。1924年5月,在共产国际代表维经斯基的努力下,中共在上海召开扩大的中央全会,决定"把在国民党内工作的重心从组织工作转向宣传工作",以便更好地在

---

① 陈锡祺主编:《孙中山年谱长编(下)》,中华书局1991年版,第1563、1794页。
② 中央档案馆:《中共中央文件选集(第1册)》,中共中央党校出版社1989年版,第101页。
③ 陈锡祺主编:《孙中山年谱长编(下)》,中华书局1991年版,第1822、1854页。
④ М.Л. Титаренко, ПЕРЕПИСКА И.В. СТАЛИНА И Г.В. ЧИЧЕРИНА С ПОЛПРЕДОМ СССР В КИТАЕ Л.М. КАРАХАНОМ: ДОКУМЕНТЫ август 1923 г. –1926 г., М.: Наталис, 2008. C.258–261.
⑤ [美]费正清:《伟大的中国革命》,刘尊棋译,世界知识出版社2000年版,第25页。

中国开展"国民革命运动"。"国民革命"也就是反对帝国主义压迫的民族革命,是一项爱国主义事业。苏联为中国的反帝运动提供了一套行之有效的"组织经验",由此把分散的民众力量"凝聚起来",使日本和欧美"帝国主义"列强感到害怕①。

具有讽刺意味的是,美国作为华盛顿体系的主要维护者,此时对中国的教育、学术事业的发展有着无可替代的巨大影响,但是美国的自由主义教育模式间接地助推了中国的民族主义运动。美国在中国开办的各种教会大学,培养了一批不受政府控制的年轻知识分子,这个群体是"少年中国"的生力军。美国教会学校在中国的大量存在,被共产国际视为中国人"走俄国革命道路的障碍"②。受共产国际指导的国共两党积极在中国学校系统寻找潜在的革命同志,发起了"非基督教运动",唤起了中国青年的民族主义情绪。1921年7月11日,当杜威从上海离开中国时,他无论如何不会想到,中国共产党第一次全国代表大会就将在那里召开,恰如费正清所言:"杜威的哥大教师学院在共产国际阳光的照耀之下,变得暗淡无光。"③

苏联革命的成功模式,对陈独秀、李大钊、毛泽东等知识分子具有强烈的吸引力,即使对蒋介石这样的职业军人也有很大的感召力。1923年9月,蒋介石在访问苏联期间,每天坚持学习俄语,与共产党人张太雷、越共党人胡志明(此时化名为阮爱国)等时常沟通,并为他们的革命精神所感动。不过,蒋介石对苏联共产党组织仍然有所批判和怀疑,在这方面与他崇拜的孙中山颇为相似。但无论如何,苏联"反对帝国主义"的口号确实触动了具有民族意识的蒋介石。1923年11月7日,他在日记里写道:"今日为苏维埃共和国六周年革命纪念日……观今日之运动,足知苏维埃政府对于人民已有基础,殊足以破帝国主义之胆。"④ 蒋介石代表团在访

---

① [美]费约翰:《唤醒中国:国民革命中的政治、文化与阶级》,李恭忠等译,生活·读书·新知三联书店2004年版,第261页。
② 陶飞亚:《共产国际代表与中国非基督教运动》,《近代史研究》2003年第5期。
③ [美]费正清:《伟大的中国革命》,刘尊棋译,世界知识出版社2000年版,第232、243页。
④《蒋介石日记(1923年11月7日)》,中国社会科学院近代史研究所档案馆藏手抄本。

问苏联期间起草了一份《中国国民运动报告》,体现了蒋介石"反对帝国主义"的雄心壮志。报告指出:"近10年的经验和华盛顿会议的结果使我们明白了,我们的国民革命不能带有妥协性质。我们的目标就是同国际帝国主义及其工具——中国军阀作斗争。正是世界资本主义和帝国主义把中国变成了半殖民地……我们的任务就是推翻世界资本主义。所以我们的国民革命将具有国际性质。"①不过,蒋介石的"反对帝国主义"与共产党人以及国民党左派的"反对帝国主义"是不一样的,后者与苏联倡导的"反对帝国主义"的革命理论一脉相承。但是蒋介石的反帝立场,更多是出于他本人的民族主义观念,而不是他接受苏联革命学说的结果。

苏联对华"新外交"虽然在中国北方和南方都获得了一定成功,但是也面临一些新的挑战。在中国南方的革命阵营内部,自1925年春孙中山去世之后,国民党内部的左右之争加剧,加入国民党的共产党人受到国民党右派的排斥。苏联在广州革命政府的军事顾问鲍罗廷认为,共产党在中国国民运动中的作用无足轻重。他发给苏联政府的报告让斯大林错误地认为"共产党人已溶化在国民党内,没有自己的独立组织,一般都受到国民党的'虐待'",斯大林为此对中共这种"寄人篱下的处境表示遗憾"。但是,共产国际代表维经斯基与鲍罗廷的看法完全相反,认为中共"比国民党更团结",国民党本身的工作在很大程度上是由共产党人去做的②。这也说明苏联在开展对华双重外交时存在制度和人事的内在矛盾。

苏联政府外交人民委员会和共产国际在组织、观念与目标等方面都存在分歧。苏联外交官代表的是国家利益,而共产国际宣扬的是国际主义。双方人员在中国事务的看法上,难免会因部门差异和人事关系而造成彼此之间的意见冲突,多少影响苏联对华政策的制定。在反帝问题上,苏联驻华大使加拉罕与共产国际的策略就有分歧。加拉罕认为,中国与

---

① 《国民党代表团关于中国国民运动和党内状况的书面报告(1923年10月18日)》,中共中央党史研究室第一研究部编:《共产国际、联共(布)与中国革命档案资料丛书(第1册)》,北京图书馆出版社1997年版,第301页。
② 《维经斯基给加拉罕的信(1925年4月22日)》,中共中央党史研究室第一研究部编:《共产国际、联共(布)与中国革命档案资料丛书(第1册)》,北京图书馆出版社1997年版,第607页。

土耳其一样，两国最重要的问题都是"反对帝国主义"，既然苏联支持过土耳其民族革命领袖凯末尔领导的反帝事业，那也应该支持中国的一切"反帝力量"；支持对象既要包括中国的南方革命政府，也不应忽视有反帝愿望的北方军阀张作霖和吴佩孚①。对于是否向中国提出"财政要求"这个争论许久的问题，越飞持反对意见，认为"在中国革命发展的时刻，向中国提出我们的财政要求"，就是"同国际帝国主义一起站在中国革命的对立面"②。鲍罗廷本人既是苏联驻华外交使团的成员之一，也兼任共产国际在华南的代表，这种双重身份让他与共产国际的其他代表如维经斯基等人在中国问题的看法上很容易发生冲突③。同时，国民党的分裂势必对正在酝酿中的国民运动造成不利影响。国民党内出现亲英美的势力，会削弱苏联的影响。1925年5月13日，共产国际代表维尔德在给维经斯基的绝密信中，提及两个值得注意的事件：一是鲍罗廷与共产国际代表之间"互相不信任、不真诚、耍外交手腕"；二是受欧美影响的基督徒加入国民党，这给苏联方面提出了一个令人担忧的问题，即"帝国主义者可能采用这种办法从内部搞垮国民党"④，进而破坏苏联在中国酝酿发起的反帝运动。

但不可否认的是，在苏联的推动下，1924年达成的国共合作仍为1925年五卅反帝运动的兴起做好了必不可少的组织动员的准备工作。国共两党的势力主要分布在华南地区的广州、华东地区的上海和华中地区的武汉。这三个地方拥有如下共同特征：繁荣的口岸城市，相对发达的工商业，发达的学生和工人组织，国共两党的分支机构活跃其中，且三

---

① 《加拉罕在联共（布）中央政治局使团会议上的报告（1926年2月11日）》，中共中央党史研究室第一研究部编：《共产国际、联共（布）与中国革命档案资料丛书（第3册）》，北京图书馆出版社1998年版，第69—70页。
② 《越飞给俄共（布）、苏联政府和共产国际领导人的信（1923年1月13日）》，中共中央党史研究室第一研究部编：《共产国际、联共（布）与中国革命档案资料丛书（第1册）》，北京图书馆出版社1997年版，第199页。
③ 杨奎松：《孙中山与共产党——基于俄国因素的历史考察》，《近代史研究》2001年第3期。
④ 《维尔德给维经斯基的信（摘录）（1925年5月13日）》，中共中央党史研究室第一研究部编：《共产国际、联共（布）与中国革命档案资料丛书（第1册）》，北京图书馆出版社1997年版，第612—613页。

地都是华盛顿体系列强势力最集中的区域。自然,这些地方的中外矛盾也最尖锐,也只有在这里发动群众性的反帝运动,才能痛击华盛顿体系。早在1923年11月,共产国际派驻中国的代表斯列帕克和维经斯基已经将目光聚焦到上述口岸城市,计划在那里开展工会工作、文化教育工作和政党工作,但对于这些工作究竟在何时能够开花结果,共产国际驻中国的代表们却毫无把握①。

事情的发展往往出乎当事人的预料。1925年的五卅反帝运动就是在这样的背景下不期而至。

四、五卅惨案与反帝运动的"上海模式"

五卅惨案以及随后发生的反帝运动,不是一朝一夕的事情,而是中国与列强因不平等条约关系造成的长期矛盾累积的结果。正如参与五卅惨案调查的美国司法官芬利·约翰(Finley John)所言,五卅惨案的发生绝非偶然,它与1861年4月19日拉开美国内战序幕的"萨姆特堡枪声"以及引发第一次世界大战的1914年6月28日的"萨拉热窝枪声"一样,都是引发历史矛盾爆发的导火索②。五卅惨案促使反帝运动在全国范围的开展,上海的"反帝运动模式"在此过程中向全国推广。

上海爆发的反帝运动之所以能够成为全国效法的榜样,主要源于上海是全国的新闻舆论中心。上海不仅有具有全国影响力的中文报刊如《申报》《时事新报》《东方杂志》等,而且有为数众多的富有国际影响力的外文报刊如《字林西报》《大陆报》《密勒氏评论报》等,这些"条约口岸"媒体是沟通中国与世界的"信息纽带",可以第一时间将中国的反帝运动消息传播到世界各国③。但还有一个容易被忽略的问题是,此次反

---

① 《斯列帕克给维经斯基的信(1923年11月25日)》,中共中央党史研究室第一研究部编:《共产国际、联共(布)与中国革命档案资料丛书(第1册)》,北京图书馆出版社1997年版,第318页。

② Borg, D. (1947). *American Policy and the Chinese Revolution, 1925-1928*. The Macmillan Company, p.37.

③ Wei, S. (2017). *China's Propaganda against Japan in the English-Language Press, 1928-1941*. Hongkong University Press, p.3.

帝运动中提出的口号"打倒帝国主义",其实是一个在不久前还鲜为人知的抽象政治术语,对普通大众而言更是难解其意。1921年7月中共一大召开时,人们甚至还不知道"什么是帝国主义"①。迟至1922年1月,中共对于"帝国主义"仍几乎未加留意,直到共产国际举行远东民族大会之后,才将其列为革命对象②。要把"反对帝国主义"从抽象的政治口号转变成人民群众耳熟能详的"行动标语",就必须经过城市主流媒体的广泛宣传。在当时的中国,只有上海这样的新闻舆论中心才能够承担这种富有挑战性的宣传任务。"反对帝国主义"的大众宣传不是简单的说教,需要有具体生动的实例才能让普通中国人"感同身受"。在这方面,上海拥有得天独厚的反帝宣传资源。作为口岸城市,上海是华盛顿体系列强在中国势力的大本营。列强的海军舰队在黄浦江自由巡逻,公共租界和法租界内的高楼大厦,处处彰显着帝国主义的势力存在。最重要的是,公共租界的巡捕在5月30日开枪射杀了中国人的生命,这是帝国主义压迫中国的最好证明。五卅惨案既提供了反帝宣传的有力素材,也让后世学者思考"上海模式"何以引领全国反帝运动的潮流。

首先,欧美列强和日本在1922年华盛顿会议结束之后,因其内部涣散而没有及时满足中国的修约要求,致使中国人将"八十多年来所遭受的不平等条约的压迫"都迁怒在华盛顿体系列强身上。1925年春,日本在上海的内外棉纱厂发生了罢工风潮,工人领袖顾正红在冲突中被枪杀,导致群情激愤。这件事的根源就被中共宣传家恽代英归结为"不平等条约的束缚","为什么日本资本家能够杀中国工人呢?因为日本人能够在中国开纱厂,因为有马关条约给日本人以这种权利。为什么工部局能够压迫商人呢?因为上海租界上的政权完全操在外国人手里"③。

其次,国共两党的组织力量在五卅反帝运动中发挥了"最大的原动

---

① 中国社会科学院现代史研究室、中国革命博物馆党史研究室编:《"一大"前后——中国共产党第一次代表大会前后资料选编(二)》,人民出版社1980年版,第17页。
② [美]费约翰:《唤醒中国:国民革命中的政治、文化与阶级》,李恭忠等译,生活·读书·新知三联书店2004年版,第251—252页。
③ 上海社会科学院历史研究所编:《五卅运动史料(第一卷)》,上海人民出版社1981年版,第7页。

力"作用①。这里的"原动力",更准确的含义应是"推波助澜"。维经斯基注意到,中共的组织力量相对薄弱,突然承担大规模的反帝动员工作,显得力不从心②。应该说,在反帝运动的民众动员方面,共产党比国民党更加积极。五卅惨案爆发后,驻华大使加拉罕立即致电苏联政府报告此事,引起苏共中央政治局以及共产国际的高度重视。6月22日,俄共中央政治局会议决定,接受加拉罕的建议,立即派遣维经斯基到中国,指导中国的反帝运动;6月25日,斯大林对中国反帝运动作出指示,中国要注意"文明排外","一定要防止发生杀害和殴打外国人事件",不能给华盛顿体系列强提供武装干涉中国人的借口,同时明确提出这一指示原则由中共来执行③。其后,中国进行的反帝运动基本上属于"文明排外",这大约与斯大林的指导精神有关。

值得注意的是,尽管是日本人开枪杀死了顾正红,但其后爆发的反帝运动矛头指向英国,而非日本。将英国锁定为主要的反帝目标,既符合当时国人的一般心理认知,也与国共两党领导的南方革命政府的选择性斗争策略有关。"擒贼先擒王",英国是在华拥有最大侵略权益的老牌殖民帝国,尤其在长江流域和华南地区都拥有无与伦比的殖民利益。特别是在1923年末,孙中山领导的南方政府向列强提出分摊海关关余,遭到英国为首的列强在华海军力量的集体威慑。以英国驻华公使麻克类、驻广州领事杰弥逊为代表的英国驻华使领仍然坚持已经延续多年的"炮舰政策",对孙中山领导的广州政府采取强烈的敌视态度,致使国民党人对英国政府极为不满④。

---

① 上海社会科学院历史研究所编:《五卅运动史料(第一卷)》,上海人民出版社1981年版,第8页。
②《维经斯基给拉斯科尔尼科夫的信(1925年8月4日)》,中共中央党史研究室第一研究部编:《共产国际、联共(布)与中国革命档案资料丛书(第1册)》,北京图书馆出版社1997年版,第645—646页。
③ 苏联只是在幕后指导中国的反帝运动,以防激化苏联与华盛顿体系列强的关系。参见《俄共(布)中央政治局会议第68号记录(摘录)(1925年6月25日)》,中共中央党史研究室第一研究部编:《共产国际、联共(布)与中国革命档案资料丛书(第1册)》,北京图书馆出版社1997年版,第636—637页。
④ 张俊义:《南方政府截取关余事件与英国的反应(1923—1924)》,《历史研究》2007年第1期。

五卅运动爆发后,已成为广州革命政府主要领袖的蒋介石在日记中就将英国列为反帝的唯一目标,如1925年8月17日记载"阴番不灭,无以实行主义",8月18日记载"阴番不灭,决不使广东经济独立"①。此类话语在其日记中不胜枚举。五卅运动将反帝的矛头对准英国,而不是攻击华盛顿体系所有列强,在后来逐渐发展成为广州革命政府一项明确的外交政策。这是因为广州革命政府意识到华盛顿体系列强的内部矛盾特别是英日两国之间的矛盾,要趁机各个击破。1926年11月29日,蒋介石在日记中记载了这一考虑:"英国、新加坡军港1929年完成,即为英日战争开始之日,亦是中国革命成功之日。"② 1927年1月8日,国民党政治会议决定指出:"专对英国,不宜牵动各国也。"③

　　然而,在实际的反帝宣传中,把英国作为主要斗争对象,却是随着五卅惨案的发生才逐渐确定。顾正红被枪杀之后,五卅运动的参加者完全是"革命党的同志",也就是国共两党的成员。其中一个最重要的计划就是在1925年5月30日这一天,受共产党影响的上海学生会动员各校学生到租界讲演,上海国民党党部因为担心在租界讲演会"触犯法律"而临时退缩④。当日,许多学生聚集在南京路的租界巡捕房外,英国巡捕开枪杀死多名学生,是为震惊中外的五卅惨案。

　　在五卅惨案爆发之前,上海学生会主导的反帝宣传往往针对华盛顿体系列强进行一般性的攻击。根据美国驻沪总领事克宁汉(Cunningham)向美国国务卿的报告,5月30日那天,学校里的学生以及日本工厂的工人们纷纷走上公共租界的街头,发表公开演讲和游行集会,主

---

① 《蒋介石日记(1925年8月17日、18日)》,中国社会科学院近代史研究所档案馆藏手抄本。所谓"阴番"就是指英国。1925年8月,廖仲恺被刺后,广州政府的苏联顾问鲍罗廷经过一年多的观察,认为蒋介石是国民党内最可靠的"左派将领",支持蒋介石迅速进入广州革命政府的权力核心。蒋介石由此担任广州卫戍司令,与汪精卫和许崇智三人组成权力中心。参见杨奎松:《走向"三二〇"之路》,《历史研究》2002年第6期。
② 《蒋介石日记(1926年11月29日)》,中国社会科学院近代史研究所档案馆藏手抄本。
③ 《蒋介石日记(1927年1月8日)》,中国社会科学院近代史研究所档案馆藏手抄本。
④ 上海社会科学院历史研究所编:《五卅运动史料(第一卷)》,上海人民出版社1981年版,第8、9页。

张为在日本工厂里遇害的中国同胞讨回公道,在游行和骚乱过程中到处散发宣扬布尔什维克主义的传单。公共租界巡捕房试图维持几近失控的秩序,由此导致冲突,酿成一次惨痛的流血事件。克宁汉当天就敏锐地预感到很快可能就会爆发新一轮的大罢工①。而他的预测也确实不错,罢工罢课游行从5月31日晚上便开始了,在次日达到顶峰。声势、规模空前浩大,租界区内的中国商店当天全部关门,涌上南京路街头的学生数量更多,逼迫警方不得不两次使用暴力手段平息事端。上海总商会被寄予厚望,希望能够利用他们的影响力来恢复秩序。毕竟学生们可能一时冲动,但商人理论上应该要明智和冷静得多,他们更应知道混乱无序的状态对他们的生意会造成多么巨大的负面影响,上海总商会主席虞洽卿甚至一度透露他也是"被逼无奈"才应和此次罢工行动的②。克宁汉的这番分析和推测,也得到了后世研究者基于历次罢工运动所作出的规律性总结的印证,亦即"罢市多是在学生等的压力下得以实现……当外在干涉力量减弱时,商家便想尽快开市"③。这也比较符合商人和商业活动在人们心目中的普遍印象。

五卅惨案引发了全国范围的反帝运动,其中在英国势力盘踞的几个重要口岸城市如上海、武汉和广州最为激烈。此次反帝运动的兴起,如果说完全归功于共产国际和国共两党的组织动员,也有过分夸大的嫌疑。自五四运动以来,在上海等通商口岸城市发展起来的为数众多的民众团体在反帝运动中发挥了不可替代的作用。参与指挥五卅反帝运动的中共领导人恽代英说:"在最近几年内,民众渐渐起来组织了!工人的工会,学生的学生会,都有全国统一的组织;农人的农民协会,商人的商会,

---

① Cunningham, E. "The Consul General at Shanghai (Cunningham) to the Secretary of State", May 31, 1925, *FRUS*, 1925, Vol.I, Washington D.C.: U.S. Government Printing Office, 1940, p.647.
② 关于虞洽卿和上海总商会在反帝运动中的角色,可参见何毅亭:《五卅运动中的上海总商会》,《历史研究》1989年第1期;Cunningham, E. "The Consul General at Shanghai (Cunningham) to the Secretary of State", June 3, 1925, *FRUS*, 1925, Vol.I, Washington D.C.: U.S. Government Printing Office, 1940, p.649.
③ 冯筱才:《罢市与抵货运动中的江浙商人:以"五四"、"五卅"为中心》,《近代史研究》2003年第1期。

亦各有组织。假使没有学生的联合会,就不能号召民众,五卅运动就无从发生。"①

总体说来,上海爆发的五卅运动为全国反帝运动确立了一个"样板",反帝运动的"上海模式"有如下几个特征:

第一,五卅惨案所昭示的政治宣传价值是激励反帝运动的关键因素。惨案所具有的政治动员价值不仅是无可替代的,而且是可以"复制"的。在惨案事件中,中国人的生命损失越大,国人对享有治外法权等不平等条约特权的华盛顿体系列强的憎恨就越深;中国人的民族主义情绪越是强烈,苏联的世界革命目标和国共领导的国民革命目标就越接近,南方革命政府的声势也就越壮大②。1925年6月23日,在广州爆发的沙基惨案,就与五卅惨案的发生如出一辙。英国殖民当局向游行示威的群众开枪,死伤70余人,其中黄埔军校学生死亡20人,令黄埔军校校长蒋介石"闻之心肠为断,几不知如何为人矣!"③自然,沙基惨案的发生,对于已经如火如荼的反帝运动是火上浇油,英国更成为众矢之的。

第二,上海五卅运动凸显了媒介宣传的重要性。只有通过广泛宣传外国人枪杀中国人的惨案,才能让普通中国人明白"帝国主义的压迫"不是一个抽象地仅存在于"不平等条约"中的概念,而是一个个鲜活的中国同胞被帝国主义者所杀害的现实境况,从而达到让普通中国人"痛恨"华盛顿体系列强的目的,正如当时流行的一本反帝宣传书籍所言:"'五卅'惨案发生以后,英日帝国主义者的枪弹已经使中国民众从睡梦中醒转过来,大家才知道宰割中国社会政治经济的是'国际帝国主义'……所谓文明种族的英帝国主义竟演出野蛮的兽行,其假面具已完全揭破于世界,公理苟存,英帝国主义者终当无所逃于天地之间。"④经过这样的政治宣传,"打倒帝国主义"和"打倒军阀"的口号,才能在普通人的头脑中发生

---

① 上海社会科学院历史研究所编:《五卅运动史料(第一卷)》,上海人民出版社1981年版,第8页。
② [美]马士、宓亨利:《远东国际关系史》,姚曾廙译,上海书店出版社1998年版,第689页。
③ 《蒋介石日记(1925年6月23日)》,中国社会科学院近代史研究所档案馆藏手抄本。
④ 杨幼炯:《英帝国主义与中国》,1925年印行,第1—2页。

影响。

第三，要让青年学生充当反帝运动的先锋，通过学生来号召各界参与反帝运动。青年学生热血冲动，他们的民族主义观念最强烈，他们是外国观察家所定义的"真正的中国人"的理想典范，也是杜威所说的"青年中国"代表。在1922年，杜威就预言："目前的青年中国决意要给中国文化带来一个真正的转变——有时是与过去的革命性的断裂。"①

第四，反帝运动只有在口岸城市进行，才能痛击帝国主义在华势力。与朝鲜、印度等完全意义上的"殖民国家"相比，中国最多只能算一个半殖民地国家。华盛顿体系列强在中国的殖民利益主要集中在以上海为代表的"条约口岸"城市，也只有在这些地方，帝国主义在华势力才是"可见"的，而对中国广大内地民众而言，帝国主义不过是一个"抽象的口号"而已②。这种独特的半殖民地特征，意味着反帝运动的爆发和开展只能在口岸城市才能获得实际效果。实际上，1925年的反帝运动主要发生在英国殖民势力比较发达的地区，如以上海为重要口岸的华东地区、以武汉为中心的长江流域、以广州为中心的华南地区，而在华北地区的反帝运动则比较温和③。

简单地说，反帝运动的"上海模式"之所以成功，可以归结为这样一个简单的公式，就是"惨案事件的广泛宣传+国共领导的组织动员=反帝运动"。其中，惨案所激起的民族仇恨，是反帝运动得以成功的情感内核，容易引起全国的情感共鸣。即使北方军阀也要顺应潮流，表现出"爱国"姿态。张作霖在致段祺瑞的电报中也提及工人罢工和民族主义情绪，认为英国无视正义原则会损害中外关系，并保证"捍卫国防，义无旁

---

① [美]约翰·杜威：《杜威全集·中期著作（第13卷）：1921—1922》，赵协真译，华东师范大学出版社2012年版，第200—201页。

② Pye, L.W. (1993). "How China's Nationalism Was Shanghaied". *The Australian Journal of Chinese Affairs*, (29), pp.113 – 114.

③ 关于北方的反帝运动为何无法开展，维经斯基于1925年8月4日提出了两点原因：中共组织力量薄弱，北方工人少。参见《维经斯基给拉斯科尔尼科夫的信（1925年8月4日）》，中共中央党史研究室第一研究部编：《共产国际、联共（布）与中国革命档案资料丛书（第1册）》，北京图书馆出版社1997年版，第645页；Borg, D. (1947). *American Policy and the Chinese Revolution, 1925 – 1928*. The Macmillan Company, p.40。

贷,请一致对待"①。1925年7月来华履新的美国驻华公使马慕瑞,就注意到五卅惨案"唤醒了中国人长期以来休眠中的激情与本性,并且这不只是一小部分知识分子群体的认识,而是真的具有广泛的群众基础,或者说大部分的中国民众此时都被鼓动起来了"②。事实证明,只有五卅惨案这样突发性的政治事件,才是苏联一直希望通过国共合作发动国民革命并引起广泛响应的重要契机。由此看来,要达到普通大众的动员目标,只能依托最朴素的民族主义情绪,只有超越阶级、地域和党派畛域的"民族主义",才是实现全国范围内反帝运动的关键所在。

五卅运动以后,反帝运动的"上海模式"在广州、武汉、厦门等"条约口岸"城市不断地复制、推广。而由口岸城市带动更多的内地城市参与反帝运动,还得益于一个全国性的城市通信网络的支撑。城市里丰富的社会系统如各级学校、社团、商业系统等进一步发挥支持作用。随着近代通信技术的发展和报纸的广泛发行,信息传播的速度更快、范围更广、受众更多。五卅惨案虽然发生在上海,却引起了全国范围的民族抗议运动。如果没有电报和报纸等现代媒介的及时传播,想必也难以实现。

五卅运动进一步唤醒了中国人,也令华盛顿体系列强开始改变对华政策,成为华盛顿体系走向崩溃的转折点。1925年底召开的关税特别会议是华盛顿体系列强进行的最后一次"国际合作",此后列强开始实行单独的对华政策。事实证明,华盛顿体系不过是"纸老虎",但在戳破它之前,还是令共产国际以及国民党人蒋介石在1923年时作出中国革命形势依然悲观的错误判断。

五、结　语

从1922年到1925年,法国在"金法郎案"上与中国纠缠不休而不顾

---

① 《国内专电》,《申报》1925年6月11日。
② MacMurray, J.V.A. "The Minister in China (MacMurray) to the Secretary of State", July 28, 1925, *FRUS*, 1925, Vol.I, Washington D.C.: U.S Government Printing Office, 1940, p.799.

及华盛顿体系列强的整体利益，从而导致华盛顿体系一直到1925年8月才完全落实。在此期间，美国意识到华盛顿体系的无法落实已经招致中国民族主义者的愤怒，并设法联合英国对法国施压，敦促法国履行对华盛顿条约的义务，但为时已晚。由于法国这块"短板"，华盛顿体系列强的"大国协调"原则遭遇阻碍，最终错过了争取中国民族主义者的时机。苏联被孤立于华盛顿体系之外，促使苏联政府需要尽快与北京政府建交，以打破其在东亚的孤立处境。1924年，苏联与北京政府建交，并在同年促成国共合作，为反帝运动做好了组织上的准备。

苏联政府虽然被排斥在华盛顿体系之外，却因与北京政府建交，驻华大使加拉罕得以进驻北京使馆区，成为驻京公使团的"名誉上的领衔公使"，由此大大便利了苏联对华双重外交的开展。他充分利用这一身份，在五卅运动兴起后，离间公使团与北京政府的关系，站在道义立场上支持中国政府的"修约"要求，给公使团施加压力，同时明里暗里地支持参与反帝运动的中国社会团体。1925年6月4日，加拉罕以公使团"领袖"身份向驻京外交使团传达上海教师联合会的抗议电报，又向北京政府就五卅惨案的发生表示"最深切的同情与悲痛，传达苏联人民的问候"[1]。苏联提倡的"人道、公正"的"新外交"令美国为首的华盛顿体系列强如同芒刺在背，也使列强进一步相信五卅惨案的发生与流传的所谓"苏维埃阴谋"存在某种关联。

苏联对中国的输出革命战略以及欧美列强带来的现代通信技术，进一步加剧了中国口岸城市的文化冲突。有着敏锐洞察力的杜威看出了东西文化冲突的症结所在："国家之间通过贸易、信件、电报的物质交流手段，一直比心理和道德交流的机构超前得多。在长达数千年的孤立之后，东方和西方被抛入了紧密的政治和商业接触之中。在处于分离状态的那段时间里，地球的每一边都衍生出它自己独特的思想方式和感觉方式。无怪乎在这种情况下，东方和西方的接触主要是物质方面的、经济上的。它是一种偶然，是由蒸汽和电力机械的发明所带来的一个副产品；并且，

---

[1] Mayer, M.L. "The Chargé in China (Mayer) to the Secretary of State", June 5, 1925, *FRUS*, 1925, Vol.I, Washington D.C.: U.S. Government Printing Office, 1940, pp.655–656.

像任何偶然那样,它最终可能变成一场灾难。"①

在五卅惨案爆发前后,民族主义、马列主义与资本主义在口岸城市的工人、商人和学生等群体中间不可避免地造成思想上的分裂。尤其在上海、广州、武汉等帝国主义势力比较发达的口岸城市,中国传统文化、苏联革命文化与欧美资本主义文化相互纠缠在一起,正如同口岸城市的华洋两界,彼此泾渭分明却又错综复杂。口岸城市的现代化显示了欧美列强资本主义以及中国民族资产阶级开拓进取的成效,但也加剧了中西文化之间的冲突。在这光怪陆离的口岸城市里,孕育着一股强大的民族主义潜流。正如共产国际的中国观察者所言:"中国城市的实际状况是传统、风俗、不成文的法律等等的几千年的积淀……不过这个一成不变的积淀的厚层,已被世界帝国主义的粗暴双手和当地资产阶级的同样双手搅动","把中国的现实强行纳入现代资本主义经济的模式,带来的后果是知识分子、资产阶级的分化,更不要说官僚阶层了,以及现代资产阶级文化对他们的毒害,正是这种强制做法所造成的特殊环境给国民革命运动中形形色色冒险主义的盛行造成了极好的机会"②。

五卅惨案之后,像上海这样原来相对平衡的"文化生态"已经被打破。上海成为马列主义政党从事革命活动的天堂,而原来在这里保存优势文化地位的江苏省教育会却失去了往昔的风采,被扣上一顶沉重的反对革命的"学阀"帽子。1924年,国民党人汪精卫、胡汉民等在上海许多学校演讲,宣传"打倒帝国主义""废除不平等条约""实行国民革命的主义",颇受上海学生的欢迎。反过来,政治立场一向偏于保守稳健的江苏省教育会领袖黄炎培等人的演讲,却被视为"反动的宣传",遭到国民党媒体的批判③。即使在通商口岸的工人中间,由于马列主义和资本主义的思想冲突,也造成工人阶级的分化。1926年5月1日,广州举行劳动节

---

① [美]约翰·杜威:《杜威全集·中期著作(第13卷):1921—1922》,赵协真译,华东师范大学出版社2012年版,第192页。
② 《斯列帕克给维经斯基的信(1923年11月25日)》,中共中央党史研究室第一研究部编:《共产国际、联共(布)与中国革命档案资料丛书(第1册)》,北京图书馆出版社1997年版,第321页。
③ 上海社会科学院历史研究所编:《五卅运动史料(第一卷)》,上海人民出版社1981年版,第8页。

纪念,共产主义派的工人与右派的工人发生冲突,最后迫使蒋介石出动军队戒备①。

尽管口岸城市的文化思想冲突很厉害,乃至造成中国城市团体的严重分化和对立,但是各界人士面对华盛顿体系列强屠杀中国人的"惨案",能够及时团结起来,共同对抗帝国主义。看来,反帝运动的成功秘诀,就在于"惨案"恶化了延续80余年的中外不平等条约关系,点燃了中国人长期压抑的仇恨之火。正是这种朴素的民族情感、自尊心,把一个分裂而涣散的中国在"精神上"统一了起来。所以,在1925年的五卅运动中,中国"地无论南北、人不分老幼",各个党派团体虽然立场不同,却能达成最广泛的反帝统一战线。中国人的民族情感暂时弥合了阶级、党派、地域之间的界限。

本文首刊《中共党史研究》2020年第6期。
作者:马建标,复旦大学历史学系教授

---

① 《蒋介石日记(1926年5月1日)》,中国社会科学院近代史研究所档案馆藏手抄本。

五卅运动对青年党发展的影响[①]

袁 哲

引 言

1923年中国青年党在法国建党,1924年决定回国发展。回国后,正值第一次国共合作,青年党暂未公开党名,暂不发展组织,集中力量宣传政治主张。五卅运动爆发后,青年党总机关报《醒狮周报》随即报道五卅惨案,通过舆论宣传和其他实际活动参与到五卅运动中。五卅运动期间,青年党大举宣传国家主义,得到很多知识分子的认可,国家主义发展到鼎盛时期,也扩大了青年党的影响力。青年党吸收党员,建立外围组织及党支部,扩大规模。青年党培养了核心领导干部,并在此基础上构建起组织体系。青年党开始注重实践性,政治纲领逐渐具体明确。五卅运动为青年党的发展提供了一个逐渐成熟的发展契机。

五卅运动是中国共产党领导的反帝爱国运动,共产党在这场运动中发展壮大[②]。五卅运动爆发正值第一次国共合作时期,国民党在这场运

[①] 本文为国家社科基金一般项目"以青年党兴衰为中心的近代归国留学生政党运动研究"(课题编号:17BZS138)的阶段性成果。

[②] 有关中国共产党与五卅运动的研究,多是探讨共产党与五卅运动的兴起等问题,从政党发展角度探讨五卅运动与共产党的发展较具代表性的成果是:张培德:《五卅运动对中国共产党发展的影响》,《史林》1986年第1期。张培德指出中国共产党在五卅运动中迅速发展,这种发展体现在:扩大了政治影响,中共刊物的读者群扩大;壮大党的规模,党员和基层党组织增加并在运动实践中培养了一批干部;开启了一个理论探索的高潮。

动中公开赞同共产党的主张,并通过具体行动推动五卅运动的发展①。五卅运动爆发时正逢近代中国三党并起,中国青年党也以各种方式参与其中。以往研究成果多关注共产党、国民党对五卅运动的作用,有关青年党参与五卅运动的研究,则多是从思想史角度切入,重在探讨五卅运动期间国家主义的发展以及知识分子的分化②。

中国青年党在法国建党,以国家主义为立党理论,五卅运动是中国青年党回国后首次参与的大规模反帝爱国运动。本文将在前人研究的基础上,探讨五卅运动对青年党发展所产生的影响。

一、舆论宣传,扩大影响

1918年5月,留学日本的曾琦因参与反对《中日军事协约》的运动而回国。6月30日,曾琦、王光祈、陈愚生、周太玄、雷眉生等,在北京发起少年中国学会,7月1日正式成立,7月21日李大钊应邀加入。马克思主义传入后,因信仰不同,少年中国学会分成两派,一派信仰共产主义,一派信仰国家主义。1923年12月2日,曾琦、张子柱、李璜等12人③,在巴黎郊外

---

① 探讨国民党对五卅运动的作用较具代表性的成果是:曹力铁:《国民党在五卅运动中的作用》,《近代史研究》1989年第3期。该文提出国民党在五卅运动初期,在《民国日报》等纸质媒体上公开宣传,扩大舆论影响力。五卅惨案后,各基层组织及海外组织都展开舆论宣传并组织群众参与,此外对罢工工人提供经济援助,并配合共产党将运动推向全国。此外,该文认为国民党在五卅运动中的态度,主要源自其推翻北洋军阀统治的政治诉求。
② 研究国家主义与五卅运动较具代表性的成果是:敖光旭:《国家主义与"联俄与仇俄"之争——五卅运动中北方知识界对俄态度之结(上)》,《社会科学研究》2007年第6期;敖光旭:《国家主义与"联俄与仇俄"之争——五卅运动中北方知识界对俄态度之结(下)》,《社会科学研究》2008年第1期。敖光旭从思想史角度分析五卅运动时期,北方知识界就"联俄、仇俄、亲俄"为中心展开论战,指出在这场论战中北方知识界思想的变化及势力的重新整合,认为五卅运动时期正是国家主义的鼎盛时期。
③ 参加青年党建党的12人为:曾琦、王建柏、郑振文、张子柱、李璜、李不韪、何鲁之、胡国伟、周哲元、黄拨尘、梁至尹、周道。

玫瑰城共和街组建青年党①。

1924年4月20日,青年党在巴黎召开第一次全体大会,曾琦当选青年党中央委员会委员长②。8月,曾琦决定回国,青年党总部仍留在法国。9月4日,曾琦等抵达上海③。10月10日,青年党的总机关报《醒狮周报》在上海创办④。

1924年青年党回国后,国共统一战线已经结成,青年党能够在国共两党之外成为当时最有影响力的第三大党,全凭宣传。《醒狮周报》创办后,为吸引读者想了不少办法,如特别选择有亮光的道林纸⑤,文风也学习《新民丛报》式浅显易懂的方式等⑥。经过曾琦等精心策划的《醒狮周报》,颇受当时青年知识分子喜欢,"发行不及两个月,销量即已达到2 000余份"⑦。

五卅运动爆发前,《醒狮周报》围绕"外抗强权""内除国贼"两个口号介绍国家主义理论,关注的热点主要集中在"收回教育权"及"五九国耻"。5月15日顾正红事件发生后,5月23日《醒狮周报》即详细报道"顾正红事件",曾琦在当日《醒狮周报》第一版发文谴责日本工厂主的行径。该文还从两个层面阐明处理"顾正红事件"应采取的策略。在事务层面提出"日本政府道歉、惩罚日本工厂主、杀人者按律抵罪、赔偿死伤者、照给罢工者工资、各界组织工人后援会"六条具体措施;从政策层

---

① 曾琦:《曾琦小传》手稿,ZengQi papers, Box 2, 2010C27, 1892-1951,美国斯坦福大学胡佛档案馆藏。
② 沈云龙:《曾慕韩(琦)先生日记》(影印本),台湾文海出版社1966年版,第91页。
③ 曾琦:《曾琦小传》手稿,ZengQi papers, Box 2, 2010C27, 1892-1951,美国斯坦福大学胡佛档案馆藏。
④ 曾琦:《中国青年党简史》手稿,ZengQi papers, Box 12, 2010C27, 1892-1951,美国斯坦福大学胡佛档案馆藏。
⑤ 段慎修:《中国青年党的真相》,全国政协文史资料委员会编:《文史资料选辑(第四十四辑)》,文史资料出版社1980年版,第75页。
⑥ 汪潜:《青年党——国家主义派前期反动活动》,中国人民政治协商会议四川省委员会、四川省省志编辑委员会编:《四川文史资料选辑(第十二辑)》,1979年(内部发行),第38页。
⑦ 曾琦:《旅欧日记》,1923年1月31日,ZengQi papers, Box 2, 2010C27, 1892-1951,美国斯坦福大学胡佛档案馆藏。

面则号召"实行'排货运动'与'不合作运动''反抗强权'"①。

1925年5月至8月,《醒狮周报》宣传"外抗强权"的文章有17篇,介绍国家主义理论的文章有10篇,以学生为受众评论有关学生运动的文章有10篇,而针对工人进行宣传的文章极少,其文风、视角、主张与瞿秋白创刊的《热血日报》截然不同。

为更加明确地阐释政治态度并扩大宣传影响力,6月《醒狮周报》出版《外抗强权方法号》。曾琦在前言中提出"在武力未充以前",只能依靠"排货运动"与"不合作运动"②。"机枪开枪大炮之来,岂暇分其为'有产阶级'与'无产阶级'哉!"③总体而言,曾琦在《外抗强权方法号》第一版的文章,基本奠定了青年党在五卅运动期间的宣传基调和策略,即主要以青年知识分子为受众群体,借五卅运动宣传"外抗强权",反对"阶级革命",由此引出"拒俄"话题,宣传国家主义。

7月,《醒狮周报》又出版《中俄问题专号》,在前言中号召"内不妥协外不亲善"。公开表达俄国人"非我族类其心必异","推其意殆非赤化中国不可!赤化而果成功,则彼当然孰(执)世界之牛耳,而我不啻为其属国!赤化而果失败,我虽陷于共管,彼固依然无恙,不过在中国之境内重演一次"④。青年党诸人就此论点,先后发表了《新俄祸》和《苏俄侵略外蒙详记》《苏俄侵略政策之于中国》《中俄边界痛史》等文⑤,并引发了知识界的一阵讨论。

---

① 曾琦:《呜呼日人竟敢在华任意杀工人!!!》手稿, Manuscript of *Political Commentary Collection 1925-1926*, BOX 13,美国斯坦福大学胡佛档案馆藏。《醒狮周报》1924年5月23日。
② 曾琦:《外抗强权方法号·前言》手稿, Manuscript of *Political Commentary Collection 1925-1926*, BOX 13-4,美国斯坦福大学胡佛档案馆藏。《醒狮周报》1924年6月6日。
③ 曾琦:《神圣联合与一致对外》手稿, Manuscript of *Political Commentary Collection 1925-1926*, BOX 13,美国斯坦福大学胡佛档案馆藏。青年党对阶级革命及其重要性、必要性缺乏深刻且客观的认识。青年党在谈到阶级革命的问题上,始终是一种偷换逻辑概念的解读模式。这是当时青年党和共产党之间的分歧之一。青年党无法正确认识阶级革命,也是青年党对近代中国社会及其特殊性缺乏认识所致。
④ 曾琦:《中俄问题专号·前言》手稿, Manuscript of *Political Commentary Collection 1925-1926*, BOX 13,美国斯坦福大学胡佛档案馆藏。
⑤《醒狮周报》1925年7月11日、18日。

青年党喊出"苏俄非吾友也"后,北方的知识分子掀起一场争论何为"帝国主义"以及是否存在"赤色帝国主义"的论战,并就外交与内政是否应该分开进行讨论①。针对以青年党为主的国家主义派的论调,陈独秀反驳道:"赤色帝国主义这一名词,是欧洲帝国主义者造出离间一切被压迫民族与国家和苏联联结的方法。"②五卅运动为国家主义思潮与右翼知识界之间的双向互动提供了历史机缘,而"醒狮派在促使国家主义逐渐成为右翼知识界联结之精神纽带中之核心作用不容忽视"③。在这场论战中,究竟有多少知识分子赞同青年党的国家主义难以统计,但可以明确的是国家主义在五卅运动期间也盛行起来。瞿秋白也曾提及:"中国最近几年来的国民革命运动,尤其是五卅运动,已经有很广大的发展,资产阶级的阶级意识——所谓'民族精神'或'国家主义'也就因此发现出来。"④

五卅运动期间,青年党为扩大《醒狮周报》影响面也颇费心思。比如刊登五卅运动期间死伤者名单,死伤者名单中包括姓名、年龄、籍贯、职业、住址、详细受伤情况及结果⑤。这份名单的内容非常有利于吸引普通民众的关注,因此《醒狮周报》"销数已达万份,而且每期重版四到五次不等"⑥。此外,"南北各大都市的大学生纷纷响应,不只向《醒狮》投稿,表示赞成,而且有派代表来上海询问有无组织办法"⑦。为继续扩大舆论影响力,上海的青年党党员联合学术界人士另办《公理日报》,"专事公理,反抗强权"⑧。

青年党建党之初,就将大、中学生作为目标发展群体。五卅运动期间陈启天提出:"这个时期,正是教师相机指导学生以唤起民族独立精神,建

---

① 详可参阅敖光旭:《国家主义与"联俄与仇俄"之争——五卅运动中北方知识界对俄态度之解析》(上),《社会科学研究》2007年第1期。
② 陈独秀:《今年双十节中之广州政府》,《向导周报》1925年10月12日。《向导汇刊(第3集)》,向导周报社刊行,1927年,第1218页。
③ 敖光旭:《国家主义与"联俄与仇俄"之争——五卅运动中北方知识界对俄态度之结(下)》,《社会科学研究》2008年第1期。
④ 瞿秋白:《国民革命运动中之阶级分化》,《新青年》第3号,1926年3月25日。
⑤ 《醒狮周报》1925年6月6日。
⑥ 《醒狮周报第一年录刊发售预约券广告》,《醒狮周报》1925年8月1日。
⑦ 李璜:《学钝室回忆录(上卷)》,台湾传记文学出版社1973年版,第119页。
⑧ 《中国青年党党史》,中国青年党中央党部编印1984年版,第67页。

设国家一切主权的一个最好的时期。"①青年党开始走进学校,面向学生演讲。1925年5月至12月,曾琦、李璜、余家菊、李璜卿、黄仁浩分别在暨南大学、武昌大学、清华大学、燕京大学、北京法政大学、无锡第三师范等大学演讲共计12次,演讲主题皆是国家主义②。青年党人黄仁浩,还在旧金山举办了一次面向留学生的演讲。

五卅运动期间,《醒狮周报》销量骤增,读者群扩大,知名度提高。青年党主张的国家主义得到部分北方知识分子的认同,国家主义发展到鼎盛时期。青年党人自己也总结道:"自五卅惨杀案发生而后,国权之必须拥护始益明,向之反对国家主义者,至是亦翻(幡)然变计而表示赞成。"③此外,在青年党卖力宣传下,很多大、中学生接受国家主义,加入青年党外围组织。

二、发展组织,扩大规模

1924年曾琦在回国途中,建议李璜回国后要安心在国内有名最高学府教书三年,"以争取国内优秀大学生的信仰"④。9月,曾琦、李璜、张子柱等,在上海组建青年党上海总支部,决定暂不公开发展政党,先办报宣传党义,将青年知识分子作为青年党主要争取的群体⑤。

1925年五卅惨案发生后,青年党意识到"惨案对于中国人国家意识的觉醒",有"极大的刺激"⑥,借机发展政党。曾琦先后前往"南通、无锡、苏州、镇江、杭州等处演讲,青年学生颇为尊崇景仰"⑦。于是,青年党

---

① 陈启天:《评圣约翰大学退学潮》,《醒狮周报》1925年6月13日。
② 曾琦:《演讲众集》手稿,ZengQi papers, Box 1 Accession on. 2010C27-9.01,美国斯坦福大学胡佛档案馆藏。《醒狮周报》1925年5月—12月。
③ 余家菊:《约翰大学退学事件感言》,《醒狮周报》1925年6月13日。
④ 李璜:《学钝室回忆录(上卷)》,台湾传记文学出版社1973年版,第114页。
⑤ 曾琦:《曾琦小传》手稿,ZengQi papers, Box 2, 2010C27, 1892-1951,美国斯坦福大学胡佛档案馆藏。
⑥ 柳下:《18年来之中国青年党》,成都国魂书店1941年版,第40页。
⑦ 沈云龙:《曾琦先生传》,《中国青年党建党五十周年纪念特刊》,中国青年党党中央党部编印1973年版,第70页。

暗中组织一些大学生及青年知识分子，在国内外建立起40个外围组织。其中国内的外围组织有30个，分别是：上海的"商界青年同志社""大夏青年团""复旦青年团""国家教育会"；北京的"国魂社""救国团""中国少年卫国团""国家主义团体联合会"①；广州的"狮声社""独一社""国家教育协进会"；四川的"惕社""九九社""自强社""华声社""光国社""起舞社"；湖南的"固中学会""少年中国自强协会"；江苏的"国光社""新民学社""自强团"；浙江的"浙江青年社""爱国青年社""保华青年团"；湖北的"国铎社"；安徽的"安庆青年社"；云南的"复社"；河南的"光华学会"；山西的"爱国青年同志会"。国外成立的外围组织有10个，分别是：日本的"孤军社""独立青年社""华魂社""江声社"；美国的"大江会""大神州社"；欧洲的"先声社""工人救国团""工人同志会""国防同志会"②。这些外围组织中影响较大的当属国魂社和国家教育会③。

五卅运动期间，青年党也培养了干部队伍。1925年下半年，左舜生、陈启天、余家菊、常燕生加入青年党。至此，"中青七老"的核心团队结成，分别是曾琦、李璜、左舜生、陈启天、常燕生、何鲁之、余家菊。不久，少年中国学会会员魏时珍、彭云生、刘泗英、杨叔民、杨效春、曹刍、黄仲苏等也加入了青年党，后来也都成为青年党领导群体中的主要成员。

青年党在五卅运动期间培养了干部，组建了外围组织，鉴于良好的发展局面，曾琦、左舜生、陈启天、李璜在上海会商青年党发展办法。结合当时国内的环境，青年党制定了党员发展模式。第一步先成立外围组织，

---

① 1925年闻一多回国后，在北京任教期间与青年党一起创立了"国家主义团体联合会"。青年党的党史资料中未作记载。详可参阅梁实秋：《梁实秋怀人丛录》，中国广播电视出版社1991年版，第114—126页。
② 详可参阅《中国青年党史略及政纲》，中国青年党广东省党部编印1948年版，第5页。陈启天：《中国国家主义运动的过去与将来》，《醒狮周报》第191期，日期不详（因国民党清党影响加之经费拮据，这一时期《醒狮周报》很少按期出版，出版之后常常未注明日期）；1925年5月30日、6月20日、6月27日、7月18日、7月25日、8月8日。
③ "国魂社"中为北京大学的学生，其实际上是"北平市青年党党部"，对外称"国魂社"，发行期刊《国魂》。该社成立的同时也成立了"国家主义青年团北平团部"。1925年秋，李璜转入北大教学，亲自指导其活动。

宣传国家主义,将成员发展为国家主义者。第二步吸收培养青年团团员并加以训练。第三步,团员经过训练后,发展成为青年党党员,青年党党员组成各地青年党支部。最后"决议设立国家主义青年团"①,暂不公开党名。

青年党规模迅速扩大仍坚持不公开党名的原因应该是:

其一,执行发展规划。曾琦在回国之前就已确定:"期之三年,有了可以信赖的干部同志,站住脚后,然后再将青年党公开出来。"②回国后鉴于国内政治环境,曾琦更是坚持青年党在1923年至1931年的主要任务应该是"宣传主张,建立理论,充实组织,培养人才"③。

其二,青年党与共产党之间分歧加剧。1925年7月,少年中国学会第五届年会在南京召开。会上曾琦、左舜生、陈启天与恽代英、邓中夏、杨贤江激烈争论,互不相让④。12月双方再次辩论,"双方争至激烈时,拳不停挥,口沫四溅,各以杀头相威胁"⑤。此时,又正值第一次国共合作期间,考虑到新生政党的不稳定性及国内的政治环境,青年党仍坚持暂不公开党名。

"1925年10月,青年党将全国各国家主义团体联合起来,成立'中国国家主义青年团',对外发表宣言。"⑥青年党在国内外各地建立起来的外围组织,除"孤军社""大江会"和"大神州社"外⑦,大多都加入国家主义青年党团⑧。青年党未公开党名之前,对外以中国国家主义青年团名义

---

① 李璜:《学钝室回忆录(上卷)》,香港明报月刊出版社1979年版,第189页。
② 李璜:《学钝室回忆录(上卷)》,台湾传记文学出版社1973年版,第114页。
③ 曾琦:《中国青年党简史》手稿,ZengQi papers, Box12, 2010C27, 1892-1951,美国斯坦福大学胡佛档案馆藏。
④ 陈启天:《寄园回忆录》,台湾商务印书馆1966年版,第24页。
⑤ 方东美:《苦忆左舜生先生》,《左舜生先生纪念集》,中国青年党中央执行委员会编印1971年版,第45页。
⑥《中国青年党党史》,中国青年党中央党部编印1984年版,第27页。该团后更名为"中国青年团"。
⑦ 青年党撰写党史时,都将"大江会"列入其1925年组建的外围组织中。其实"大江会"是梁实秋、闻一多、罗隆基、何浩若、时昭瀛等留美学生组建的研究国家主义的团体。
⑧ 陈启天:《寄园回忆录》,台湾商务印书馆1972年版,第294页。

活动。该团没有中央组织,隶属于青年党当地党部并受其监督指挥。若当地未设党部,则隶属于当地的上级党部。各地方青年团团部冠以所在地地名,定名为中国青年团某地方团部[①]。青年党以外围组织和青年团为基础,在北京、湖南、四川、湖北、广东、福建、广西、云南、贵州、安徽、山西、山东、江苏、天津等地建立党支部,其组织在四川、湖南、广东、湖北尤为发达[②]。

五卅运动期间,青年党的组织规模迅速扩大,有些地区青年党党部和外围组织几乎是同步组建的。青年党各地党支部按照宣传为主的发展规划,大都编辑发行期刊。影响较大的有李璜所主持的青年党北平支部,发行《国魂》周刊;周哲元、黄拨尘、丘中主、王韶生等组织的广东省支部,发行《狮声》《独一》两份旬刊;黄拨尘、朱任庵等组织的香港支部,创办《香港时报》[③]。

从曾琦回国创办《醒狮周报》到五卅运动爆发,一年之内青年党规模迅速扩大,虽仍处于秘密状态,但实际上发展重心已经调整回国内。1925年秋,青年党决定由法国总部成员段震寰携带各项秘密文件回国,将青年党总部迁回上海。总部迁回国内后,曾琦任中央执行委员会委员长。法国党部改组为驻欧总支部,仍由胡国伟主持,负责全欧的党务[④]。

三、完善党章,扩展政纲

五卅运动期间,青年党除舆论宣传外,也组织青年团团员或党员直接参与斗争。"如策动北京英使馆工人罢工"及"派人赴河南某军宣传"。因参与五卅运动,也有青年党党员遭到北京政府的迫害,前后有陈价卿、

---

① 《中国青年团章程》沪字第507号,1925年,Zengqi paper, Box 3, "Yong China Party Manifesto 1925"。美国斯坦福大学胡佛档案馆藏。
② 《中国青年党史略及政纲》,中国青年党广东省党部编印1948年版,第3页。
③ 《成立的经过》,中国青年党党部编:《中国青年党史略及政纲》,中国青年党广东省党部印1948年版,第3页。
④ 《成立的经过》,中国青年党党部编:《中国青年党史略及政纲》,中国青年党广东省党部印1948年版,第3页。

施志先、曾昭若、林君邵等二十余人被捕①。

青年党在实践锻炼中逐渐成熟，这种成熟在其政治主张上的体现尤为明显。1923年12月青年党建党时，宗旨为："外抗强权力争中华民族之独立与自由，内除国贼建设全民福利的国家。"②至于为何以此为宗旨，如何实现此宗旨，尚不明确。除此之外，青年党在党章中列出该党九大公敌，其内容更接近口号式的宣传，实践性略显欠缺。

1924年4月，青年党在巴黎召开第一次全体党员大会，到会青年党党员有52人③。第一次全体党员大会建立起青年党中央党组织。青年党的组织体系有所发展，但党章及政纲并无变化。后曾琦等回国创办《醒狮周报》宣传党义，为了便于宣传，将青年党宗旨凝练为"内除国贼、外抗强权"④。

五卅运动时受实践的启示，也因宣传需要，青年党对"外抗强权"加以完善。首先指出强权有四类，分别是"武力侵略、文化侵略、经济侵略、宗教侵略"。然后针对不同种类的强权，提出具体反强权战略：针对武力侵略，要多方外交并整顿国防；针对文化侵略，要收回教育权和发展本国教育；针对经济侵略，要不买外货，不与外人合作，不用外国钞票；针对宗教侵略，则提出"以有理性的国家主义代无理由的宗教是为'进步的信仰'"⑤。这些"外抗强权"的策略落实为具体的手段，便是"不合作主义"与"经济绝交"。如果"不合作主义"与"经济绝交"这两点可以长久坚持下去，那么"外抗强权"的具体诉求"取消不平等条约"之事，"亦庶几可以办到，此乃'坚壁清野'之法，'长久作战'之计"⑥。

---

① 《中国青年党党史》，中国青年党中央党部编印1984年版，第66—67页。
② 《中国青年党总纲》，Zengqi paper, Box 3, "Yong China Party Manifesto 1925"，美国斯坦福大学胡佛档案馆藏。
③ 胡国伟：《巴黎心影》，台湾菩提出版社1970年版，第12页。
④ 《醒狮周报》创刊号，1924年10月10日。
⑤ 曾琦：《外抗强权之战略》手稿, Zengqi paper, Box 13, Manuscript of *Political Commentary Collection 1925-1926*，美国斯坦福大学胡佛档案馆藏。
⑥ 曾琦：《外交之危机与国民之努力》手稿，1925年7月18日, Zengqi paper, Box 13, Manuscript of *Political Commentary Collection 1925-1926*，美国斯坦福大学胡佛档案馆藏。

1926年5月,青年党总结五卅运动经验时又明确了两大宗旨之间的关系,即"由于政府之'媚外无能',则知非先'内除国贼'不足以'外抗强权'"。要贯彻"外抗强权"的目标,必须要先"准备实力"①。8月,青年党在《中国国家主义青年团第一次全国代表大会对于时局宣言》中,对两大宗旨的阐释更加明确清晰,宣称:"我们为什么对内而言革命?是苦军阀拥兵自卫,掠夺专横,使我们国民无以为生。我们为什么对外而言革命?是苦外人侵略我领土主权与财富,使我们无以立国。"②

1926年夏,青年党在上海召开第一次全国代表大会,会后青年党以中国国家主义青年团的名义,第一次向社会公开发布宣言③。根据五卅运动以来的实践,会上青年党中央党部决定"充实政纲,扩大宣传,修订党章,健全组织"④,还提出要培养军事干部⑤。遗憾的是,青年党第一次全国代表大会提出修改党章后不久,就遇到国民党清党,直到1930年,青年党才刊布了修改后的党章和政纲。

青年党初建回国后,正逢国共第一次合作之际,想在两大政党之外再发展第三党并不容易。曾琦决定暂不公开党名,不发展组织,只宣传国家主义。正当青年党卖力宣传时,五卅运动爆发,客观上成为青年党宣传国家主义、发展组织的契机。正如青年党人感叹:"正当少数国家主义者奔走呼号,几感绝望之际,五卅运动出现了。当时我们几位同志跑得要死,今天跑武汉明天跑京沪,真是来日大难舌敝唇干,幸得不久五卅惨案便来了,因为这一来,国家主义者的全民合作内除国贼外抗强权的主张便证实了,在五卅运动中间,中国国民无论贫富老少都一齐出力抵抗外侮,在中

---

① 曾琦:《五卅惨案之回顾》手稿,1926年5月30日,Zengqi paper, Box 13, Manuscript of *Political Commentary Collection 1925-1926*,美国斯坦福大学胡佛档案馆藏。
② 《中国国家主义青年团第一次全国代表大会对于时局的宣言》,《中国青年党的过去与现在》(作者不详),1932年5月,第23页,Zengqi paper, Box 3, "Yong China Party Manifesto 1925",美国斯坦福大学胡佛档案馆藏。
③ 陈启天:《寄园回忆录》,台湾商务印书馆1972年版,第146页。
④ 汪潜:《青年党——国家主义派前期反动活动》,中国人民政治协商会议四川省委员会、四川省省志编辑委员会编:《四川文史资料选辑(第十二辑)》,1979年(内部发行),第44页。
⑤ 朱文伯:《朱文伯回忆录》,台湾民主潮社1985年版,第356页。

国国民外交上算是留了一个很好的成绩。因此骤然国家主义的主张便为全国多数爱国而有革命性的青年所信仰,纷纷加入国家主义团体。"[1]此外,五卅运动也加速了青年党党组织的发展:"五三(卅)事变全国抗英,将国家主义的自卫精神又在事实上充分证明出来,所以中国青年党和他的训练青年的组织中国国家主义青年团,便从此时突飞猛进。"[2]

青年党真正在国内打开发展的局面是从五卅运动开始的,青年党主张的国家主义的兴盛是从五卅运动开始的,青年党基层党组织体系的构建是从五卅运动开始的,青年党参与国内反帝斗争实践是从五卅运动开始的,青年党政纲的完善也是从五卅运动开始的。五卅运动为青年党的发展和成熟提供了一个契机,是青年党发展史上的一个重要的转折期。五卅运动期间,共产党、国民党、青年党三大政党都曾公开发表政治主张,政党规模都有所发展,都在实践探索中锻炼了干部、发展了理论。如果从政党发展史层面来看,可以说五卅运动促进了民国政党运动的发展。

作者:袁哲,东华大学马克思主义学院副教授

---

[1] 老秋:《国家主义的供状》,《醒狮周报》1928年3月17日。
[2] 李璜:《谈谈我们》,《民声周报》1932年5月21日。

非基运动中的上海大学师生群
——中共早期社会运动的组织策略管窥

杨雄威

1922—1927年的非基运动是一场席卷全国的反对基督教的社会运动。建立不久的中国共产党在其中发挥了独特的作用,不仅促成运动在1924年8月"复活",且使其在同年底发生了从宣传到行动的重要转折,进而推动该项运动成为一项全国性的街头抗议运动。但问题是,中共如何实现其在该运动中的组织和领导[①]?从民国时期上海大学(1922—1927年)校史的角度看[②],1924年后非基运动中的活跃分子,有相当一部分人具有上大师生和中共党团员的双重身份。那么,中共与上海大学在非基运动中具有何种关联?本文试图通过对非基运动中上大师

[①] 过去学界的目光重点放在中共对1922年非基运动的领导权上,大体有参与、推动和组织领导等三种说法。(参见周东华:《联共(布)档案所见中共与1922年"非基"运动关系辨析》,《宗教学研究》2009年第2期)但对其组织运作机制迄今仍无人探讨,更未能充分利用各地革命历史文件汇编等史料从中共党史的视野下进行审视,导致学界对非基运动本身及其中政教关系的不少断语都有隔阂肤廓之感。反过来,非基运动作为中共最初重点推行的社会运动之一,反映了当时中共的存在及其活动状况,不失为早期中共党史研究的一个重要切入点。

[②] 陈贻绎撰文论述北大知识分子与非基运动,注意到非基运动中几个重要人物均有北大身份,但并不关注这些人物之间的横向联系,也未涉及北京大学在其中可能扮演的角色。(参见:Chen Yiyi, "Peking University's role in China's Anti-Christian Movement in 1922–1927", *Social Sciences in China*, No.1, Feb. 2010)非基运动是一场以知识分子为参与主体的社会运动,其中大量活动是以学校为平台,但这一现象本身并未得到足够重视,围绕这一平台展开的研究至今还未见到,导致非基运动的横向联络机制无法得到更多揭示。同时,民国时期上海大学(1922—1927年)为中国革命培养大批人才,对中国历史产生持续影响。对它的研究,很可能会推进学界对早期中共党史的认知,但迄今为止相关学术成果十分缺乏。

生相关活动的考察,探讨中共早期的青年运动尤其是学生运动的组织策略。

一、非基运动中的上海大学师生群

1922年正式发端的非基运动,在最初的喧嚣过后,其组织一度"烟消云散"①。但1924年8月非基同盟建立,非基运动成功"复活"并走向高潮阶段②。教内人士沈体兰在谈论其中机缘时指出:"那时有一个被沪江大学斥退的学生,在一个私立学校中读书,聚集许多非基督教同志,组织非基督同盟。"③教会史家王治心也有如下记述:

> 是时,有一曾在教会学校肄业,已为基督徒三年的潮州人李春蕃,因在上海某教会大学肄业,偶与校中一职员冲突,该职员是个基督徒,李春蕃因此辍学,遂迁怒于基督教,乃借《民国日报》、《觉悟》刊载其攻击基督教的文字,七日一次,名之曰《非基督教特刊》,随《民国日报》附送,并另作单张分发。④

据李春蕃自述:"上大学生会要在1924年暑假办'夏令讲学会',约

---

① 反教的张秋人和护教的沈体兰在提到1922年非基运动组织的下场时,均不约而同地使用了"烟消云散"这一成语。见张秋人:《反对基督教的怒潮》,《中国青年》第60期,1925年1月3日;沈体兰:《非基督教运动之观察》(此文英文版为 T. L. Shen, "A Study of the Anti-Christian Movement," *The Chinese Recorder and Missionary Journal*, No.4, April 1925);胡贻谷:《教会觉悟与非基督教运动》,青年协会书报部刊行1925年版,第11页。

② 沈体兰写道:"非基督教运动是于一九二四年复活于上海,那时非帝国主义的呼声正合时机。大有兴奋剂的功用。"(沈体兰:《非基督教运动之观察》(此文英文版为 T. L. Shen, "A Study of the Anti-Christian Movement," *The Chinese Recorder and Missionary Journal*, No.4, April 1925);胡贻谷:《教会觉悟与非基督教运动》,青年协会书报部刊行1925年版,第11页)

③ 沈体兰:《非基督教运动之观察》,(此文英文版为 T. L. Shen, "A Study of the Anti-Christian Movement," *The Chinese Recorder and Missionary Journal*, No.4, April 1925);胡贻谷:《教会觉悟与非基督教运动》,青年协会书报部刊行1925年版,第11页。

④ 王治心:《中国基督教史纲》,上海古籍出版社2004年版,第230页。

我去讲'帝国主义'。……讲稿准备好了，恰巧沪江大学在暑假将我开除，我就搬到上海大学斜对面的一家油酒店的楼上住下……"①他随后成为上大社会学系学生②。曾在上海大学的姚天羽忆称："上大在1924年间，曾搞过非基督教运动，由李春蕃主持。"③由此可知，沈体兰与王治心所述为同一件事，前者所说"私立学校"即为上海大学。现已知它是国共两党共同创办的一所意在培养革命人才的高校，其中的大量师生在不久之后成长为国共两党的重要人物。

8月2日④，聚集在上大的100余名反教人士举行会议，宣布重建"非基督教同盟"。其宗旨是"秉爱国之热忱，具科学的精神，以积极的手段，反对基督教及其所办一切事业"⑤。非基同盟的组织委员分别是李春蕃、高尔柏、唐公宪、张秋人、徐恒耀。其中李春蕃、高尔柏和张秋人三人均为上海大学的学生或老师。这暗示了上海大学在非基同盟中的地位。

揆诸史料，非基同盟成立后上大师生对非基运动的推进产生重大影响。有学者指出非基运动是一场"纸上的战争"⑥。从1924年的《非基督

---

① 王家贵、蔡锡瑶编著：《上海大学（一九二二——一九二七）》，上海社会科学院出版社1986年版，第109页。李春蕃回忆的上海大学夏令讲学会一事，当时报界有多次报道。远在山西太原的贺昌也"听说"消息，"很愿去一听"。（穆生高主编：《贺昌文集》，中共党史出版社2006年版，第57页）
② 档案资料有"上海大学社会学系1924年第二学期毕业生甲组李春蕃广东潮安"字样。见《上海大学毕业生姓名录》，《党史资料丛刊（第3辑）》，上海人民出版社1985年版，第12页。
③ 《访姚天羽回忆上海大学》，上海档案馆，档案号：D10-1-53。
④ 关于非基同盟成立的具体时间，学界有8月13日、14日、19日之说，皆误。8月12日的《民国日报》即出现"非基督教同盟代表唐公宪"字样。（《筹备中之反帝国主义大同盟》，《民国日报》1924年8月12日。）在《非基督教同盟委员会报告》中，更是明确说明"本委员会承大会推举李春蕃、徐恒耀、高尔柏、张秋人、唐公宪五人组织成立，即于8月2日开第一次委员会"。（《非基督教同盟委员会报告》，《非基督教特刊》1924年第1期）由此可知成立大会的召开日期不会晚于8月2日，笔者推测委员会可能与大会同日召开。
⑤ 《非基督教同盟简章》，《非基督教特刊》1924年第1期。
⑥ Jessie G. Lutz, *Chinese Politics and Christian Missions: The Anti—Christian Movements of 1920-1928*, Indiana: Cross Cultural Publications, Inc., 1988, p.282. 鲁珍晞的说法与晚清教案相比确实如此，但从1924年底开始，非基运动在上海大学师生群的推动下走向了街头行动。

教同盟简章》中可知,这一同盟的工作重点为文字宣传和口头宣传。上大师生对此均有参与。其口头宣传从一些回忆中可见一斑。曾任非基同盟宣传委员的高尔柏提到,"上海大学党支部也领导同学们进行反宗教运动。当时很多同学分别派到各个教堂,在做礼拜的时候散发反宗教的传单,并做演说……我和几个同学曾去四川路青年会作过一次这样的宣传"①。薛尚实则忆及在上大搞非基宣传的具体策略:"每个星期天上午做礼拜和晚上基督徒查经活动时,我们的工作组就出动到教堂门口作简短演讲。如果马路上不能演讲时,就参加做礼拜,装做学唱赞美诗并和教友交朋友,一次生,两次、三次后熟了,就和他们仍讨论问题,宣传反对帝国主义文化侵略的道理。"②孔另境在1936年校友会刊物上很自豪地称呼上大为"社会的学校"③,上述口头宣讲非基运动的案例正是其写照。

上大师生的非基运动文字宣传工作留下了大量史料。恽代英和张秋人等编辑的共青团中央机关报《中国青年》常见上大教师身影。上大学生则参与创办了多种非基运动杂志和小册子,如《非基督教特刊》《非基督教旬刊》《反对基督教运动》和《圣诞节的敬礼》等,其中尤以《非基督教特刊》最为引人注目。

《非基督教特刊》是非基运动的第一份专刊。非基运动重要领导人张秋人曾撰文指出缺乏专门的出版物指导和联络非基运动的问题。正是出于这一考虑,非基督教同盟重建后,假《觉悟》出版发行《非基督教特刊》作为其机关刊物。特刊从1924年8月19日创刊,至次年3月25日停刊,共出版25期,先后共发表反教文章上百篇。在其几十位作者中有相

---

① 王家贵、蔡锡瑶编著:《上海大学(一九二二——一九二七)》,上海社会科学院出版社1986年版,第90页。
② 薛尚实:《回忆上海大学》,《文史资料选辑(第2辑)》,上海人民出版社1978年版,第70页。
③ 黄美真、石源华、张云编:《上海大学史料》,复旦大学出版社1984年版,第264页。叶文心注意到了上海大学"教室"与"街头"的双重性。同时也看到,"街头"即孔另境所说的"社会"的一面自20世纪30年代始便占据了历史记忆的主流。[美]叶文心:《民国时期大学校园文化(1919—1937)》,冯夏根等译,中国人民大学出版社2012年版。

当一部分为上大师生。施存统在讲到《先驱》的停刊时,便指出供稿是大问题①。下文即以《非基督教特刊》作者身份为视角,来考察上大师生参与非基运动的情况。

关于特刊的工作,李春蕃曾回忆道:"同文书院、南洋大学、上海大学等校都有人参加编辑工作,我是上大的代表参加和负责编辑。"②李春蕃"在教会学校鬼混过六年,且做过了三年基督徒",正是这种亲身经历让他对基督教及教会学校的弊端有了更深刻的体会。特刊第一期除了发表吴稚晖、邓中夏等重要人物的文章外,也刊发了李春蕃的《传教与帝国主义》一文,可见李春蕃在这场运动中的重要地位。李春蕃在特刊上的文章主要有三类:一是针对基督教文章和时事的驳斥性论文;二是"短兵",即针对基督教的讽刺性短文;三是社评。作为《非基督教特刊》的编辑,李春蕃为特刊奉献的文章数量在所有作者中是首屈一指的。

但在最后几期便看不到李春蕃的名字。据特刊倒数第二期公告,李春蕃离沪,其宣传委员一职为上海大学社会学系学生李炳祥所取代。他在特刊先后发表了三篇文章,其中一篇译文被李春蕃评为为数甚少的理论性文章之一。另一个弥补李春蕃缺位的应是张秋人。他以秋莼为笔名,共在《非基督教特刊》发表一篇文章和四段按语。这些按语暗示了他在非基运动中的领导地位。

除上述三位编辑外,特刊的多位作者也具有上大教师或学生身份。实际上,在《非基督教特刊》数十位署名作者当中,能确认作者身份的不足40人。其中有案可稽的上海大学的师生共有19人,占了近半数。他们分别是邓中夏、恽代英、杨贤江、沈泽民、蒋光慈、董亦湘、张秋人、黄正厂、李未农、李春蕃、贺威圣、马汝良、许侠夫、李炳祥、张霁帆、刘一清、吴晓天、江仕祥和黄仁。这19人中又有多位作者不止一次向特刊供稿。再进

---

① 中国新民主主义青年团中央委员会办公厅编:《中国青年运动历史资料(第1册)》(内部资料),1957年,第280页。
② 王家贵、蔡锡瑶编著:《上海大学(一九二二——九二七)》,上海社会科学院出版社1986年版,第110页。

一步考察这份名单中的上大师生的政治身份,可知除李未农的政治身份无法确定外,其余均为中共党团员。

二、"革命之大本营"与非基运动的全国推动

正如一位教会学生所感觉的,"非基督教同盟成立,迄今已五六周,这五六周来,赞成我们的宗旨和我们合作的人们,原在少数,但反对我们而向我们下动员令的人们,也为数不多"①。非基督教运动复活之初,同盟的影响是有限的,但随后有了重大推进。其过程如某教内人士所说的,非基运动"现由上海而遍及各省,不但用文字宣传,刊行各种定期刊,专对基督教肆行攻击,更进而组织团体,游行示威,欲借实力以制基督教之死命"②。上大师生在文字宣传和组织团体两方面均发挥了重要作用,推动了非基运动向全国的发展。

1924年底李春蕃在回复南京庄曾的来信时谈到《非基督教特刊》的发行问题。庄曾谈起被查禁的《民国日报》,"《民国日报》许久不得进来,《非基督教特刊》自然没法可看"。李春蕃在回信中称:"特刊因我们都是些穷汉,不能多印,除随《民国日报》附送外,我们只印六百份,除赠送及交换外,所余无几,我们现将特刊上比较切实的文字,印成一种小册子,备各地同志在'非基督教周'中散布,现预备多印几种通俗小册子和传单。"③饶有趣味的是,特刊还"以单张寄送各教会学校及基督教设立的出版事业机关作为交换品"④。

当时,上海的《民国日报》在全国具有影响力,其副刊《觉悟》号称民国时期四大副刊之一。正如沈体兰所说的,上海非基督教同盟"以《觉

---

① 《教会学校学生对于非基督教同盟之意见》,《非基督教特刊》1924年第7期。
② 任夫:《基督教与非基督教运动》,胡贻谷主编:《教会觉悟与非基督教运动》,青年协会书报部刊行1925年版,第1页。
③ 春蕃:《通信》,《非基督教特刊》1924年第18期。
④ 沈体兰:《非基督教运动之观察》(此文英文版为 T. L. Shen, "A Study of the Anti-Christian Movement," *The Chinese Recorder and Missionary Journal*, No.4, April 1925);胡贻谷:《教会觉悟与非基督教运动》,青年协会书报部刊行1925年版,第13页。

悟》为机关报,颇能引起中国各处人民的注意"①。《非基督教特刊》随报附送的方式有利于扩大其影响力。

圣诞节乃基督教最重要的节日,非基督教同盟选择在这一时间发动"非基督教周"无疑有针锋相对的意思。1924年12月,李春蕃以《非基督教特刊》编辑身份发表文章,指出:

> 非基督教同盟,定耶稣生日前后那一礼拜为"非基督教周"。今年的"非基督教周"是在12月22号至27号。我们非基督教运动,是一年三百六十五日无时无刻不进行的,基督教与民国知识分子决不是在"非基督教周"这七日做些非基督教运动,而在别的日子就不闻不问! 但是在这七日中更加努力,更加在民众一方面努力! ②

李春蕃呼吁"各地的同志们"在圣诞节前后一周内从事人规模示威活动、开演讲会、印刷传单、散发小册子,吸引更多的人加入非基督教同盟。在同期特刊中,上海非基督教同盟还刊发"特别通告",以"谋民族之解放"为由鼓动民众加入活动③。

在民国著名基督徒张亦镜看来,广州圣诞节期间的非基运动即是由李春蕃的"非基督教周"鼓动而来的。他说:"他这特刊,大约已遍行于各省学界,即把这特刊作代电,通告全国的同志……就广东的广州市一隅观察,也就很厉害了。"④ 总之,1924年的"非基督教周"的活动,推动非基运动首次变为一项全国性的街头抗议活动,标志着中国非基运动走向一个新的阶段。此次全国性的街头抗议活动,对非基运动而言是"空前

---

① 沈体兰:《非基督教运动之观察》(此文英文版为 T. L. Shen, "A Study of the Anti-Christian Movement," *The Chinese Recorder and Missionary Journal*, No.4, April 1925);胡贻谷:《教会觉悟与非基督教运动》,青年协会书报部刊行1925年版,第11页。
② 春蕃:《非基督教周》,《非基督教特刊》1924年第18期。
③ 《上海非基督教同盟"特别通告"》,《非基督教特刊》1924年第18期。
④ 张亦镜:《如是我闻之"非基督教周"的反基督教运动》,张亦镜主编:《最近反基督教运动的纪评》,基督教美华浸会印书局1925年版,第3页。

的"①,对青年运动而言也是一次从"理论"走向"实际"的成功尝试。

在赴各地组织和领导非基运动方面,上大师生也有突出表现。如张秋人便到宁波、芜湖等地做过相关工作②。1924年尹宽曾以团中央特派员身份在山东组织非基同盟③,并出席山东非基同盟成立大会④。1924年"非基督教周"期间《申报》报道说:"非基督教在街游行,上海大学派代表干翔青等四人来甬参与。"⑤其实宁波非基督教同盟的筹划组织,深受上大师生影响。据《非基督教特刊》报道,该同盟成立大会"由干翔青君主席,宣布开会宗旨,次由贺威圣君报告筹备经过情形",且有恽代英到会演讲⑥。此三位皆来自上大。1925年李春蕃在家乡潮州养病期间,还不忘与几位朋友筹备组织非基运动团体⑦。

同李春蕃一样,上大学生赴全国各地组织非基运动的一个重要特征,就是回原籍利用同乡关系开展活动。地方文献中记载了多个上大学生回原籍发展非基运动的案例。陕西的王超北1923年转入上海大学,次年冬季被中共党组织派往西安工作。1925年冬,王超北即在延安领导学生和群众开展非基运动,不仅率群众示威游行,且冲击教堂⑧。福建的翁泽生于1925年春从厦门大学转到上海大学读书。次年年底,中共江浙区委组织上海大学闽台籍学生以回乡宣传队的名义,回闽南从事革命活动。翁泽生返回厦门后"掀起了轰轰烈烈的'非基'运动"⑨。安徽俞昌准和其

---

① 欧阳继修:《一年来学生运动之概况》,《中国学生特刊》1925年6月26日;《空前的非基督教运动》,《非基督教特刊》1925年第21期。
② 徐镜平:《回忆张秋人同志》,《党史资料丛刊(第1辑)》,上海人民出版社1983年版,第89页。
③ 中央档案馆、山东省档案馆:《山东革命历史文件汇集 甲种本第一集 1922年—1925年》,1994年,第202页。尹宽曾在上大社会学系任教。(羊牧之:《我所知道的瞿秋白》,《党史资料丛刊(第1辑)》,上海人民出版社1979年版,第94页)
④ 《山东非基督教运动》,《非基督教特刊》1925年第21期。
⑤ 《非基督教促成会成立》,《申报》1924年12月27日。
⑥ 《宁波非基督教大同盟成立》,《非基督教特刊》1925年第21期。
⑦ 李春蕃:《李春蕃底一封来信》,《觉悟》1925年4月17日。
⑧ 王超北口述、师宁编写:《来自秘密战线的报告》,百花文艺出版社1997年版,第205—206页。
⑨ 肖彪、杨锦和等:《"台共"先烈翁泽生》,《同安文史资料》1987年第7辑。

小哥俞昌时在南陵城关联络进步青年学生，组织了"反帝非基（基督教）大同盟"①。浙江的宋成志1926年进上大，就读期间"因反对孙传芳出卖上海，在闸北路宣传时被捕。保释后，偕张崇文等返回家乡，从事'非基'及青年运动"②。

上述上大学生的返乡活动，多数可以证明是受中共党组织委派的。一份中共上大特别支部的暑假工作报告中要求学生做好农民运动、学生运动和文化运动。其中的文化运动即特指非基运动，文件称"非基运动应浅近地解释'基督教是外国人欺负中国人的机关，勿被其蒙'"③。可知中共在有意识地动员上大学生回原籍参加非基运动。

实际上上海大学对中国革命人才的输出是全方位的。据高尔柏忆称，"'上大'党团员在学生中的积极活动，带动了同学。根据革命工作的需要，'上大'学生不断被派出去工作，学生服从组织调配毫无异议。因此，工人运动、学生运动、商界工作或其他活动均有'上大'学生参加并在其中起积极作用"④。此语有诸多案例可以证明。据马文彦回忆，他在上大读书时，李大钊联系邓中夏，希望派其到河南工作，"邓中夏同志征求我意见时，我欣然同意"⑤。有的同学结束学业后回原籍发展革命，如邹均受团中央指派到西安发展团员⑥。有的学生在就学期间利用返乡机会宣传上海的社会运动。如"在上海大学读书的永定籍学生郑永祥从上海回来，给永定中学学生报告了'五卅'惨案经过"⑦。吉安的罗石冰

---

① 王传厚主编、中共安徽省委党史工作委员会编：《安徽中共党史人物传（第2卷）》，安徽人民出版社1994年版，第46页。
② 连晓鸣主编：《台州革命文化史料选编》，1992年，第51页。
③ 中央档案馆、上海市档案馆：《上海革命历史文件汇集 青年团上海地委文件 1922年—1927年》，1986年，第352页。
④ 高尔柏：《回忆上海大学及其他》，《党史资料丛刊（第3辑）》，上海人民出版社1982年版，第49页。
⑤ 马文彦：《胡景翼将军在"北京政变"前后的活动》，《文史资料选辑（第9辑）》，文史资料出版社1987年版，第209页。
⑥ 中华人民共和国民政部编：《中华著名烈士（第6卷）》，中央文献出版社2001年版，第258页。
⑦ 陈晓光主编：《福建共青团简史（新民主主义革命时期）》，福建人民出版社1992年版，第232页。

在上大读书时"经常将《向导》《觉悟》等革命刊物寄到吉安来,第七师范中的不少学生争相阅读"①。这些阅读,刺激了该县郭化非等人的革命活动②。

上大不仅向全国输送革命人才,而且也不断将各地进步青年吸引到校。其中非基运动便为其吸收了不少进步青年。如广州"圣三一"学潮中的退学学生中有不少人想到上海大学读书③。上大附中更是吸收了不少被教会开除的学生④。其中王稼祥是一个突出的例子。1925年,王稼祥因参与学校风潮被芜湖狮子山圣雅各中学开除。当时上大附中声明"下学期对于因此次风潮而退学之教会学校学生,若有相当证明,准予免考录取"⑤。王稼祥得到消息后毅然赴学⑥。在上大附中就读期间,王稼祥致信好友王柳华:"上大为革命之大本营,对于革命事业,颇为努力,余既入斯校,自当随诸先觉之后,而为革命奋斗也。"⑦就以上非基运动案例可知,上海大学的确扮演了革命大本营的角色。

三、"青年导师"与非基运动

从前文可知,上大师生对非基运动有广泛参与且产生了重要影响。那么,这些师生之间是如何联结成群的呢?传统的研究通常将此简单归功于中共的组织领导,但这个师生群的身份亦不应忽略。诚如时任总务长的邓中夏在上大的一次演讲中称"不过政党自政党,学校是学校,不可

---

① 万安县委党史办:《中共万安县党史大事记》,《万安文史资料选辑》1989年第5辑。
② 非基运动期间,郭化非以团吉安特支书记的身份组织和指导当地的非基运动。(见中央档案馆、江西省档案馆:《江西革命历史文件汇集 1923年—1926年》,1986年,第304、307页)
③ 中央档案馆、广东省档案馆,孙道昌编:《广东革命历史文件汇集 1923年—1926年》,1982年,第7页。
④ 张腾霄主编:《中国共产党干部教育研究资料丛书(第2辑)》,中国人民大学出版社1989年版。
⑤《免考录取教会学生》,《上大五卅特刊》1925年第4期。
⑥ 参见戴惠珍:《青年王稼祥》,安徽人民出版社1992年版。
⑦《王稼祥书信选》,中国革命博物馆党史研究室编:《党史研究资料(第3辑)》,四川人民出版社1982年版,第342页。

并为一说罢了"①。学生来上海大学,初衷并非都为了参加革命。即使有进步和革命倾向,他们也面临着党派的争夺。中共将上大辟为革命平台,是其不断宣传动员和斗争的结果。这一政治活动毕竟发生在一个大学里,政治与教育身份的重叠反映了它独特的组织和运行机制。

参与过五四运动的王星拱曾回顾道:"自从蔡子民先生做了北京大学校长,于是有若干国民党人,以及趋向于同情国民党者,才能活动于这个污浊颓朽的圈子中的一个清明奋发的小圈子里。"在他看来,正是由于这个圈子的存在,五四运动才得以"不出旬日之间,自北京而传至全国,自学生而传至各界"②。一个"清明奋发的小圈子"的确可能成为一场运动的"催产婆"。北京大学在近代中国历史上的重要地位也早有公论。

上海大学虽存世甚短,但在近代史上也留下了浓重一笔。上大教务长和《觉悟》负责人邵力子也曾扮演过类似的角色。曾在上大附中兼职任教的曹聚仁这样回忆道:"他的书室中,挂着一条横幅,上书'青年导师'四字,那是全国学生联合会主席狄侃所赠送的。在领导青年的思想上,邵先生是一直保持着《觉悟》时期的风度的,那一张条幅,也一直挂在那儿。"③"青年导师"的四字横幅,显示了邵力子在青年学生中的地位。不仅如此,曹聚仁的回忆足可证明邵力子有一个极有分量的朋友圈子。曹聚仁通过陈望道而有缘结识邵力子,在由邵力子而延展开来的"上海《民国日报》的一群朋友"当中,有相当一批人供职于上海大学。正如曹聚仁所说,"这些师友,后来成为国共二政治集团的核心人物"。但他自己却没有加入任何一个集团,以致后来自嘲"在火辣辣的圈子中,我只是一个革命的旁观者。正如鸵鸟一样,很快地把头伸到'整理国故'的沙漠中去"④。像曹聚仁这样未被"圈子"所同化继而淡出的案例固然有之,但因圈子而影响政治选择的案例也不少见。上海大学的高尔柏即是一例。他因在邵力子的《觉悟》和杨贤江的《学生杂志》写文章,"和杨贤

---

① 黄美真、石源华、张云编:《上海大学史料》,复旦大学出版社1984年版,第183页;A.S.:《上大的使命》,《上海大学周刊》1924年第1期。
② 王星拱:《"五四"的回忆》,《世界学生》1942年第1卷第5期。
③ 曹聚仁:《曹聚仁杂文集》,生活·读书·新知三联书店1994年版,第372页。
④ 曹聚仁:《我与我的世界》,人民文学出版社1983年版,第280页。

江、邵力子逐渐往来"。邵力子对他说"你喜欢社会科学,可以去上海大学系统学点知识"。高尔柏于1924年去上大读书①。

从高尔柏的叙述亦可知,邵力子和杨贤江都是借助大学教师和报社主编两种身份来积攒人脉和发挥影响的。情况相类的还有施存统和恽代英,两人均在上大社会学系任教,前者主办《先驱》,后者为当时《中国青年》的主要编辑。上述这几人,都曾参与非基运动②,并利用自身人脉关系起到动员作用。实际上,在非基运动中上海大学师生并肩作战是常态。如1925年11月,在上大非基同盟成立大会上,便有高语罕、恽代英、杨贤江、萧楚女等上大教师参加演讲③。其中恽代英在非基运动中的领导作用尤为突出。下文即以其为例进行考察,希望借此管窥革命导师们在中共早期社会运动尤其是非基运动中的作用。

1950年,周恩来为纪念恽代英遇难19周年在《中国青年》上题词,赞其为"中国青年热爱的领袖"。郭沫若也提到,"在大革命前后的青年学生们,凡是稍微有些进步思想的,不知道恽代英,没有受过他的影响的人,可以说没有"④。郭沫若认为恽代英在青年中的影响力来源之一是他所主办的《中国青年》对于当时的年轻人有很大的影响。邓拓的回忆更为具体地谈到了该杂志的魅力,称它"往往要秘密地传递过十几个以至更多人的手",是"革命的群众、进步的学生、教职员乃至一部分稍有新思想的老先生们所热烈追求的读物,一直到它停刊之后,还有许多读者到处寻求"⑤。

郭沫若提到恽代英受青年爱戴的另一个原因是他"尤其会演讲"。这一点也得到很多人证实。刘披云说,恽代英"讲帝国主义侵略中国,签

---

① 高尔柏:《回忆上海大学及其他》,《党史资料丛刊(第3辑)》,上海人民出版社1982年版,第48页。
② 据邵力子回忆:"那时党组织给我的任务都做了,主要是反帝,反宗教。"(中共中央党校党史资料征集委员会:《共产主义小组(上)》,中共党史资料出版社1987年版,第189页)
③《各学校消息汇纪》,《民国日报》1925年11月8日。
④ 郭沫若:《纪念人民英雄恽代英》,《回忆恽代英》,人民出版社1982年版,第199页。
⑤ 邓拓:《邓拓全集 第4卷 诗词散文卷》,花城出版社2002年版,第390页。

订一系列不平等条约,声泪俱下,给人以深刻的教育"①。陈养山也对他一次"生动幽默"的演讲印象深刻②。张方甚至称恽代英是"天才的演说家"③。演讲是清末以来长期流行的宣传动员手段。上海大学出现过专门的演讲社团,还曾聘请恽代英做指导员。

恽代英在加入中共之前,便已表露出对组织团体的强烈渴望。他反思"五四"时,说"'五四'简直是中国革命的好机会,可惜真肯为民众做事的人少而无联络",他强调在民众运动中应当建立"真诚互相了解的团体"和"进取纯洁的小组织"④。在给《少年中国》的文章中则号召"用爱力"创造"永远颠扑不破的团体","为创造少年中国结死党"⑤。后在《互助》刊文再次宣称"我们要做一点事,不可不先结一个死党"⑥。在给《学灯》的一篇文章中,他甚至认为"宁信真团体的联合,比革命更要紧"⑦。

恽代英从武昌、泸州等地教书起,便已重视教师身份对青年的影响力。1921年他在一封书信中称:"依我的见解,学生对教师,爱便易信,信便易从。果然爱了信了,将见指挥如意。"⑧恽代英对学生的爱,的确开花结果。据钟心见忆称:"一九二三年元月,恽先生离开泸州后到了重庆,随他去的有李立之、张询卓、余泽鸿、穆世济、戴雪琴、贺寿、孙如先、秦云阶等。"⑨其中余鸿泽等人后来追随他到上海大学⑩。钟心见曾评价恽代英

---

① 王家贵、蔡锡瑶编著:《上海大学(一九二二—一九二七)》,上海社会科学出版社1986年版,第92页。
② 陈养山:《恽代英是我走向革命的引路人》,《回忆恽代英》,人民出版社1982年版,第36页。
③ 张方:《十年回顾——忆恽代英同志》,《回忆恽代英》,人民出版社1982年版,第276页。
④ 恽代英:《来鸿去燕录》,北京出版社1981年版,第86—87页。
⑤ 恽代英:《恽代英文集(上)》,人民出版社1984年版,第193页。
⑥ 恽代英:《恽代英文集(上)》,人民出版社1984年版,第228页。
⑦ 恽代英:《恽代英文集(上)》,人民出版社1984年版,第226页。
⑧ 恽代英:《来鸿去燕录》,北京出版社1981年版,第101页。
⑨ 钟心见:《回忆恽代英先生》,《泸州党史研究资料》1984年第3期。
⑩ 阳翰笙:《照耀我革命征途的第一盏明灯》,《回忆恽代英》,人民出版社1982年版,第18页。

说：“我自与他日渐接近以后，就联想到墨子。墨子被他的门徒尊为圣人。我深觉恽先生就是我们眼前的墨子。"①这并非谀辞，与恽代英私交甚密的萧楚女也曾对人说："像代英这样的人，我在古往今来的圣贤中没有听说过，只有墨子倒有点像，代英就是现代的墨子。"②

1923年，有友人邀请恽代英"到上海大学任总务长一席"。他对此甚是期待，在一封信中称"据友人来函，上海大学任教多一时畏友，苟稍经营，可为一般改造同志驻足讲学储能之处，故颇重视之也"③。恽代英到上海后，不仅在上大任教，而且负责宣传工作。据上海大学学生阳翰笙讲："恽代英同志忙得很，白天在上海大学教书，晚上编《中国青年》，同时还要具体指导上海及全国的青年运动，几乎一刻也不能休息。他仍然保持着在泸州时的作风。有许多青年围绕着他，团结在他周围，和他一起学习和战斗。"④其妻沈葆英说，这种"泸州时的作风"被恽代英带到了上海"狭小的亭子间"，师生之间"促膝谈心"，"一批未走，又来一批"⑤。恽代英在上大时期获得了进步青年的追随。恽代英也将其作为方法向进步学生推广，指导他们"课余或晚饭后的时间，专意去设法结纳比较生的朋友"，"联络他们的感情"。"一个被人信爱的人所说的话，常常可以比尊长严师还更有影响"⑥。

恽代英在政学界上层人物中的资历与声望有限，但在进步青年当中收获了很大的影响力，以至于很多人未跟随他读书也都自认是他的学生。阳翰笙认为当时上大"对青年影响最深的人，除了瞿秋白，就是恽代英"⑦。

---

① 钟心见：《碎忆恽师》，《回忆恽代英》，人民出版社1982年版，第192页。
② 阳翰笙：《照耀我革命征途的第一盏明灯》，《回忆恽代英》，人民出版社1982年版，第18页。
③ 恽代英：《来鸿去燕录》，北京出版社1981年版，第132页。
④ 阳翰笙：《照耀我革命征途的第一盏明灯》，《回忆恽代英》，人民出版社1982年版，第17—18页。
⑤ 沈葆英：《一代青年的引路人——回忆恽代英同志》，《青春的脚步》，中国青年出版社1980年版，第8页。
⑥ 恽代英：《恽代英文集（上）》，人民出版社1984年版，第583页。
⑦ 阳翰笙：《照耀我革命征途的第一盏明灯》，《回忆恽代英》，人民出版社1982年版，第17—18页。

恽代英起初组织团体的思想,一定程度上是受基督教青年会的影响①。他早年曾受邀参加青年会活动,自感"身心均受夏令会之益"②。但自1923年赴沪之后,因为结识了"一时畏友",有了新的朋友圈子,恽代英的思想为之一变,明确展现出反教态度,以《中国青年》为核心阵地,发表一系列文章公开反对基督教。

各种证据表明,恽代英对非基运动存在重大影响,是该运动的核心领导。据上大刘披云回忆:"我们在学生时代干革命,是受恽代英领导。"③刘披云所说的"干革命"的重要工作之一便是担任《反基督教旬刊》编辑。中国青年社在李春蕃倡议"非基督教周"之前便发文章鼓动圣诞节前后进行反基督教活动。文中提到,中国青年社与非基同盟合编的《反对基督教运动》小册子中杨贤江的文章,经由恽代英"略加损益"④。可见此时恽代英直接参与和指挥了这一活动。恽代英的影响不仅限于上海一地,1924年底宁波非基督教大同盟成立时,他即到场演说。恽代英反教言论还受教会人士的特别注意,直隶省的教徒读到他的反教言论后,特地写信请广州的张亦镜撰文反驳。

1925年1月8日,恽代英与林育南、邓中夏、张秋人参加团中央会议,讨论中国社会主义青年团第三次全国代表大会的准备工作,其中反基督教宣言便由他负责修改。同年夏,中华全国学生联合会第七次全国代表大会出台的多个决议案,背后都有恽代英的深刻影响。据阳翰笙回忆:"代英同志的这些思想都一一载入大会决议。……我是《决议》起草组的成员之一。决议中的这些内容都是根据代英同志指示起草的,又经代英同志亲自修改,提交大会通过后,成为学生及青年运动的方针。"⑤决议案

---

① 参见覃小放、余子侠:《恽代英与基督教青年会》,《华中师范大学学报(人文社会科学版)》2009年第6期。
② 恽代英:《恽代英日记》,中共中央党校出版社1981年版,第140页。
③ 王家贵、蔡锡瑶编著:《上海大学(一九二二—一九二七)》,上海社会科学院出版社1986年版,第92页。
④ 中国青年社:《反对基督教运动》,《觉悟》1924年12月10日。
⑤ 阳翰笙:《照耀我革命征途的第一盏明灯》,《回忆恽代英》,人民出版社1982年版,第20—21页。

中包括专门针对基督教的"反对基督教运动决议案"①。这一决议案在很多方面与几个月前提出的"反基督教运动决议案"如出一辙。

需要指出的是,在上海大学非基运动及更广的青年运动中展现出来的师生关系,应作师与生的两面观。不仅教师有发动学生的明确意愿,而且学生也愿意接受革命熏陶。1923年转学而来的施蛰存在上大就读一个月后撰文指出:"现在中国的大学生,在研究学问之外,还有许多事要做。所以在旁的大学中的教授以为应当阻止学生、压迫学生的事,上海大学的教授却偏偏都很热心地帮助学生,指导学生。"②施蛰存急于做事的心态与上大青年导师的热切期许一拍即合,于是便有"火辣辣"的师生圈子形成。李春蕃曾提及:"在一九二四年夏天以前,我还没有加入共产党,但与几位共产党员有个人来往。当时张秋人、俞秀松有时到沪江大学来找我谈,常常来的是张秋人。"③从张秋人一方可知其"活动能力"④,从李春蕃一方亦应见其"思想左倾"⑤。阳翰笙在北京求学失败,有同学自上海来信说"要革命,你就到上海大学来"。来后听说恽代英也在此任教,"十分惊喜"⑥。结果他自然很快融入圈子。

一些中共党员至此任教,难免有对薪水的考虑,但亦是因教师身份

---

① 中国新民主主义青年团中央委员会办公厅编:《中国青年运动历史资料(第2册)》(内部资料),1957年,第189页。
② 施蛰存:《上海大学的精神》,《觉悟》1923年10月23日。
③ 王家贵、蔡锡瑶编著:《上海大学(一九二二——一九二七)》,上海社会科学院出版社1986年版,第109页。
④ 徐行之:《党在浙江的早期活动》,《党史资料丛刊(第1辑)》,上海人民出版社1982年版,第21页。
⑤ 早在被沪江大学开除之前,李春蕃便在《觉悟》上撰文,批评教会学校的国文程度低下以至于"不断地闹笑话"。(春蕃:《教会大学与国文》,《觉悟》1924年5月17日)在沪江大学就读的倪征燠曾忆述如下:"当时与我同班级的,有位叫'李春蕃'的同学。他的年龄比我略大,勤奋好学,颇有见识,能言善辩,思想左倾,在当时的政治环境下,大家敬而远之,但他不以为忤,还是热情待人。那时,另一同班同学,名陆渊,也常谈马列主义思想,但和'李春蕃'格格不入,常起争论。后来我们才知道,陆渊是所谓'托派'。"(宗道一、傅铮铮主编:《从延安窑洞到北京外交部街》,中国财政经济出版社2004年版,第30页)由此亦可以揣测前文王治心所述李春蕃与校中职员的冲突并非偶然。
⑥ 阳翰笙:《照耀我革命征途的第一盏明灯》,《回忆恽代英》,人民出版社1982年版,第17页。

便于革命的宣传教育,才陆陆续续被引介过来。青年至此求学,大都要为未来职业着想,但参与革命的结果使得不少学生走上职业革命家的道路。中共当时常被人骂为"过激党",反过来也提示这是一个可能需要"抛头颅洒热血"的高风险职业。志同道合者们靠"彼呼此应"来"壮壮胆气"①,不失为这个师生圈子的一个心理写照。

有学者注意到,政党对青年学生的争夺导致了近代中国学生运动从"从学生运动到运动学生"的转向。但从教育和伦理的角度看,师生关系在其中扮演的角色不容忽视。清末以来"天地君亲师"的传统伦理关系全线崩塌。传统师生关系也随着科举制和书院制的消亡而失去存在的基础。从清末延续到整个民国的"三代谢本师"的典故极具象征意义。20世纪30年代清华学子季羡林在日记中大骂"混蛋教授""考他娘的什么东西"并非只是一时情绪,数日后他又因叶公超教授表现出对其文章的轻视态度而反过来觉得"叶某真太不通"②。对教授"感到轻蔑"已成为时代的整体特征③。将上大师生之间的"革命情谊"放在这一特定语境中才能把此理解得更透彻。进而言之,清末以来波澜壮阔的学潮和学生运动恰恰是由校园内外的"导师"们在背后促成的。这也提示近代师生关系并非是线性发展的。上海大学的案例看似特殊,但在学生"觉悟"的产生机制上又显示出明显的共性。

余论:中共早期社会运动中的组织策略

上文考察了青年导师在这场非基运动中所扮演的关键角色,这是以往党史研究中一个被忽略的维度。相比之下,中共的组织和领导作用则无疑是这一现象背后更为常见的解释维度。的确,非基运动中随处可见

---

① 恽代英:《来鸿去燕录》,北京出版社1981年版,第85页。
② 季羡林:《清华园日记》,辽宁美术出版社2002年版,第227、228页。
③ 季羡林日记中写道:"自从看了林语堂一篇文章,我对教授(尤其是美国留学生)总感到轻蔑。他们穿的是虎皮,皮里是狗是猫,那有谁知道呢?只觉得他们穿的是虎皮而已。有信仰就好说,即便信仰而到了'迷'信,也不打紧,最苦的是对任何事都失了信仰的人。"(季羡林:《清华园日记》,辽宁美术出版社2002年版,第72页)

中共的影子，其中的关键人物恽代英，自1923年递补施存统任中国社会主义青年团中央委员之后，一度兼任学生部和宣传部部长。这恰是施存统认为的"目下最重要的工作"①。这一独特政治身份，无疑将恽代英与中共的组织活动关联起来了。那么，从党团组织层面，中共对非基运动的领导是如何实现的？在中共早期社会运动的大舞台上，非基运动扮演的又是怎样的角色？

非基运动及其组织非基同盟背后有中国社会主义青年团的深刻影响。1923年8月，中国社会主义青年团第二次全国代表大会的决议中提出"对于基督教之教会学校、青年会在中国学生间的亡国教育之势力，应特别注意攻击"②。1924年非基同盟成立，也是青年团所催生的。该同盟五个执委中有四人具有中共党团员身份，唯一未证明身份的徐恒耀也与中共党员交往甚密。李春蕃回顾《非基督教特刊》的编辑工作时，不仅称非基同盟是"青年团开展反帝国主义的文化侵略运动"的产物，还强调"在青年团的领导下，双周刊办了一个时期"③。引导李春蕃来上大的张秋人，自1922年中国社会主义青年团第一次全国代表大会上即任候补委员，至1925年共青团三届一中全会特别设立非基督教部，张秋人作为九位执委之一，担任该部主任及《非基督教特刊》编辑。稍后，他在非基同盟中的职位也与唐公宪对调，由图书委员变为执行委员④。

中国社会主义青年团第三次全国代表大会的反基督教运动决议案提及："反对基督教的运动日渐扩大，反对基督教的组织——非基督教同盟——日渐增多，本团应乘此机会设法发展非基督教同盟于全国各地，认

---

① 中国新民主主义青年团中央委员会办公厅编：《中国青年运动历史资料（第1册）》（内部资料），1957年，第317页。
② 中国新民主主义青年团中央委员会办公厅编：《中国青年运动历史资料（第1册）》（内部资料），1957年，第365页。
③ 王家贵、蔡锡瑶编著：《上海大学（一九二二——一九二七）》，上海社会科学院出版社1986年版，第110页。
④ 《非基督教同盟紧要启事》，《觉悟》1925年2月25日。在此前的1924年底，非基同盟还有过另一起人事变动。"宣传委员高尔柏因事离沪，由候补委员施存统递补。"施存统曾是团中央总书记，可见非基同盟与中国社会主义青年团的亲密关系。

为必要时,可将此种组织联合起来,组织一统一机关,指挥这种工作。"①后来共青团借《中国青年》发表的文章中提出:"整顿非基督教同盟的组织,改变以前散漫而无系统的缺点。在每个学校内都要成立'非基'同盟支部,隶属于各地方'非基'同盟的组织之下。"②这一提议很快得到执行,1925年冬共青团上海地委的一份报告中即提出:"通告各有同学的学校组织非基同盟。本月间,计成立者有上大及附中、复旦中学、大夏数校。"③但从各地资料看,非基同盟始终未建立起"统一机关"④。它的组织模式是由团中央通过通告向各地团委发出指令,再由地方团以"团外组织"的方式组建非基同盟,通过自己的团员占据关键位置来指导其行动。如在1924年底,团中央即向各地通告,要求在圣诞节期间发起反教运动⑤。其后各地纷纷筹划,并上报活动结果。如济南团地委对1924年11月份工作报告称:"这一月来对于非基督教大同盟方面进行颇好,不日将开成立会。委会业已指定专人负责活动,并拟在十二月二十五日前后,按照通告作一种普遍的非基督教运动。"⑥

这种模式的关键特征是,中共对非基同盟的领导不是直接和公开的,

---

① 中国新民主主义青年团中央委员会办公厅编:《中国青年运动历史资料(第2册)》(内部资料),1957年,第58页。
② 中国新民主主义青年团中央委员会办公厅编:《中国青年运动历史资料(第2册)》(内部资料),1957年,第260页。
③ 中央档案馆、上海市档案馆:《上海革命历史文件汇集 青年团上海地委文件 1922年—1927年》,1986年,第164页。
④ 团粤区委1925年关于反基督教运动提案曾建议:"有本团所在地方城镇,应即成立反基督教大同盟,并设法联络各处乡村中的青年,使促成其同样之组织;然后联合起来,在上海成立总部。但指挥权应操于本团之手,以收指挥统一之效。"(中央档案馆、广东省档案馆编:《广东革命历史文件汇集 1925年[甲]》,1986年,第56—57页)
⑤ 团粤区委1925年初向中国社会主义青年团第三次全国代表大会提交的关于反基督教运动提案便提到"本团于去年'耶稣诞'日曾通告各地,一律举行'反基督教'运动,颇有成绩"(中央档案馆、广东省档案馆编:《广东革命历史文件汇集 1925年[甲]》,1986年,第56页)。诚如杨天宏指出的,"全国数十个城市里的非基督教同盟几乎同时起事,喊出同样的口号,其行动之整齐划一,令人吃惊。如果缺乏有效的组织指挥,这种行为方式的出现将不可思议"(杨天宏:《基督教与近代中国》,四川人民出版社1994年版,第291页)。实际上这种"有效的组织指挥"正是来自团中央。
⑥ 中央档案馆、山东省档案馆:《山东革命历史文件汇集 甲种本第1集 1922年—1925年》,1994年,第235页。

非基同盟表面上仅是个与政党无涉的"合法"组织①。1924年底团青州特支在报告中回应团中央54号通告,说:"到基督诞日前几天,照通告的指示,以青州平民学会名义发宣言。"②同时期团济南地委的报告则提到"十二月二十五日基督诞日,应作一种群众的非基运动。当时传单,以非基同盟名义行之"③。1925年7月团南昌地委报告甚至提及:"本地尚无非基督同盟组织,不过临时发散非基传单数次,名义则仍用非同盟。"④团广州地委的一份报告更是从组织和宣传两方面明确了非基运动的内外之别。如组织方面,"内部的"运行方式是由团地委指定五位同志任"非委",继而由"非委"指定另外三位同志参加,此三人都在团外组织革命青年联合会任"非委"。"对外的"运行方式则是,由团地委的五位"非委"指定出席该会的这三位同志在革命青年联合会提出"反基"议案⑤。通过这一略显曲折的途径,团中央的反基督教意志在广州革命青年联合会得到执行。

所谓"事不孤起,必有其邻"。既然非基运动是中共早期领导的一场重要运动,那么就应将其置于中共领导的青年运动尤其是学生运动的视野中加以审视。诸多资料表明,中国社会主义青年团早期的活动,主要是围绕青年学生展开的,以致1923年中央执委会的一份通告批评它成了一个"学生团"⑥。早期中共党员普遍认可学生的革命性,但在青年工人运

---

① 1922年共产国际代表维连斯基和利金即分别提到,用非基同盟作中共"伪装的合法组织"和"合法的挡箭牌"(中共中央党史研究室第一研究部编:《联共(布)、共产国际与中国国民革命运动(第1册)》,北京图书馆出版社1997年版,第81页、92页)。这一思路在1924年非基运动中得以延续。
② 中央档案馆、山东省档案馆:《山东革命历史文件汇集 甲种本第1集 1922年—1925年》,1994年,第224页。
③ 中央档案馆、山东省档案馆:《山东革命历史文件汇集 甲种本第1集 1922年—1925年》,1994年,第238页。
④ 中央档案馆、江西省档案馆编:《江西革命历史文件汇集 1923年—1926年》,1986年,第175页。
⑤ 中央档案馆、广东省档案馆编:《广东革命历史文件汇集 1925年(甲)》,第222页。
⑥ 中国新民主主义青年团中央委员会办公厅编:《中国青年运动历史资料(第1册)》(内部资料),1957年,第232页。从各地革命历史文件汇编看,地方团与团中央的书信往来,常以与学校相关名词为暗语。这与初期团员多为学生不无关系。

动和青年学生运动的比重上,亦即青运的路径上发生分歧。1923年贺昌即认为一年来"所有的精力都消磨于学生运动里边",他批评说:"我们以全体的精力做学生运动和企图以学生为本团组织的基础是错了。我们是要集中本团的力量,用到向青年工人的宣传和组织上面,以劳苦少年为本团组织的中坚。只有立在这样的基础上面,才不妨做一点在学生中间的活动。"[1]陈为人甚至认为:"我们将近五年以来的青年运动的表现观察一下,只可说是学生运动,其他……运动实未开始。"[2]有人甚至批评"偏于学生当中的发展,只是病的现象"[3]。邓中夏也致信青年团总书记施存统,主张"绝对注重青年工人运动,相对地注重青年学生运动"[4]。

尽管以上这些批评得到了少年共产国际的声援,认为青年团的工作基础"当自学生界中移向农工青年间"[5],但施存统不认为学生工作"已经很够了",他坚持认为青运的方针应该是"以向青年工人中发展为目的,向青年学生中活动为手段,而在最近的需要上,还须两者并重进行"[6]。后来,时任中共中央总书记的陈独秀在《中国青年》发刊号上撰文,称青年学生"往往有超越阶级的理想,比任何阶级都易于倾向革命","中国社会更有特殊状况,幼稚的各社会阶级,都还在睡眠中,只有学生们奔走呼号,成了社会改造的惟一动力"[7]。《中国青年》当时被视为"专供学生之读物"[8],陈独秀自有在什么山上唱什么歌的嫌疑,其对学生的定性也属中共

---

[1] 穆生高主编:《贺昌文集》,中共党史出版社2006年版,第37—38页。
[2] 中国新民主主义青年团中央委员会办公厅编:《中国青年历史运动资料(第1册)》(内部资料),1957年,第246页。
[3] 中国新民主主义青年团中央委员会办公厅编:《中国青年历史运动资料(第1册)》(内部资料),1957年,第252页。
[4] 邓中夏:《邓中夏文集》,人民出版社1983年版,第30页。
[5] 中国新民主主义青年团中央委员会办公厅编:《中国青年运动历史资料(第1册)》(内部资料),1957年,第244页。
[6] 中国新民主主义青年团中央委员会办公厅编:《中国青年运动历史资料(第1册)》(内部资料),1957年,第277、279页。
[7] 胡明:《陈独秀选集》,天津人民出版社1990年版,第185—186页。
[8] 穆生高主编:《贺昌文集》,中共党史出版社2006年版,第94页。恽代英自己也承认,"爱读'中国青年'的人,多半是在校学生"(代英:《学生运动》,《中国青年》1924年第48期)。

内部共识，但党内在学运问题上出现明显分歧的情况下，他的发声对于学运的开展无疑具有正面影响。恽代英则用行动表明了他的态度。1924年8月，贺昌领导的安源团地委给团中央的报告中提及："委员会前无学生部，……此次代英同志来此，觉有组织学生部之必要，故决议遵照中央组织了。"① 1925年中国社会主义青年团第三次全国代表大会肯定了学生运动的意义，承认"以前对于学生运动未能有充分的了解"②。

中共对非基运动的重视即与之关联。1922年5月中国社会主义青年团第一次全国代表大会，便主张与基督教青年会争夺青年，"使青年思想自由而趋于革命的路途"③。1923年，张太雷的说法更为直截了当，他认为"基督教的宣传在中国青年学生中是最危险的东西"，只有"有系统的宣传"才能打破基督教"在中国青年中的势力"，进而说，"只有把青年的一切旧思想和迷信打破了，才能把我们的主义灌注给他们，使他们到革命的旗子下来"④。施存统认为："中国共产主义的青年运动，是因青年学生革命的要求而发生，并非因无产阶级青年日常生活的改良要求而发生。"⑤ 当时民族主义盛行，带有普遍性质的、符合"青年学生革命的要求"的正是反帝国主义。正如教内人士所指出的，"非帝国主义的呼声正合时机"。中共内部对此早有自觉。1924年邓中夏提到他两年前去拜访胡适时，提议不应从科学角度而应从国际侵略角度反对基督教。当时在座的陶孟和讥讽此为"过激派的口吻"。但邓中夏认为，"最近两年间国际的侵略和资本帝国主义利用基督教的阴谋日益显著，我想在今天主张第二种理论的当比第一种理论要普遍的多了"⑥。阳翰笙在总结这一时期的

---

① 穆生高主编：《贺昌文集》，中共党史出版社2006年版，第64页。
② 中国新民主主义青年团中央委员会办公厅编：《中国青年运动历史资料（第2册）》（内部资料），1957年，第48页。
③ 中国新民主主义青年团中央委员会办公厅编：《中国青年运动历史资料（第1册）》（内部资料），1957年，第140页。
④ 张太雷：《张太雷文集》，人民出版社1981年版，第51页。
⑤ 中国新民主主义青年团中央委员会办公厅编：《中国青年运动历史资料（第1册）》（内部资料），1957年，第317页。此后另文复称，"本团的青年运动，不起于无产青年实际生活的热烈的要求，而起于学生青年离开现实的空想的革命"（《中国青年运动历史资料［第1册］》，第323页）。
⑥ 邓中夏：《从何种理论上去反对基督教》，《非基督教特刊》1924年第1期。

学生运动时指出,圣诞节期间的各地非基督教运动,"我们学生的力量最大……这一年中我们青年的工作,很值得赞佩和获得几分成功的便是这非基督教运动"①。

相比之下,各地方团组织对运动效果的报告却屡现沮丧之语。1925年七八月间,团中央69号通知要求各地方团汇报非基运动的成果。从各地反馈的报告中可推知,团中央共询问了当地有无非基同盟、成员是何种构成、有没有从教会学校发展学生等五个方面的情况。各地汇报在发动群众方面普遍不乐观。如团广州地委报告称对教会学校学生的策反无一例成功案例②。1926年1月团济南地委报告称"并没有得到真正的群众"③。团九江地委组织部报告说因为"没有努力,所以教会学校没有一个同志"④。团湖北地委反思说"同学不知借活动机会扩大组织"⑤。不只非基同盟面临如此问题,1926年团上海地委总结道:"在我们指导下的青年团体,据调查所得的共有五十一个(包含研究会、同乡会、非基同盟、济难会等),其中所有的群众有三千人。但是这许多团体有几种共同的缺点,就是多未能群众化,完全是由我们同志一手包办,结果是包而不办。"⑥中共天然具有发动群众的意愿,且以善于发动群众而著称,但其发动群众的能力则并非与生俱来。

1923年施存统说:"我们中国人组织团体的通病,就是开成立会是热闹非常,一散了会就都置诸脑后了。"从这一点看,非基运动能够开展起来,本身就是中共组织动员能力的体现。翻阅各地文献及1925年初《中

---

① 中国新民主主义青年团中央委员会办公厅编:《中国青年运动历史资料(第2册)》(内部资料),1957年,第142—143页。原载欧阳继修:《一年来学生运动之概况》,《中国学生特刊》1925年6月26日。
② 中央档案馆、广东省档案馆:《广东革命历史文件汇集 1925年(甲)》,第341页。
③ 中央档案馆、山东省档案馆:《山东革命历史文件汇集 甲种本第2集》1926年1月—1928年2月,1995年,第10页。
④ 中央档案馆、江西省档案馆:《江西革命历史文件汇集 1923年—1926年》,1986年,第322页。
⑤ 中央档案馆,翟学超、贺志民、段纪明等编:《湖北革命历史文件汇编 (群团文件)1925年—1926年》,1983年,第240页。
⑥ 中央档案馆、上海市档案馆:《上海革命历史文件汇集 (青年团上海地委文件)1922年—1927年》,1986年,第263页。

国青年》常刊登的消息,可知非基同盟与各其他团体之间的跨团体合作是一常态。如旅沪云南青年组织的云南青年励进社称"我们已加入国民会议促成会,同时还拟加入反帝国主义大同盟及非基督教同盟"①。又如徐州青年互助社"发起人是三四位富于革命思想的中等学生",社员"多半是各校学生会办事人,或学生联合会的职员;在徐州青年运动中占主动地位",徐州的"非基督教同盟即本社人发起成立的"②。团湖北地委报告中提及:"鄂反教大同盟及青联会均正式开了成立大会,各有二十余团体加入,情形极可乐观。"③

这种青年团体间的组织联动策略使得非基运动能够带动整个青年运动一同进步。回头来看非基同盟的成立时机,亦可知其中奥妙。1924年8月,中华全国学生联合会第六次全国代表大会在上海复旦中学召开。有教内人士注意到,非基同盟恰好成立于这一大会期间。其实上海的反帝国主义大同盟也恰在此时酝酿。实际上,上海大学作为"先觉"云集的革命"大本营",其社团活动十分活跃,反映了中共当时通过团外组织发动社会运动的思想和策略。1924年恽代英撰文指导"怎样进行革命运动",称:"甚么是最要的活动呢?为农民、工人、妇女、青年作种种可以帮助他们的事,或为他们组织各种普泛的团体以联络他们的感情;对于感情比较融洽的人,就他本身的利害问题,宣传革命的意义与其必要。"④这种"普泛的团体"和前述"革命情谊"所联结的师生关系,从两种不同路径建构了上海大学乃至整个中国革命的"火辣辣的圈子"。中共的革命之所以取得成功,不仅得益于这种圈子的形成,更得益于圈子的开放性。

团上海地委报告1925年3月至9月的学生运动情况,称学生运动"受客观环境的影响和我们的宣传,已渐入于佳境,尤其是在各校学生会和学联会,占有相当的势力,使我们的计划多可以实现。这不仅是我们的宣传

---

① 《青年团体报告》,《中国青年》1925年第60期。
② 《青年团体消息》,《中国青年》1925年第62期。
③ 中央档案馆、翟学超、贺志民、段纪明等编:《湖北革命历史文件汇编 (群团文件) 1925年—1926年》,1983年,第64页。
④ 恽代英:《恽代英文集(上)》,人民出版社1984年版,第595页。

工作见效,而且足以推进历史的前进"①。以1925年五卅运动为契机,中共青运特别是学运工作获得重大推进,非基运动也蓬勃开展。1925年团中央第69号通告专门询问五卅后教会学校学生的进步情况,可见团中央也在随形势的发展调整运动的目标。施存统曾号召"负起责任来做团体的活动,受团体的训练"②。非基运动的"训练"无疑提升了中共的革命组织动员能力。

上大学生领袖王一知说:"1923年这个学校在社会还没有多大的活动。这段时间,主要是党对学校进行革命教育的时间。到了1924年就开始行动起来了。1924年以后那就更活泼了。"③共产党员刘重民以国民党员身份在中国国民党第二次全国代表大会上报告上海的党务,特别提到上海大学成为"本党在上海甚至于江浙一带努力革命工作一个中心的机关"④。此处的"本党"更确切地说应该是共产党。上海大学"养成建国人才"的办校宗旨在中国共产党的苦心经营下终获实现。

本文首刊《安徽史学》2016年第3期。

作者:杨雄威,上海大学历史系副教授

---

① 中央档案馆、上海市档案馆编:《上海革命历史文件汇集 青年团上海地委文件 1925年—1927年》,1986年,第124—125页。
② 中国新民主主义青年团中央委员会办公厅编:《中国青年运动历史资料(第1册)》(内部资料),1957年,第269页。
③ 《王一知回忆平民女校上海大学及早期妇女运动等情况的记录》,《上海革命史资料与研究(第4辑)》,上海古籍出版社2004年版,第516页。
④ 刘重民:《上海党务报告》,《党史资料丛刊(第1辑)》,上海人民出版社1984年版,第123页。

试析万国商团与五卅运动[①]

徐 涛

1925年5月30日"五卅惨案"在南京路上发生,初为上海一地之华洋冲突,公共租界工部局老闸捕房滥用暴力,排枪射杀无辜之示威民众,一时间摩肩接踵的"中华商业第一街"上血流成河。暴力发生后,公共租界当局应对失措,导致一再有流血事件发生,中国人的抗议声浪自上海席卷全国、声震世界,各方力量牵扯其间,互为博弈,致使局势不断升级,影响不断扩大,遂成一场规模空前的全国性质的反帝爱国历史大事件。

五卅运动与中国共产党的成长壮大、国民大革命的蓬勃开展,乃至北伐战争胜利、北洋军阀覆灭有着颇为直接的承续关系,故而一直以来是中国革命史叙事中不可或缺的一环。南京国民政府时期,五卅运动就被塑造为国民革命的源头事件。国民党借助于"五卅"纪念,在宣传过程中大肆攻击共产党,指责其在运动中煽动群众、勾结苏俄,直至抗日战争爆发后,有关书写与评价才逐渐回归公允[②]。中华人民共和国成立之后,国外学界对五卅运动的研究日趋重视,但各国的研究规模和水平并不平衡[③]。可以不自谦地说,五卅运动的研究重心一直在中国大陆,各类史料编纂、研究文汇、专辑合集和学术著述车载斗量、层出不穷。但中文学界的五卅运动研究长期以来存在着"以我为主"的偏狭,工部局及其辖制下的万国

[①] 本文系国家社科基金一般项目"万国商团研究(1853—1942)"(项目编号:16BZS082)、"曙光计划"项目"全球视野下的上海"(项目编号:19SG54)的阶段性成果。
[②] 葛静波:《"五卅何为":历史书写中的五卅运动》,《齐齐哈尔大学学报(哲学社会科学版)》2017年第4期。
[③] 董进泉、王建华、谈春兰:《国外研究五卅运动概况》,《社会科学》1985年第5期。

商团作为运动对立面上的"他者",形象较为单一、研究仍十分薄弱。即便是在五卅外交领域的相关研究著述之中,执政府与英、美、日、法、意各列强,以及北京公使团与上海领事团等,才是历史书写中争斗较量的主角,工部局常会作为配角"出场",万国商团因地位等级再次之,更是不见其"上台"①。以故,五卅运动的前人研究虽然成果丰硕,但从万国商团的角度检视这场近代中国历史上无比重要的反帝爱国运动的研究却不多见。

本文拟将主客互换,通过比照英国外交部、驻华公使团、驻沪领事团以及工部局的相关文献,结合当时中外报刊相关报道,试从"敌人"的视角复盘这场风起云涌的民族主义运动,希冀还原复杂微妙的角力进程,增加对五卅运动历史理解的一个面向,成一家之言,求教各位方家。

一、戈登时代的万国商团

万国商团并非中国本土自生的组织形式②,而是脱胎于英伦三岛的

---

① 有代表性的研究有:李光一:《段祺瑞"执政府"在五卅运动中的卖国外交》,《史学月刊》1957年第4期;魏楚雄、潘光:《试论五卅运动期间美、英对华外交之异同》,《社会科学》1985年第5期;郑祖安:《五卅运动和上海租界统治的动摇》,《史林》1986年第1期;王蓉霞:《"五卅"运动中的英国与日本》,《山西大学学报(哲学社会科学版)》2000年第4期;杨永明:《五卅运动时期的外交与内政》,《社会科学研究》2001年第5期;冯筱才:《沪案交涉、五卅运动与一九二五年的执政府》,《历史研究》2004年第1期;杨天宏:《北洋外交与"治外法权"的撤废——基于法权会议所作的历史考察》,《近代史研究》2005年第3期;洪振强:《执政府与沪案交涉的失败》,《安徽史学》2006年第2期;王蓉霞:《五卅运动期间英国对华政策的变化》,《北京科技大学学报(社会科学版)》2007年第4期;洪振强:《公理与法理的较量:1925年沪案交涉失败原因再思考》,《近代史学刊》2008年第5辑;周斌:《再论五卅惨案"十三条"交涉条件的提出》,《近代史研究》2009年第4期;张丽:《有关五卅惨案的中外交涉》,《近代史研究》2013年第5期;马思宇:《"金蝉脱壳":日本在五卅交涉中的外交策略及实践》,《抗日战争研究》2014年第1期;马思宇:《"租界独立":五卅外方调查中的各方权斗与大国博弈》,《民国档案》2015年第1期;刘青峰:《执政府外交人群与沪案交涉策略——以颜惠庆为中心》,《中山大学研究生学刊(人文社会科学版)》2016年第3期;等等。
② 万国商团中"商团"一词的含义,并非"商人团体"之简称,乃为英文 Volunteer Corps 之译名。Volunteer Corps,直译为"义勇军",最早中文译者因其与传统中国社会中的"团练"形式相近,故将上海万国商团(Shanghai Volunteer Corps)译为"西商团练"或"洋商团练",后简化为"商团"的说法。

"商团运动"(the British Volunteer Movement)。商团属于业余性质的民众自治武装组织,阶级属性(志愿军成分多为中产阶级)不同于民兵和正规军,开端于1794年,最初是因为英国短于兵力应对法国大革命,尤其是后来的"拿破仑战争"(1804—1815年)时的危局。随着英帝国的殖民统辖版图不断扩大,其可供支配的军力愈发紧张,而商团组织的普遍存在,填补了这一力量空白,有效地维护了"日不落帝国"的统治。南非、印度的孟买和加尔各答、中国的香港、新加坡、马来西亚的槟榔屿,几乎英人聚集地都有商团——这类准军事力量的存在[1]。

上海万国商团肇始于1853年成立的"上海本埠义勇队"(Shanghai Local Volunteer Corps),为应对揭竿而起的小刀会起义所导致的租界危局,其不仅是近代中国最早的商团武装,放诸英帝国的历史叙事框架中,也是其远东地区最早成立的商团武装[2];其终结于日本军队侵入公共租界之后,近90年间相伴上海城市的近代崛起,历史地位十分显要[3]。

1854年"泥城之战"(the Battle of Muddy Flat)后,万国商团的起步并不顺利,历经波折,太平天国运动时形同解散,1870年在正式归属工部局管理后,发展才有了坚实支撑,此后日益壮大。在1900年之前,万国商团人数一直保持在两三百人的规模。在义和团运动中,万国商团人数首次激增,在这之后约20年中,一直保持在1 000~1 500人的规模。1923年2月,工部局在与万国商团团长曼埃强生(R. Marr Johnson)上校告别时,赞颂他的"功绩":"在您担任万国商团指挥官期间,在装备、组织、人员各个方面都取得了长足的进步。在您离任时,竟能使得万国商团达到自1853

---

[1] 西方学界有关英国商团运动的研究成果已非常丰富,代表性成果如 Austin Gee. *the British Volunteer Movement, 1794-1814*, Oxford University Press, 2003。但已有研究鲜有涉及其辖治殖民地的商团组织。

[2] 新加坡商团在1854年成立,但一直声称自己是远东地区最早的志愿军,并以"In Oriente Primus"(远东第一)为口号。其实上海万国商团要比新加坡商团早一年成立。Alan Harfield. *British and Indian Armies on the China Coast, 1785-1985*, A. And J. Partnership, 1990, p.371.

[3] 20世纪30年代末,万国商团已有相关研究面世,如 I. I. Kounin ed. *Eighty-Five Years of the Shanghai Volunteer Corps*, The Cosmopolitan Press, 1938;蒯世勋:《上海万国商团史略》,上海通社编:《上海研究资料续集》,中华书局1939年版,第187—204页。

年组成以来武力最强的状态,工部局感到相当满意,您也一定同样感到满意。这样一支商团是租界内保护安宁、维持良好秩序的无价财产。一旦不幸发生'骚乱'或'暴乱'等情况,它是一支完全信得过、可依赖的武力。"①

万国商团与英国政府,尤其是陆军部一直保持非常密切的关系。1902年底,公共租界工部局要求英国陆军部派常备军军官,来充任万国商团团长一职,陆军部应诺批准了这一请求。1903年,来自英军西雷丁团(West Riding Regiment)的华生少校(W. M. Watson)任万国商团团长,标志英军现役军官充任万国商团司令官的制度从此开始②。

戈登(W. F. Loudon Gordon)是英国陆军部自华生之后所派来的第七任万国商团团长,官衔为陆军上校。来沪之前,戈登戎马一生,可谓战功卓著。1893年,他加入英国皇家诺福克军团(The Norfolk Regiment)第二营开始服役,一度升任为该营副官。1899年至1902年的第二次布尔战争期间,作为英军军官,他参加了在南非针对川斯瓦共和国、奥兰治自由邦的残酷征服战争。第一次世界大战爆发时,戈登正在英国肯特郡的多佛港服役。整个欧战期间,他被整合到英国第11步兵师之中,战斗足迹从土耳其的达达尼尔海峡,一直到法国境内,因为战功显赫获授英国"三等勋章"和"杰出服务勋章"等荣勋③,并晋升为陆军中校。1921年,他作为营长,参加了英军对阿富汗瓦济里斯坦地区民族起义的持续镇压,随后又被派往美索不达米亚地区。戈登在万国商团服役整整五年(1923—1928年),是该武装组织近百年历史中团长任期最长者之一,只

---

① I. I. Kounin ed. *Eighty-Five Years of the Shanghai Volunteer Corps*, The Cosmopolitan Press, 1938, pp.85-86.
② I. I. Kounin ed. *Eighty-Five Years of the Shanghai Volunteer Corps*, The Cosmopolitan Press, 1938, pp.58-59.
③ "最卓越的圣米迦勒及圣乔治勋章"(The Most Distinguished Order of Saint Michael and Saint George),简称"圣米迦勒及圣乔治勋章",是英国荣誉制度中的一种骑士勋章,于1818年4月28日由威尔士亲王乔治(即后来的乔治四世)设立,当时他正代替其父王乔治三世摄理君职。本勋章分为三等,依等第如下:爵级大十字勋章/一等勋爵士(Knight/Dame Grand Cross)(G.C.M.G.);爵级司令勋章/二等勋爵士(Knight/Dame Commander)(K.C.M.G./D.C.M.G.);三等勋章/三等勋爵士(Companion)(C.M.G.)。

有特殊时期——第一次世界大战的屠鲁门（T. E. Trueman）陆军中校与其相当（1915—1920年）。戈登率领的万国商团，还得到了英国军方与公共租界工部局、寓沪外侨社团等各方认可，出色的表现为他赢得了"上海大救星"（The Saviour of Shanghai）的美誉①，以及第三枚勋章——"司令勋章"②。但上海的军旅生涯似乎也透支了他的身体，戈登返回英国后不久，1931年4月即告离世③。

戈登时代的万国商团一直处于高度紧张与戒备状态之中。因为江浙战争爆发，万国商团全团动员，自1924年9月8日至10月24日进入"紧急状态"，各级官兵共计1 376人参与了此次出防。1924年，万国商团意大利队得以重新组队；在英籍"甲"队、"乙"队之外，又有一支新的"丙"连队组建成军，成员主要来自荷兰、瑞士、斯堪的纳维亚的寓沪侨民。1924年底，万国商团的总规模达到了1 695人④。此外，团长戈登还拥有一支特别后备分队可供其支配，那就是1921年工部局电气处、电话公司、电车公司，为了保护其管理下的财产而分别成立的电气队、电话队、电车队⑤。

团长戈登仍不满足于现状，为继续提高战斗力，他极力主张万国商团需要任命一名来自正规部队的副官。1924年底，在他向公共租界工部局提交的年度报告结尾处，他提出万国商团规模要达到两千人，才能令他

---

① "杰出服务勋章"（Distinguished Service Order，缩写为D.S.O.），设立于1886年9月6日，是英国与英联邦成员国用以奖励在军事任务中有功的军职人员而设置的勋章。受勋者通常必须在实战中有功，和平时期的非作战军事任务表现不在授勋范围内。
② "大英帝国最优秀勋章"之司令勋章等级。"大英帝国最优秀勋章"（Most Excellent Order of the British Empire），或译为"不列颠帝国勋章"，是英国授勋及嘉奖制度中的一种骑士勋章，由英皇乔治五世于1917年6月4日所创立。勋章分民事和军事两类，共设五种级别，分别为：爵级大十字勋章（Knight/Dame Grand Cross，男女皆简称G.B.E.）；爵级司令勋章（Knight/Dame Commander，男性简称K.B.E.，女性简称D.B.E.）；司令勋章（Commander，简称C.B.E.）；官佐勋章（Officer，简称O.B.E.）；员佐勋章（Member，简称M.B.E.）。
③ Colonel Loudon Gordon. *The Times (London, England),* April 6th, 1931, p.6.
④ I. I. Kounin ed. *Eighty-Five Years of the Shanghai Volunteer Corps*, The Cosmopolitan Press, pp.87–89.
⑤ I. I. Kounin ed. *Eighty-Five Years of the Shanghai Volunteer Corps*, The Cosmopolitan Press, p.82.

满意①。

万国商团与英国的密切联结不仅表现在其最高军事指挥官由陆军部直接委派,而且包括重型武器在内的几乎全部装备皆来自英国政府的"赠送"。早在1885、1886年间,英国政府就曾同意工部局请求,直接馈赠四门野战炮②;1924年,英国政府又主动送来一联四门山炮③,操作该炮的炮兵就由万国商团新成立的"丙"队队员担任。每年春季,英军高层官员(通常为驻扎香港的英军驻华司令官),会赴上海公共租界,检阅万国商团。1925年4月28日至5月3日,英军驻华司令卢押(Charles C. Luard)少将在跑马厅检阅万国商团,并撰写年度检阅报告。从这份报告中可知,万国商团在五卅运动爆发之前已经发展出一支集步兵、骑兵、炮兵、机关枪部队、装甲车部队多兵种融合、装备精良的武装力量。卢押少将对万国商团毫不吝惜自己的溢美之词,认为它是保护上海外侨根本利益的"极好保证"④。

在五卅运动期间,万国商团动员的兵力,不包括留在各自居所值班的后备队员(一般为万国商团退役老兵组成),最高曾达到1 360人。具体军力构成,以1925年12月31日的兵力统计为准,详情参见表1:

表1 万国商团兵力统计(1925年12月31日)

单 位		军官(人)	队员(人)	总数(人)
1. 现役兵种				
总司令部	参谋	14	7	21
	军医	6	—	6
	随军牧师	5	—	5

---

① I. I. Kounin ed. *Eighty-Five Years of the Shanghai Volunteer Corps*, The Cosmopolitan Press, p.87.

② I. I. Kounin ed. *Eighty-Five Years of the Shanghai Volunteer Corps*, The Cosmopolitan Press, pp.32-34.

③ 山炮是火炮的一种,设计用于在山地战和其他难以运进重武器的地方进行战斗,这一武器大约在19世纪出现。山炮的设计虽然与步兵炮类似,但口径是野战炮标准,火炮特色是短炮身、低初速,弹道特性偏向榴弹炮。由于它们能拆成小的部件装入袋中,所以也称为"打包炮""便携榴弹炮",在美国内战中又被称为"山地榴弹炮"。山炮在20世纪中期逐渐被迫击炮取代。

④ *The North-China Herald and Supreme Court & Consular Gazette,* August 8th, 1925.

（续表）

单　　位	军官（人）	队员（人）	总数（人）
上海轻骑队	6	89	95
美国骑兵队	4	48	52
野战炮队	5	66	71
轻枪炮队	3	60	63
工程队	2	33	35
机枪队	7	168	175
海员队	2	29	31
意大利队	2	35	37
"甲"队	4	110	114
"乙"队	3	57	60
海关队	4	54	58
美国队	5	96	101
葡萄牙队	4	84	88
日本队	3	100	103
中华队	5	109	114
上海苏格兰队	6	121	127
后备队	3	75	78
现役总数	93	1341	1434
2. 后备兵种			
军官	23	—	23
轻骑队	—	15	15
机枪队	—	5	5
葡萄牙队	—	6	6
日本队	—	4	4
中华队	—	24	24
上海苏格兰队	1	26	27
后备总数	24	80	104

(续表)

单 位	军官(人)	队员(人)	总数(人)
3. 特别后备兵种			
电气处	1	40	41
电车处	1	40	41
电话处	2	59	61
特别后备总数	4	139	143
全团总数	121	1 560	1 681

资料来源：Shanghai Municipal Council, *Report for the Year 1925 and Budget for the Year 1926*, Kelly & Walsh, Ltd., 1926, p.10.

上海公共租界由原先的英租界与美租界于1863年9月合并而成，不单独隶属任何一国，自治之"法定地位"由《地皮章程》(*Land Regulations*)赋予，而安全保障不能完全寄望于任何一国正规军队的随时保护。多年间，上海公共租界探索出一套"三级"安全体系：一是和平时期，由巡捕、监狱、救火队等机构组成的基本安保力量；二是"动乱时期"，仰仗于全民动员的万国商团，作为武装支撑，以求维持中立状态；三是最后之手段为求助于列强的海军陆战队。

万国商团是公共租界得以存续、承上启下的关键一环。上海公共租界的纳税人一直以来也都以拥有万国商团为傲。特别是在20世纪20年代之后，他们总是愿意投票表决将大笔资金投入万国商团的建设中。在他们心中，万国商团是"公共租界最好的安全政策"[①]。值得特别注意的是，万国商团虽然号称"万国"，但武器装备、军官委任、兵力配置和战斗体系等诸多方面都与英国政府，尤其是其陆军部有着千丝万缕的联系。来自英国的影响在万国商团中占据绝对主导地位，这一点与工部局的情势完全一致。

[①] I. I. Kounin ed. *Eighty-Five Years of the Shanghai Volunteer Corps*, The Cosmopolitan Press, 1938, p.2.

二、颠顸无能：未能预见五卅运动之发生

1925年2月间，上海租界西区、杨树浦，以及越界道路周边的日本纱厂中的劳资矛盾日趋尖锐，导致"二月罢工"爆发。高压政策下，工人虽然陆续复工，但劳资矛盾却并未缓解，最终酿成5月15日顾正红惨遭杀害案。"上海学生联合会见政府之软弱无力，民众复徘徊不前。挺身履险，……冀以博得群众之同情，一致立起抗争，打消外人横加吾民头上之苛约，昭雪工人之耻辱"，并决定以五人至七人为一组，于5月30日进入租界，沿途演讲①。

从现存的《警务日报》记录来看，工部局警务处对于以上情况皆有所掌握②。据10月7日至27日开庭的国际司法调查委员团上的证词，警务处处长麦高云（K. J. McEuen）在5月30日12点15分得知这一情报后，随即"指示刑事稽查处处长阿姆斯特朗用电话命令各捕房使那些活动不得扩大，即采取各种预防措施，使那些活动不致扩大到租界来"。显然这只是例行公事性质的命令，麦高云并未预见"五卅惨案"发生之可能，在下达命令之后，他却离开办公室，去了上海总会，后"应一个朋友的邀请去江湾吃午餐"，之后他未回办公室，而是径直去了租界跑马厅的抛球总会③。

5月30日，赴公共租界展开演讲的上海学生并非一支，具体为"南洋大学、复旦中学、同文书院担任一、二、三、四、五等马路一带，南方大学担任杨树浦一带；同济、中公、商大、复旦、暨南担任北火车站一带；上大、大夏、东华、同德、文治担任静安寺路、爱文义路一带，分头出发"④。工部局警务处中央捕房、西虹口捕房、北四川路捕房分别以较为常规之治安方式

---

① 上海社会科学院历史研究所编：《五卅运动史料（第一卷）》，上海人民出版社1981年版，第632页。
② 上海市档案馆编：《五卅运动（第二辑）》，上海人民出版社1991年版，第1—97页。
③ 上海市档案馆编：《五卅运动（第三辑）》，上海人民出版社1991年版，第79—85页。
④ 上海社会科学院历史研究所编：《五卅运动史料（第一卷）》，上海人民出版社1981年版，第632页。

处置了前来宣传的学生①。唯独由爱活生(E. W. Everson)捕头管辖下的老闸捕房,对南京路上沿途演讲的学生进行逮捕。爱活生下令对手无寸铁的中国民众近距离开枪,共计44响,只有80%的子弹找到了弹痕②。死伤之人经确认,多数为枪弹由背后射入③。此外,老闸捕房还将46名学生逮捕并拘留,其中21人后来获准交保释放④。据现场一位目击者供述:"整个事件中令人印象最深的是,爱活生捕头和捕房门口的巡捕们的异常冷静。在最后一枪放完后,这位警官(指爱活生,引者按)走到我面前,拿出他的笔记本,对我说:'请在这儿写下你的名字。'另外一位先生也留下他的名字后,爱活生捕头合上笔记本上,将它放回口袋,继续指挥手下处理现场。"⑤

租界巡捕悍然对手无寸铁的抗议民众制造流血惨案之后,"人心大为愤激",5月31日,沪上各团体纷纷举行集会,下午,又至上海总商会召开联席会,议决要求释放被捕学生、抚恤伤亡、要令外人道歉、取消印刷附律、取消码头捐、收回会审公廨等,"并议决罢市","学生方面仍四处散发传单并演讲"⑥。北京执政府对事件迅速作出反应:对内安抚民众激动情绪,设法控制上海已形成的罢工局面;对外则以强硬态度表示抗议,并借"民意"作后盾,以迫外人让步⑦。

相较国人快速而激烈的反应,公共租界西人方面则是始料未及,极为讶异,应对行动上极为迟钝。时任工部局总董的费信惇(S. Fessenden)在后来接受司法调查,被问及华人中间有一股非常强烈的排外情绪,对这种情绪的强烈程度,他感到意外时,他说:"就董事会来说,这个事件的发生

---

① 上海市档案馆编:《五卅运动(第一辑)》,上海人民出版社1991年版,第290—294页。
② Student Outbreak in Nanking Road. *The North-China Herald and Supreme Court & Consular Gazette*, June 6th, 1925.
③ 具体请参见上海市地方志办公室、上海市历史博物馆编:《民国上海市通志稿(第1册)》,上海古籍出版社2013年版,第426页。
④ 上海市档案馆编:《五卅运动(第二辑)》,上海人民出版社1991年版,第98页。
⑤ Consulates and Legation, China: General Correspondence, Series I. Dossier 100 Labour and New Chinese Movements (Shanghai Riots), Vol.II., National Archives, Reference: FO 228/3141.
⑥《南京路发生惨剧后之昨日形势》,《申报》1925年6月1日。
⑦ 冯筱才:《沪案交涉、五卅运动与一九二五年的执政府》,《历史研究》2004年第1期。

犹如晴天霹雳。"①

"五卅惨案"发生当日下午,工部局警务处麦高云、万国商团团长戈登一道同工部局总办鲁和(E. S. B. Rowe)取得联系。鲁和对于此事的回应是,授权这两位"对局势相机处理,必要时得令万国商团出动"②。一句"相机处理",说明包括总办在内,他们都未能在第一时间重视已经爆发的五卅运动,事实上将本该公共租界最高当局——工部局董事会所应直面的重大政治事件,下放给了警务处处长和万国商团团长来处理。

警务处处长麦高云在"五卅惨案"发生之际,就有前往公共租界跑马厅、擅离职守的不良记录。流血事件发生后,他的应对仍是不得章法。麦高云召集各捕房高级警务人员,在四马路总巡捕房召开会议,维持治安③。会议的结论就是增派人手:"抽调各捕房之巡捕及特别巡捕,同至老闸捕房加紧戒备","门口站岗之巡捕,则增至六七名","中有武装者,并用救火车之皮带,装于路旁自来水龙头上。而凡与前日出事地点相近之处,昨均皆派双岗,以备不虞",其他各捕房捕头奉命,"关于维持治安事宜,不得稍懈"④。这位此时担任公共租界警务处处长已达12年之久的警队总巡⑤,似乎对如此严重的事态缺乏判断力与应对良策。

无独有偶,万国商团的最高指挥官戈登也未在第一时间有实质性动作。他从军事角度思考,甚至觉得5月30日出防万国商团"尚无必要"⑥。戈登自称是当天下午4点接到警务处处长的通知,这才得知南京路上发生了"骚乱",只是"将警告下达商团团员要他们随时作好准备,以便调遣"⑦。直到5月31日下午,戈登在接到工部局总董费信惇的口令指示之

---

① 上海市档案馆编:《五卅运动(第三辑)》,上海人民出版社1991年版,第51页。
② 上海档案馆编:《工部局董事会会议录(第23册)》,上海古籍出版社2001年版,第561页。
③《昨日学生演讲之大风潮》,《申报》1925年5月31日。
④《南京路发生惨剧后之昨日形势》,《申报》1925年6月1日。
⑤ 上海市档案馆编:《五卅运动(第三辑)》,上海人民出版社1991年版,第61页。
⑥ 上海市档案馆:《上海公共租界工部局董事会会议录摘录——有关五卅惨案部分(上)》,《历史档案》1983年第3期。
⑦《万国商团司令关于镇压五卅运动的报告》,上海社会科学院历史研究所编:《五卅运动史料(第三卷)》,上海人民出版社2005年版,第872页。

后,才改变主意,通知"轻骑队、美国骑兵中队、机枪队、'甲'大队、'乙'大队(英国)、美国队、日本队、上海苏格兰队、后备队及'丙'大队"等各队作预备性的集合,并计划在当晚作一次示威性的游行①。

6月1日,"南京路方面,晨间已有多人麇集,人数与时俱增",至10点许,南京路自福建路口起至新世界,人已满途,捕房派武装驱逐人群,人群亦不散。乃通知救火会派救火汽车数辆到来,分布于各处,如见聚集无法解散者,即用皮带取水浇射。10点半,一名约十七八岁者被捕拘,群众更愤,某西捕见此汹汹之势,取出手枪,向天空开了两枪,群众不退,聚于天蟾舞台墙畔一带之人最多。置于一乐天茶馆门口之救火汽车,吸水朝南浇洒,无甚效力。后巡捕开枪,伤毙十余人,旋即分送验尸所及医院,此时群众略退②。该血案的爆发充分证明,公共租界警务处处长与万国商团团长的"相机处理"之策,显然没有控制住危如累卵的局面③。

公共租界最重要的一条马路——南京路上,华洋之间敌对情绪如此尖锐,三日之内两次造成巡捕开枪杀人的悲剧后,万国商团才最终登场。戈登在6月1日上午10点接到了麦高云的电话,说浙江路南京路口"已失去控制",戈登立即下令:上海苏格兰队从板球场、"甲"队从教堂院子里各自"开出",赶到事发地点,"恢复那里的秩序"④。《申报》记载,万国商团出动后:

> 西起新世界、东至福建路口之一段南京路,概由马队帮同担负维持治安责任,一见群众聚集,即策骑驱散。途中人乃渐少,但各种车辆除电车外,概不许通行。电车亦只一、二两路照常来往,其他各路

---

① 万国商团采取"旅队编制法"是在葛雷亨(F. R. M. Graham)上校任团长之第一年,即1934年,故而此处中文翻译为"大队"有误,应为"连队"或"队"。《万国商团司令关于镇压五卅运动的报告》,上海社会科学院历史研究所编:《五卅运动史料》(第三卷),上海人民出版社2005年版,第872页。
②《南京路惨剧后昨日公共租界罢市》,《申报》1925年6月2日。
③ 该血案的详情,参见上海社会科学院历史研究所编:《五卅运动史料(第三卷)》,上海人民出版社2005年版,第633—637页。
④《万国商团司令关于镇压五卅运动的报告》,上海社会科学院历史研究所编:《五卅运动史料(第三卷)》,上海人民出版社2005年版,第872页。

电车自 10 时后多开空车,下午有数路已不开驶。①

自此之后,万国商团马队(通常指上海轻骑队,后来亦包括美国骑兵队)一直在南京路上巡逻。

接连爆发流血冲突后,工部局总董费信惇终于"姗姗来迟",要求总办鲁和召开董事会特别会议,一起讨论应对方案。

费信惇认为"目前的行为是对工部局治理上海的一种直接挑战",他觉得"任何软弱的表现都会造成极端不幸的后果",所以他建议"为了防止学生在街上集合,关于调动部队、巡捕等细节办法应该交给万国商团司令和工部局警务处长相机处理"。他甚至说自己得到了"可靠方面的消息","得悉各商店业主和工商业者对于当前的运动并不同情,他们希望照常营业"。费信惇对于局势的判断和应对之策,在特别会议上居然得到了全体董事的"一致赞同"②。

上海领事团在第一时间获悉"五卅惨案"发生后亦无任何表态。惨案发生后,即有大队学生赴交涉署报告经过,并请愿交涉。江苏交涉员陈世光认为事态重大,得悉详情后,即向上海领袖总领事提出口头抗议。5月31日,交涉署寄送书面抗议书,"希即转知工部局,转饬捕房,先将在押之学生等,悉予释放,以平众愤。并将肇祸之巡捕,立予严惩。对于死伤各人,优予损害赔偿,以重人道,并烦迅为见复为荷"。6月1日,交涉署未得答复,再作第二封抗议文寄送领袖领事,"此任意杀人,租界当局不加制止,惨无人道,殊非意料所及"③。交涉署连去两道抗议,等来回复时已是6月7日,距离"五卅惨案"的发生已过去了八天④。

上自各列强驻沪的领事团,下至公共租界当局,以及更次之的总办处、警务处、万国商团等,对于已然爆发的五卅运动显得麻痹大意与反应

---

① 《南京路惨剧后昨日公共租界罢市》,《申报》1925年6月2日。
② 上海档案馆编:《工部局董事会会议录(第23册)》,上海古籍出版社2001年版,第561页。
③ 孔另境:《五卅外交史》,永祥印书馆1948年版,第7—10页。
④ Consulates and Legation, China: General Correspondence, Series I. Dossier 100 Labour and New Chinese Movements (Shanghai Riots), Vol.II., National Archives, Reference: FO 228/3141.

迟钝，而对"五卅惨案""六一惨案"的不当处理，无疑是激化矛盾，促使五卅运动迅速达到高潮的直接原因。

6月，位于北京的驻华公使团组成以法国公使参赞祁毕业（C. J. M. Tripier）为团长的六国委员会，来沪调查真相，得出四点结论：一是应对失当的工部局董事会应加以谴责；二是无能和玩忽职守的捕房总巡麦高云应即予免职；三是老闸捕房捕头爱活生应依法严惩；四是公共租界须修订《巡捕章程》①。笔者认为这是基本符合历史事实的调查结论。面对公使团得出的于己极为不利的调查结论后，费信惇"感到强烈的愤恨"，在7月4日召集的工部局董事会上辩驳道："谁也不能预见到5月30日会发生惨案，因此，除了当时所采取的行动外，无法采取其他的行动，来阻止惨案的发生。"②这显然是他事后推卸自己责任的说辞，但也承认了自己不能预见五卅运动发生的颟顸无能。上海领事团此时站在工部局一边，甚至不惜采取与北京公使团公然对抗的立场③。

三、强硬到底：不能有任何软弱的表示

1925年6月1日的工部局董事会特别会议上，工部局的大班们决定向公共租界所有居民发出两道布告。一道布告是戒严布告，发布于是日下午4点，具体内容为：

> （一）不论何人应注意各事如左：一、除由本局允准之外，不准组织或加入行会，或集会或任何行动，使人成群结队在公路或公共处所；二、不准在路上或公共处所逗留或闲谈；三、不准演说，或印发散给，或陈献各种纸张、文书、图画、旗帜或他物，或谎告散布谣言，妄

---

① "Aide-memoire for French, Japanese, United States and Italian Ambassadors respecting Judicial Enquiry into Shanghai Riots", July 17, 1925, *British Documents on Foreign Affairs: Reports and Papers from the Foreign Office Confidential Print*, Part II, Series E, Vol.29, University Publications of American, 1994, p.187.
② 上海档案馆编：《工部局董事会会议录（第23册）》，上海古籍出版社2001年版，第581页。
③ 张丽：《有关五卅惨案的中外交涉》，《近代史研究》2013年第5期。

为报告，以致激起恶感，使大众惊恐，或扰乱秩序。

（二）依照刑律如有违犯以下罪名者，应严行惩办，计开：一、侵犯恐吓或用武力对待执行公务之官员；二、撕破或涂抹工部局所给发告示文书；三、以恐吓手段或聚集多人扰害治安；四、阻碍或以其他行为妨害大路交通之安宁；五、以强力或恐吓手段阻止邮信电报投递；六、恐吓或损害他人之身体产业；七、以武力阻止他人自由行事，或干涉他人合法之集会；八、阻碍各食物或工业所需各对象之运输；九、无故侵入他人家中逗留不去；十、倡议罢工者。

（三）每日下午八时起至次晨六时之间，各安分居民应家居勿出。①

另外一道布告更是赤裸裸的武力警告：

兹特警告诸色人等，须知以强硬手段沿途演说、煽惑人心，是为犯禁。本局决意维持界内公安秩序，倘有人违犯此种命令及扰乱治安者，严行惩办，特此警告！

公历一九二五年六月一日　工部局②

对于抗议之中国民众采取"强硬手段"也是万国商团团长本人的意见。戈登后来总结说："戒严的结果使法律和秩序都得到了维持，相反地，当戒严令取消以后，九月七日就发生了向巡捕袭击的事，证明对扰乱治安非加镇压不可。"③

鲁和代表工部局总办处于6月2日又发布第7855号通令，要求各部门遵命："一九二五年六月一日的布告已宣布紧急状态，自该日起任命上海万国商团团长W. F. L. 戈登上校为租界防卫军司令，直至紧急状态解

---

① 《南京路惨剧后昨日公共租界罢市》，《申报》1925年6月2日。
② 《公共租界罢市之第二日》，《申报》1925年6月3日。
③ 《万国商团司令关于镇压五卅运动的报告》，上海社会科学院历史研究所编：《五卅运动史料（第三卷）》，上海人民出版社2005年版，第873—874页。

除。"①因为戈登被工部局任命为租界防卫军司令，那么应对五卅运动的军事最高长官名义上就是万国商团团长，他就拥有了安排各列强海军登陆部队战事任务的权力。

公共租界宣布武装戒严的同时，据《大陆报》云，上海的各国领事们纷纷请调本国的军舰前来保护侨民安全②。戈登安排即将登陆的美国军队防护杨树浦电灯厂及各自来水厂，意大利部队警卫斐伦路电灯厂③。据英国驻沪总领事巴顿（S. Barton）的统计，6月3日，已有"五艘巡洋舰、三艘驱逐舰和七艘炮艇"停泊在上海，已有"英军260人、美军236人、日军59人和意大利海军200人"登陆援助万国商团，共同卫戍公共租界④。

面对已经在沸点的华洋矛盾，上海公共租界的外侨社团定下了"强硬以对"的基调，以顽固到底的态度采取武力镇压，导致在"三罢"斗争中公共租界及周边地区不断有流血冲突⑤。

五卅运动中最为激烈的一场武装冲突发生在6月2日傍晚6点，当日之中文报纸称呼为"新世界前枪击案"，而后来的万国商团将之美化夸大为"西藏路之战"（Battle of Tibet Road）⑥。战斗的经过大约如下：万国商团美国骑兵队的一班队员在执行在南京路巡逻的任务。突然间，"有人从西藏路白克路口的一个弄堂里开枪射击正在巡逻的美国骑兵队"⑦，伏击的结果是美国骑兵队队员却浦来司（S. J. Sharpless）的坐骑中枪倒毙，牙

---

① Council's Call For Volunteers, *The North-China Herald and Supreme Court & Consular Gazette*, June 6th, 1925；上海市档案馆编：《五卅运动（第一辑）》，上海人民出版社1991年版，第317页。
② 《公共租界罢市之第二日》，《申报》1925年6月3日。
③ 上海市档案馆：《上海公共租界工部局董事会会议录摘录——有关五卅惨案部分（上）》，《历史档案》1983年第3期。
④ Consulates and Legation, China: General Correspondence, Series I. Dossier 100 Labour and New Chinese Movements (Shanghai Riots), Vol.II., National Archives, Reference: FO 228/3141.
⑤ 参见上海社会科学院历史研究所编：《五卅运动史料（第三卷）》，上海人民出版社2005年版，第633—647页。
⑥ I. I. Kounin ed. *Eighty-Five Years of the Shanghai Volunteer Corps*, The Cosmopolitan Press, 1938, p.163.
⑦ 《万国商团司令关于镇压五卅运动的报告》，上海社会科学院历史研究所编：《五卅运动史料（第三卷）》，上海人民出版社2005年版，第872—873页。

医大夫、下士麦马丁（Dr. T. G. McMartin）背脊部中了一枪，但只是皮肉浮伤，并不严重，其坐骑也受了伤。射击之人很快撤离，以至于现场目击者亦无法判断方向①。第一轮枪击发生后，"数队巡捕，常备的和后备的，以及商团团员立即奔赴现场"，正在调查时，新世界大楼靠近西藏路口一边的窗口又向下射出不少枪弹。从枪弹数目来看，探目道格拉斯认为新世界"大楼内有一批力量较强的武装分子"，"分成两股，一股在北侧，一股在南侧"②。团长戈登闻讯发出命令，要求包围新世界大楼。当他赶往现场时，看到骑兵队、苏格兰队和巡捕正在占领新世界大楼③。"机关枪、步枪、手枪之声同时并作，约历十五分钟"④，"所发之弹当不下数千，枪声初起，马路行人四散奔避，妇女啼哭，男子叫喊，车夫拉车狂奔拥入跑马场内，汽车开机速避，汽车夫皆惊惶失措，无一鸣喇叭者"⑤。伏击万国商团与租界巡捕的武装分子顺利逃脱，以至于事后无法定案，不知袭击者是哪国人，有什么目的。

戈登指挥下的武装力量除了卫戍边界、巡逻警戒、四处布防、遇事弹压等常规动作外，公共租界戒严期间，更有两项特别应对措施，一是以迅雷不及掩耳之势非法封锁界内学校，二是对城市公交的运营予以特别保护，希望借此来稳定局势。

（一）非法封锁界内学校

"三罢"斗争中，学生群体是主导力量，早为戈登等人所掌握。在外侨眼中，工人罢工被认为是受学生"唆使"，商人罢市被看作是受学生"胁迫"。武力搜查、封锁解散界内学校是万国商团主动出击的第一招，托词则是安排不断抵沪的外国军队驻扎，不许"安分守己的学生""照常

---

① 《公共租界罢市之第二日》，《申报》1925年6月3日。
② 上海市档案馆编：《五卅运动（第一辑）》，上海人民出版社1991年版，第332—333页。
③ 《万国商团司令关于镇压五卅运动的报告》，上海社会科学院历史研究所编：《五卅运动史料（第三卷）》，上海人民出版社2005年版，第872—873页。
④ 《公共租界罢市之第二日》，《申报》1925年6月3日。
⑤ 《公共租界罢市之第三日》，《申报》1925年6月4日。

住在校内",因为这"会牵涉到学生和防守海军之间的接触问题"①。第一所被搜查、封锁的学校是位于西摩路(今陕西北路)上的上海大学。6月4日上午10点,特别巡捕、万国商团、海军兵士组成一个大队,共百余人,乘坐十余辆汽车一齐开来,包围上海大学,然后有一半人携军械入校。"将学生驱至宿舍外空场中,次第搜检身体,搜毕,复入宿舍搜查,举凡学生箱笼衣物均被抛弃于地,书籍报章则携带而去,并限学生于十分钟内将所有物件移往他处,不得逗留。"11点后,巡捕和商团士兵乃分乘汽车而去,同往之海军兵士则奉长官命令暂行驻扎校内,"武装戒备,如临大敌"②。

此次对于上海大学的武装占领显然是非法的。关于占领上海大学一事,当日工部局董事会上,董事梯斯台先生(J. A. Teesdale)报告说,捕房律师已向会审公廨提出封闭该校的申请③。这一"马后炮"式的补充报告,也正说明了万国商团等在采取行动之前是没有得到任何法律支撑的。虽然上海大学在第一时间"一面报告交涉署,请为提出抗议、迅速撤军、恢复学校;一面拟请该校常年法律顾问向捕房诘问云"④,但在西人强权面前,法治理性已被放弃,正义没有伸张的空间。不只上海大学,五卅运动期间被如此"非法"武装搜查、占领解散的界内学校还有南方大学附属中学、大夏大学、同德医专、文治大学、南洋高级商校⑤。

(二) 重点保护城市公交

五卅惨案发生后,公共租界华人为实现瘫痪城市运转之目的,存在将电车以及公共汽车视为洋人之物,一并限制国人乘坐并破坏之的情形。6月1日南京路流血冲突发生之前,有人就"主张华人不许乘坐外人之电

---

① 上海档案馆编:《工部局董事会会议录(第23册)》,上海古籍出版社2001年版,第565页。
② 《公共租界罢市之第四日》,《申报》1925年6月4日。
③ 上海市档案馆:《上海公共租界工部局董事会会议录摘录——有关五卅惨案部分(上)》,《历史档案》1983年第3期。
④ 《公共租界罢市之第四日》,《申报》1925年6月4日。
⑤ 上海社会科学院历史研究所编:《五卅运动史料(第三卷)》,上海人民出版社2005年版,第707—711页。

车,凡见电车经过,即要车内华人下车。若遇在车站候车之华人,亦不许其上车,于是各路电车遂无华人乘坐"。虹口"英美电车公司六七三路电车自沪宁车站至老垃圾桥止,于上午十句钟乘客被阻,至午后一句余钟,往来车辆仍无华人乘坐。……有电车数辆后面之玻璃窗亦被击碎"①。至6月2日,公共租界内凡通电车之路,虽然仍有电车往来,但已无华人乘坐,未几,除一、二两路电车照常开行外,其余各路皆停驶②。

交通工具具有天然的公共属性,缘于此,交通工具所引发的社会问题即被视为公共话题,对应管理主体亦会被归属于公权力③。城市公交能否正常运行成为一地秩序恢复与否的重要标志,受到公共租界当局的特别重视。6月27日起,公共租界各路有轨电车及无轨电车已完全开驶,但开车时间与平常仍不同。电车行驶的保障工作初由巡捕负责,7月7日,因公共租界电车公司之开车卖票等各职员300余人又有罢工,"公司特请万国商团派团员若干,每辆电车乘团员一人,保护开车,并俟卖票开车等各职员,于落班时至公司食宿,不准回至华界,以防继续罢工"④。7月10日,"随车保护之武装义勇队",改为便衣,每车一人,携手枪、机关枪随车保护。各大电车站均有万国商团或水兵持枪直立,保护行车上下⑤。

五卅运动期间,不限于公共交通,上海城市中的抗议者与工部局对于公共事业方面的争夺尤为激烈。工部局董事会会议记录了对电力、电话、水利设施的限制供应,以瓦解上海民众的"三罢"斗争⑥。

随着公共租界市面恢复平静、列强军队驻防上海,万国商团根据实际情形日渐减少召集。6月26日,"据万国商团司令称除了保留少数团员以备紧急之需外,所有万国商团巡逻部队于今日正午12点全部从各马路上

---

① 《南京路惨剧后昨日公共租界罢市》,《申报》1925年6月2日。
② 《公共租界罢市之第二日》,《申报》1925年6月3日。
③ 徐涛:《自行车与近代中国》,上海人民出版社2015年版,第277页。
④ 《公共租界电车昨日之概况》,《申报》1925年7月8日。
⑤ 《公共租界昨日戒备仍严》,《申报》1925年7月14日。
⑥ 上海市档案馆:《上海公共租界工部局董事会会议录摘录——有关五卅惨案部分(上)》,《历史档案》1983年第3期;上海市档案馆:《上海公共租界工部局董事会会议录摘录——有关五卅惨案部分(下)》,《历史档案》1983年第4期。

撤走","现在商团团员能够恢复日常工作"①。7月3日,"沪地市面既归平静,万国商团之警备","现除福州路工部局酌留三十名、北四川路射击场酌留二十名防护各该处外,其余全部警备均已解除云"②。7月31日,工部局董事询问现在是否可以取消戒严,但因为涉及大批列强之海军部队的撤退问题,对于解除戒严并未形成统一意见。8月28日,各方意见达成一致,工部局对外发布公告,宣布取消戒严③。万国商团在五卅运动期间的出防周期共计89天④。

余　论

　　自1870年后万国商团就是公共租界工部局的一个附设机构,从1902年起团长由英军现役军官出任,直接听命于董事会总董。但"董事会由各有自己事业或商务的九人组成,而此九人不取任何报酬,却要花大量时间为公众办事。很明显这九位先生对工部局必须要处理的重大事项,基本上无专业知识……因此,董事会为了执行它的行政职责,不得不选择若干能胜任的负责人,置于直接管理的地位。"⑤工部局董事会虽然有全面统治的名义和地位,但就军事行动实际操作层面,公共租界卫戍的具体负责人是万国商团团长,他可以直接发出行动命令,而后向工部局董事会汇报自己的工作。

　　虽然公共租界警务处探目报告说对于群众运动皆有密切监视与积极行动,但捕房总巡麦高云等人仍大为低估了上海民众示威活动所爆发出

---

① 上海档案馆编:《工部局董事会会议录(第23册)》,上海古籍出版社2001年版,第578页。
②《昨日本埠之防务》,《申报》1925年7月6日。
③ 上海档案馆编:《工部局董事会会议录(第23册)》,上海古籍出版社2001年版,第593—597页。
④ "租界解严后,万国义勇团司令部,昨已将非常警备令撤销,同时由司令部分函各队申谢,大意谓此次非常警备,历八十九日之久,各队队员不辞辛苦,忠实尽责,全团同人非常欣幸,敬谢各队司令及队员勤劳之功云云。"《非常警备撤销》,《新闻报》,1925年8月30日。
⑤ 上海市档案馆编:《五卅运动(第三辑)》,上海人民出版社1991年版,第28页。

来的巨大的政治能量；而作为一名有丰富作战经验的陆军指挥官,时任万国商团团长的戈登显然也不认为五卅运动中的抗议群众,能够对公共租界造成任何实质性威胁。此外,警务处与戈登本人对于"五卅惨案"的后续发展走势判断有误,继而影响到了总务处总办、工部局总董与诸位董事对于本地局势的把握,造成了公共租界在五卅运动早期的麻痹大意、反应迟钝,客观上推动了五卅运动不断走向高潮。

面对五卅运动这种"直接挑战",工部局由最初之"颟顸"一下子变得应对"过激",为宣布全界戒严,动员万国商团选择以最强硬的手段"来扑灭任何对工部局权威挑战的行动"[1],并顽固地认为"关于本地局势,工部局必须保持坚决的态度这是异常重要的。如果在处理当前局势中有任何软弱的表现,将来如有紧急情况,工部局的地位就将遭到严重的损害"[2],不愿意作任何妥协。地方事件处理失当,致使局势一再升级,甚至影响到了工部局的生死存亡[3]。细究之下,前人研究所忽略的是:万国商团等武力支持才是工部局如此莽撞行事的一抹底色。上海一地华洋之间军事实力上的巨大差距[4],实际上支撑了公共租界当局为维系现状而采取强硬政策,最终助推了国民的民族意识。

本文首刊《史林》2021年第1期。

作者：徐涛,上海社会科学院历史研究所副研究员

---

[1] 上海档案馆编：《工部局董事会会议录(第23册)》,上海古籍出版社2001年版,第561页。

[2] 上海档案馆编：《工部局董事会会议录(第23册)》,上海古籍出版社2001年版,第576—577页。

[3] "如遇到工部局方面的障碍,……必要时不惜诉诸权力行动,甚至解散工部局,代之以领事管理委员会。"《领袖公使致领袖领事电(7月2日)》,上海市档案馆编：《五卅运动(第一辑)》,上海人民出版社1991年版,第422页。

[4] 是时上海华界武装力量的研究,参见白华山：《民间武装与地方秩序：上海保卫团研究(1924—1946)》,上海社会科学院出版社2017年版。

国共冲突中的上海大学
——以天后宫"黄仁事件"为中心的考察

韩 鹏 韩 戍

上海大学(1922—1927)是在第一次国共合作背景下创建的学校。国共两党因革命形势所需,积极投入力量到上海大学的建设中来,希望通过兴办教育文化事业,培养革命人才与后备干部。上海大学的学生则多来自全国各地,他们多受五四运动的感染,部分师生已有参与群众运动的经验,革命热情高昂,多抱有改造社会的理想。同时,学校倡导学生从"教室"走向"街头",参与到社会变革中去。在上海大大小小的反帝爱国运动中,经常可以看到上海大学师生的身影,学校因此成为当时上海高校中独树一帜的革命学府。然而,浓厚的政治背景与革命色彩使学校的命运与国共合作的发展相伴始终,校外的革命统一战线问题极易波及校内师生的活动,甚至掀起校园内的党派争斗。1924年10月,在上海"双十节"爆发的天后宫"黄仁事件"便是革命统一战线内部矛盾和斗争的反映。本文借考察"黄仁事件"之始末,探究事件的经过与影响,分析冲突背后的成因与各方反应,以此展现上海大学在国共合作与冲突中的特殊地位及互动关系。

一、国共合作下的上海大学

1922年10月,上海东南高等专科师范学校的学生因不满校长王理堂的欺骗办学,发起自治学潮,赶走创校人,邀请国民党人于右任担任改组后的上海大学新任校长。于右任作为国民党元勋,常年为革命事业奔波,同时也希望通过筹办教育事业,培养革命与建国人才。此时,正值国共合

作的酝酿之际,中共二大已通过《关于"民主的联合战线"的决议案》,希望同国民党建立联合战线,此时国民党也屡遭北洋军阀打压,革命事业屡屡受挫,需要改组和积蓄革命力量。于右任校长支持国共合作,于是在邵力子的帮助下,他邀请瞿秋白、邓中夏入校主持校务并担任教师,后来恽代英、施存统、蔡和森等共产党人也都先后进入学校任教。此后由于于右任常年不在校中,学校的日常管理一直由共产党人和国民党左派人士占据主导。1923年12月,上海大学新改组的学校行政委员会中,于右任(校长)担任委员长,邓中夏(校务长)为秘书,瞿秋白(社会学系系主任)、何世桢(学务长兼英文系主任)、洪野(美术科主任)、邵力子、叶楚伧、韩觉民、曾伯兴(后四人为教职员)为委员①。可见,共产党人和国民党左派人士在学校日常管理中占主要地位,他们认真贯彻革命统一战线的政策,努力促进国共两党合力办学。

上海大学由此在国共良好合作的基础上,逐渐成为两党共同培养革命人才的阵地。上海大学学生则多来自全国各地,他们经历过五四运动的锻炼,对于学习社会科学知识、改造国家社会、参与反帝爱国运动都充满热情。学生们热衷于从"教室"走上"街头",将所学的社会科学知识运用到各种社会活动中去,"革命"俨然成为当时上海大学的标签。上海大学在当时高等学校中的形象是"充满革命的青年",出现的场景常是"准备爆发行动的大批群众","传单在空中如雪花般飘散","煽动性演说和震耳欲聋的口号声"②。除了鼓励学生参加各种社会活动外,两党积极邀请社会各界人士来校做讲座。据统计,在上海大学办学期间,李大钊、胡适、马君武、汪精卫、胡汉民、戴季陶、杨杏佛、吴稚晖等各党派、各主义人士都曾到上海大学讲学③。可见,在上海大学中,各党派人士进入校园成为常态,学生接受不同政党和主义的教育、熏陶以及吸纳,存在不同的政治信仰和派别,师生的政治成分多元。其中,有赞成打倒一切帝国主义

---

① 黄美真、石源华、张云主编:《上海大学史料》,复旦大学出版社1984年版,第49页。
② [美]叶文心:《民国时期大学校园文化(1919—1937)》,冯夏根等译,中国人民大学出版社2012年版,第108页。
③ 黄美真、石源华、张云主编:《上海大学史料》,复旦大学出版社1984年版,第96—98页。

和军阀、拥护工农利益的共产党和国民党左派,有反对中共和阶级斗争的国民党右派,有主张"外抗强权,内除国贼"的国家主义派,也有专事学习的无党派学生[①]。校内政治成分的多元,也成为日后校内出现党派斗争的原因之一。

上海大学因国共合作而生,其发展历程也同国共合作休戚相关。当两党能在良好合作的基础上共同办学时,不论学生、教师的政治身份为何,学校师生都能为当时的国民革命事业贡献力量。他们贯彻统一战线政策,开办工人学校,参加非基督教运动、国民会议运动,促进各项反帝爱国事业的发展。但是,当两党出现矛盾和冲突时,上海大学亦不可避免地卷入暗流涌动的政治斗争中去。1924年10月,在上海"双十节"天后宫爆发的"黄仁事件"便是两党统一战线内部出现矛盾和斗争的反映。

二、国共冲突中的"黄仁事件"

(一)惨案之发生

1924年10月10日,上海学界、商界等各团体在天后宫举行庆祝辛亥革命胜利十三周年的国庆大会。大会由喻育之主持,同时还有童理璋、徐畏三、何世桢(上海大学英文系系主任)等人在主席台上,他们多为国民党右派人士。上海大学有洪野鹤、何秉彝、王秋心、王环心、林钧、黄仁、郭伯和、刘一清等学生参加大会。大会开始后,喻育之等人鼓吹皖系军阀卢永祥支持其发动江浙战争,引起台下学生的强烈不满。当洪野鹤、何秉彝、王秋心、黄仁等人在场下作赞成反帝反军阀的演说时,喻育之等人却加以禁止,指责学生们"扰乱会场","这是齐燮元的奸细"。随后,当全国学生联合会总代表郭寿华登台发表关于推翻军阀与帝国主义的演说时,童理璋立即上前阻拦,不准其发言,郭伯和、黄仁等上前质问,台下由喻育之等人事先安排好的刺花流氓随即上前阻拦并殴打学生。在冲突中,黄仁被流氓打手从七尺高台上推下,一时昏迷不醒,郭伯和、林钧等其他上

[①] 王家贵、蔡锡瑶编著:《上海大学(一九二二——九二七)》,上海社会科学院出版社1986年版,第19—20页。

海大学学生也被围殴致伤。随后而来的警察将学生们关进小屋,后在学生的说理和拥抢下,才把受困学生救出,黄仁、林钧因伤重被送往医院[①]。11日凌晨,黄仁因伤重救治无效死亡。

值得注意的是,在本次国民大会前,中共就已经注意到本次大会的举行。根据现场学生杨之华(社会学系学生)的回忆:在"双十节"前,上海大学党支部召开会议,全国学生总会的同志向瞿秋白汇报了国民大会上国民党右派企图的阴谋活动,瞿秋白便向参加此次大会的同志布置了任务,要求密切注意国民党右派活动,做好斗争准备[②]。因而,参加本次大会的部分上海大学学生实为接受中共的任务安排,负责警惕帝国主义与军阀分子的活动。之后《民国日报》上的报道也说明了这一点,"时有纠察队员洪野鹤、郭伯和、林钧、王秋心等(上海大学学生代表)见势不佳,即向前阻止,无如因势不敌,反被殴伤"[③]。报道中称几位上海大学学生为"纠察队员",说明上海大学学生曾事先接受过安排,是受任到国民大会上维持秩序、提防扰乱行为的。只是学生们未料到,台下已被安排众多暴徒,而学生纠察队力量单薄,学生黄仁也为此付出了年轻的生命,成为"上海大学学生死于反帝反军阀斗争的第一位烈士"[④]。

事后,上海大学学生黄仁在天后宫国民大会上被围殴致死的消息立马引起了当时社会的激烈讨论,上海大学学生会、国共两党人士都先后就事件向全社会发表通电和宣传。同时,因为该事件涉及喻育之、童理璋、何世桢等国民党人和上海大学师生,遂冲突在国民党上海执行部和上海大学都产生了影响,双方内部积蓄的党派矛盾被激化,掀起了一系列舆论和党派斗争。在探讨各方的斗争前,笔者将先分析事件爆发的深层原因,以更好地反映事件背后错综复杂的关系,以及上海大学在国共合作与冲突中的特殊地位及互动关系。

---

① 《上海大学学生横被帝国主义与军阀走狗摧残的通电》,《民国日报》1924年10月13日。
② 杨之华:《回忆秋白》,人民出版社1984年版,第11页。
③ 《双十节天后宫之惨案·上海大学黄仁君已因伤毙命》,《民国日报》1924年10月12日。
④ 王家贵、蔡锡瑶编著:《上海大学(一九二二——一九二七)》,上海社会科学院出版社1986年版,第71页。

（二）惨案之缘由

一是上海大学学生的革命热情。上海大学自改组成立起，就以其鲜明的革命激进性在上海高校中独树一帜。学生们多来自全国各地，经历过五四运动的洗礼，对于参与社会革命充满热情。国共两党的办学目的也是致力于在学校中培育革命人才，在"黄仁事件"前，上海大学师生就已经高举国民革命的大旗，积极参与到各种社会运动中去。以涉及本次事件的上海大学学生为例，他们都有参加社会运动的经历，多抱有改造社会的革命理想与热情，如林钧、刘一清、王秋心等人已接受中共指导，积极参与上海大学平民夜校的创建[①]。郭伯和、何秉彝、黄仁三人皆为四川籍的上海大学社会学系学生，他们由于不满当时四川军阀混战、教育不振的现状，渴望前往新文化中心之一的上海学习。郭伯和于1922年进入上海大学学习，在中学时代就热心社会活动，曾为县学生会主席；何秉彝与黄仁都是1924年转入上海大学社会学系学习的，何秉彝曾就读于上海大同大学理科专业，因受上海大学讲座感染，决心转入上海大学社会学系，学习社会科学以参加社会改造；黄仁在1922年离川来沪，曾入中华职业学校求学，1924年夏转入上海大学社会学系，同样热心社会活动，准备投身于民主革命事业[②]。这些上海大学学生都对参与民主革命事业充满热情，愿为改造社会献身，无怪乎他们在这次国民大会上直面暴徒，高唱反帝反军阀之声，同喻育之、童理璋等人鼓吹军阀的行径斗争。

二是国共双方对待江浙军阀的不同态度。从学生与喻育之、童理璋等人的争执内容来看，双方冲突的主要矛盾根源在于对待江浙军阀的不同态度。黄仁、郭寿华等学生坚持反对帝国主义与封建军阀势力，而喻育之等国民党右派则在会上公开支持江浙战争中的卢永祥一方，并对高呼反帝反军阀的学生横加暴力。根据现场负伤的林钧的回忆，从中我们也能发现端倪，"有人演说：'卢永祥、何丰林是拥护正义的，我们是应该帮

[①] 王家贵、蔡锡瑶编著：《上海大学（一九二二——一九二七）》，上海社会科学院出版社1986年版，第21页。

[②] 王家贵、蔡锡瑶编著：《上海大学（一九二二——一九二七）》，上海社会科学院出版社1986年版，第56、71、72页。

助卢永祥战争。'我受良心之驱使,哼地冷笑一声,他们便立刻把我痛打了"[1]。林钧因为在现场反对大会中支持卢永祥的声音而遭殴打,与之后郭寿华发表反对封建军阀演说被阻拦一样,是主持会议的喻育之、童理璋等国民党右派支持皖系军阀的结果。再结合此时的国共两党态度来看,这样的分歧实则为国共两党统一战线内部矛盾和分歧的反映。1924年10月,正值直系江苏军阀齐燮元和皖系浙江军阀卢永祥所进行的江浙战争后期。对于这场军阀混战,中共坚持主张打倒一切帝国主义和封建军阀势力。1924年9月,中共就江浙战争发表了《中国共产党第三次对于时局宣言》,宣言中明确指出:"(江浙战争)其战争之实际性质,是直与反直的军阀间全部大战争之开始;同时,也是英美和日法两派帝国主义者在中国斗争之开始。"[2] 中共指出江浙战争的实质为帝国主义与军阀势力之间的战争,都是革命所要打击的对象。然而,国民党内部对于这场江浙战争却持不统一的意见。当时,孙中山鉴于先前同皖系、奉系达成的反直三角同盟以及突发的革命形势,决定组织北伐。孙中山在《北伐宣言》中称:"今者,浙江友军为反抗曹锟、吴佩孚而战,奉天亦将出于同样之决心与行动,革命政府已下明令出师北向,与天下共讨曹锟、吴佩孚诸贼,……此战之目的不仅在推倒军阀,尤在推倒军阀赖以生存之帝国主义。"[3] 从宣言中我们可以发现,虽然孙中山强调此次北伐的目的是打倒军阀势力与帝国主义,但是并未将自身同皖系、奉系的军阀划清界限,其中的"浙江友军"便指浙江军阀卢永祥。诚然,孙中山此举的目的是顺应革命形势,推动革命力量向北发展,但也有违国民党一大宣言中的反帝反军阀立场,给当时国民党右派力量支持皖系军阀以托词。所以,喻育之等国民党右派才在此次天后宫大会上宣称支持卢永祥,诬陷现场学生为"齐燮元的奸细",对倡言反对一切军阀势力的学生们大打出手。这说明国共双方对待江浙军阀的不同态度,是酿成这次天后宫冲突的深层原因。

---

[1]《林钧被打之报告(存统笔记)》,《向导》1924年第87期。
[2]《中国共产党第三次对于时局宣言》,《向导》1924年第82期。
[3] 邱捷:《孙中山的北伐战略与"三角反直同盟"》,"孙中山北伐与梧州"学术研讨会论文,梧州,1999年11月,第82页。

（三）事件的催化剂：上海革命统一战线内部的党派矛盾

1924年国民党一大后，国共两党已正式确立合作关系，在此背景下成立的国民党上海执行部，如上海大学一样，是两党的重要活动场所，国共两党多位领导人身跨政学两界，在执行部与上海大学中担任要职。如于右任、叶楚伧、邵力子、邓中夏、瞿秋白、周颂西、恽代英、向警予都是身跨执行部与上海大学进行工作的。一方面，这说明上海大学是国共合作的产物，是两党共同开展活动的场所；另一方面，也反映了上海大学同国民党上海执行部的特殊关系，政党组织同上海大学相互牵引，国共两党党员可以凭借学校教职员的身份公开活动，上海大学校方则可以通过国民党组织获取办校资金[①]。但是，这种政学组织的互动关系也使上海大学不可避免地卷入国民党上海执行部的政治斗争中去，尤其是当牵涉两党人士、涉及两派分歧的"黄仁事件"爆发后，先前统一战线内积蓄的党派矛盾被再次点燃，并且进一步激化事件的影响。

在"黄仁事件"之前，上海国共合作内部已有不和之音。1924年6月，驻上海执行部的国民党中央监委张继、谢持联合邓泽如，在广州向孙中山和国民党中央执行委员会提出了《弹劾共产党案》[②]；7月，戴季陶来到上海，代替汪精卫成为上海执行部的常委，与叶楚伧共同主持国民党上海执行部；8月，国民党右派周颂西、喻育之等人在国民党上海执行部同共产党人和国民党左派产生冲突，他们诽谤共产党人，要求叶楚伧致电国民党中央"排除共党分子"，并在执行部殴打了跨党党员邵力子，而主持国民党上海执行部的叶楚伧则对此次冲突采取纵容态度，既没有按右派要求致电国民党中央，也没有处理喻育之等人的暴行[③]。这样的处理方式，无疑纵容了喻育之等人的反共行径，引起了中共党人的强烈不满。于

[①] 关于国民党支持上海大学办学经费问题的研究，可参见刘长林、刘强：《论国民党与上海大学的关系》，《上海大学学报（社会科学版）》2015年第4期。

[②] 吴海勇：《国民党上海执行部与上海大学的政治风云激荡》，《上海党史与党建》2013年第4期。

[③] 方宁：《共产党人在国民党上海执行部》，俞克明主编：《现代上海研究论丛（7）》，上海书店出版社2010年版，第434页。

是,当喻育之等人在天后宫殴打宣扬反对军阀分子的上海大学学生,并致黄仁同志殒命后,两派积蓄的矛盾被再次点燃,并在国民党上海执行部和上海大学内都引起了进一步的党派争斗。

三、围绕"黄仁事件"的舆论斗争

在"双十节"天后宫惨剧发生后的次日,黄仁在医院因伤势过重死亡,事态也进一步加剧,各方都通过社会宣传报道进行舆论宣传,希望引起社会的广泛关注以及对肇事者的惩处。其中,上海大学率先发声,指责大会中的帝国主义与军阀走狗。国民党右派则试图通过"帝国主义及军阀奸细"之词来掩盖喻育之、童理璋等事件元凶,更有甚者直接攻击中共,公然离间国共两党的合作关系。对此,中共决定由瞿秋白组织行动委员会,领导群众开展斗争,反击国民党右派的行为[①]。一系列舆论斗争的背后可见此时国共两党统一战线内部的矛盾和冲突,下面将通过考察不同团体、不同政党的舆论宣传及反应,分析围绕黄仁之死所引起的一系列舆论斗争。

(一)上海大学的抗议通电

上海大学是在事件后第一个行动起来的团体。11日,他们向全社会发表《上海大学学生横被帝国主义与军阀走狗摧残的通电》,通电中详细叙述了黄仁、林钧等上海大学学生在天后宫因反对帝国主义和封建军阀言论而遭遇流氓殴打的冲突经过,文中亦有提到"台上主席喻育之喝令禁止,加以'扰乱会场'的罪名","该会会计童理璋即上前将郭君阻拦,扯下演讲台"的经过。同时,在通电的最后,上海大学学生直接向全社会揭示国民大会的黑幕:"(一)所谓国民大会,完全受少数帝国主义与军阀之走狗的反革命的捣乱……(二)他们——帝国主义军阀之走狗——不但买通刺花党之流氓,同时并串通警察……(三)我们只希望中国唯一爱

---

① 杨之华:《回忆秋白》,人民出版社1984年版,第13页。

国爱民的革命党——国民党,赶紧肃清他的内部。"① 字里行间,上海大学学生将导致该事件的元凶指向帝国主义与军阀主义者,而会上的"国民党"正是帮凶。上海大学学生想以黄仁之死唤醒国民对于反帝反军阀的支持,而惨案的发生的确引起了社会的广泛讨论与共鸣。16 日,上海各公团召开联合会议,了解"双十节"天后宫发生的惨案经过,组织善后事务委员会,并向全社会发表通电,告示社会民众:"我全国受帝国主义与军阀两重压迫之国民,应即奋起,继黄仁先生之遗志,一致努力反对帝国主义与军阀,以期扫除一切反革命派之根据,达到国家独立民族解放之最后目的。"② 17 日,上海大学为已经去世的黄仁同志再发通电,并且再次明确"集全力与帝国主义者与军阀走狗决一死战"③。可见,上海大学针对"黄仁事件"的舆论宣传,在揭示惨案的同时,以"帝国主义与军阀"为明确的斗争对象,扩大事件的社会意义与影响,将反帝运动、民族革命与国民责任的理念广泛深入社会大众,以期唤醒国民的民族意识与革命斗争精神。

(二) 共产党人的回击

上海大学的舆论宣传主要痛斥"帝国主义与军阀分子",希望以此引起全社会反帝反军阀的共鸣,激发民众反帝反军阀的革命情绪。中共领导人在事后的发言,则多指向国名党右派,指责右派的暴行,反驳他们的反共言论。

首先,陈独秀在《向导》上发表题为《这是右派的行动吗,还是反革命?》的文章,直接将矛头指向国民党右派的反革命行径。一方面,作为中共主要领导人,陈独秀表现出对国共统一战线政策的拥护,指出:"依照国民党大会的宣言,对于一切帝国主义及军阀的走狗,不使享有民权,何况认为党员!"另一方面,他尖锐地指出国民党内存在拥护皖系军阀的反动分子,"他们在卢、何势力之下,诬爱国学生为齐燮元的奸细……这种为

---

① 《上海大学学生横被帝国主义与军阀走狗摧残的通电》,《民国日报》1924 年 10 月 13 日。
② 《各公团对国民大会惨剧之义愤》,《民国日报》1924 年 10 月 17 日。
③ 《黄仁惨死之抗议声》,《民国日报》1924 年 10 月 17 日。

一派军阀捧场作伥的卑劣手段,不意挂名革命党籍的人也公然行之,这情形又何等严重"。除此以外,陈独秀还提及之前"上海执行部坐视右派数十暴徒殴打邵力子而不予以惩罚,纪律废弛,识者早已忧之"①。陈独秀将本次事件和8月国民党上海执行部中的党派冲突一并提出,对国民党右派的分共行径予以直接回击,可见"黄仁事件"的爆发将先前积蓄的国共摩擦激化。

邓中夏(上海大学校务长)在这次舆论回击右派分子中表现得最为尖锐。他在《黄仁同志之死》中,直接指出:"所以黄仁之死,是死于拥护他对于时局的主张,是死于国民党反革命的右派党员童理璋、喻育之之手。"称喻育之、童理璋二人"因要拍皖系军阀的马屁,做个人升官发财的买卖,竟敢打死破坏他们买卖的青年,可谓凶横极了!"②邓文中也提出事件冲突的另一根本原因,即"对于时局的主张"。正如前文所述,国共双方对待江浙军阀的不同态度是导致这一时期国共两党冲突的根源之一。

事件发生后,恽代英针对国民党右派歪曲事实、诋毁中共、破坏国共合作的行为也作出有力回击。面对国民党中有人诬陷"黄仁同志为反对一切军阀而死,系之共产党之名义,作共产党之工作,不应牵混入本党范围",恽代英通过阐明孙中山的北伐宣言与目的,说明"本党此次之北伐,显然与张、段、卢、何等之目的不同,而打倒一切军阀,乃本党自有之主张"③。恽代英的声明既回击了国民党右派对中共的攻击,指出他们歪曲孙中山北伐的目的,而以卢军为友,又表达出坚持维护国共合作、打倒一切帝国主义与军阀势力的主张。

以上三位中共党人就"黄仁事件"的发声表明,当时国共两党间存在着矛盾和分歧,中共党人想借助对"黄仁事件"的宣传,反击国民党右派的反共行径。

(三)国民党人与上海执行部的回应

国民党人与上海执行部在事件后的回应则略显被动。叶楚伧在黄

---

① 《这是右派的行动吗,还是反革命?》,《向导》1924年第87期。
② 《黄仁同志之死》,《中国青年》1924年第50期。
③ 《为黄仁惨案之重要声明》,《民国日报》1924年10月18日。

仁死后发表了悼词,但是如同他处理8月国民党上海执行部邵力子被围殴事件一样,他依旧没有指责任何一方,在悼词中也未提及事件冲突的过程,只简单地将黄仁描述为"一个为主义而牺牲者""一个青年的模范"①。叶楚伧这种极其"温和"的悼念方式,与上海大学和中共党人所发表的通电或文章形成鲜明对比。

共产党人面对叶楚伧这样的表态显然是不满意的。因而,在国民党上海执行部内,瞿秋白同国民党左派提出了惩治涉事人员、加强事件宣传的要求。13日,在国民党上海执行委员会上,大会主席于右任报告了"黄仁事件"的经过,瞿秋白在会上提出关于国民党上海执行部就"黄仁事件"在社会上发表宣言的提案,要求国民党各级党部利用党报,积极宣传事件的内容与意义,刊载有关消息和言论,面向大众开展"反对一切军阀及帝国主义之大运动"②。

次日,作为上海国民党党报的《民国日报》即刊载了《中国国民党上海执行部对于上海"双十节"国民大会流血事件之宣言》,宣言中认定天后宫的暴行为"帝国主义及军阀奸细卖国卖民之反革命行动",对于相关涉事党员与暴徒,"本党固认为不忠于党","本执行部敢以国民党名义,正式宣告其为国民之公敌,凡我国民,其速而讨之"③。国民党上海执行部的这份宣言,遵从了瞿秋白等人提出的要求,以国民党上海执行部的名义向大众进行宣传,为黄仁同志伸张正义。

从以上各方围绕"黄仁事件"开展的舆论宣传与斗争,可以得出三点认识:第一,上海大学就该事件在社会上广泛宣传,将矛头直指"帝国主义军阀之走狗",引起大众对此次事件的关注,反帝反军阀的思想得以广泛传播,有唤醒国民民族性的一面;第二,共产党人在事件发生后积极开展行动,借助对事件的评论,一方面回击了国民党右派对中共和国民党左派的舆论攻击与排挤行为,另一方面也重申了国共统一战线的革命纲领与精神,对维护国共合作做出了积极努力,具有一定的政治意义;第三,

---

① 《悼黄仁同志》,《民国日报》1924年10月13日。
② 周永祥:《瞿秋白年谱新编》,学林出版社1992年版,第134—135页。
③ 《中国国民党上海执行部对于上海双十节国民大会流血事件之宣言》,《民国日报》1924年11月14日。

国民党面对事件的反应略显被动,其发声多迫于社会各方及中共和国民党左派的压力,叶楚伧就事件的处理态度继续掩盖了国民党右派的反共行为。

四、事件余波

在中共与国民党左派人士的共同努力下,"黄仁事件"的经过与真相逐渐被揭开,事件的元凶亟须受到惩罚,但是国民党上海执行部内对于涉事的喻育之、童理璋、何世桢等人的处理并未立即达成一致。根据之前上海执行部执委会的会议决定,上海执行部将童理璋和喻育之开除出党,责令何世桢(上海大学英语系主任)对当时其在大会现场目睹学生被打却未做出营救的行为作出说明。对于大会通过的决定,叶楚伧却故意拖延,提出把开除喻育之和童理璋的决定推迟一天公布,这引起了大会其他人的强烈反对,叶楚伧则以"睡觉"的理由回家去了[①]。之后,叶楚伧主动找理由去职离开了国民党上海执行部。同时,叶楚伧作为当时《民国日报》的主编,他的去职也意味着邵力子(副主编)等国民党左派和共产党人可以更好地利用该报进行舆论宣传。

在上海大学内,"黄仁事件"的余波则导致了学校人事的变动。英文系主任何世桢在事件后被要求作出未施以援手的原因说明,引起众多师生的指责。上海大学社会学系(师生多为共产党人和国民党左派)和英文系(师生多为国民党右派)的斗争激化,两系学生互相攻击对方系主任,即瞿秋白和何世桢两人,最终两人都被迫离开上海大学[②]。虽然瞿秋白离开上海大学,但之后社会学系由共产党人施存统接任系主任,无党派人士周越然担任英文系系主任,何世桢离校时带走英文系中的部分国民党右派师生,加之叶楚伧此后也脱离了上海大学,上海大学内的党派力量发生了倾斜,中共及国民党左派力量进一步主导上海大学,为之后共产党人在五卅运动等国民革命中更有力地领导上海大学学生参加革命斗争奠

[①] 吴海勇:《国民党上海执行部与上海大学的政治风云激荡》,《上海党史与党建》2013年第4期。

[②] 周永祥:《瞿秋白年谱新编》,学林出版社1992年版,第136页。

定了基础。

从结局来看,"黄仁事件"爆发后,国共统一战线内部积蓄已久的矛盾被激化,引起了国民党上海执行部与上海大学内的党派斗争。最终,在共产党和国民党左派人士的努力下,国民党上海执行部开除喻育之、童理璋两人党籍,叶楚伧、何世桢等国民党右派纷纷离开上海大学。虽然瞿秋白被迫离开上海大学,但是上海大学进一步为中共及国民党左派力量所主导,并且学生经历了"黄仁事件"的洗礼,政治意识和斗争精神进一步提升,学校日益成为中共培养革命人才、引领上海学生运动的主阵地之一。

五、结　　语

综上所述,上海大学因是第一次国共合作的产物,学校发展同国共合作休戚相关,革命统一战线内部的矛盾和斗争极易波及上海大学。1924年上海"双十节"爆发的天后宫"黄仁事件",以及之后引起的一系列舆论与党派斗争,可视为第一次国共合作中的冲突的一个缩影。上海大学因其特殊的政治背景与校园革命氛围,不可避免地卷入此时的政治冲突之中。"黄仁之死"一方面是由于上海大学学生高度的革命热情,甘愿为国民革命事业献身;另一方面也因"对于时局的主张",即国共双方对待江浙军阀的不同态度,酿成了天后宫惨案的发生。事件的最后,惨案元凶被惩处,国民党右派在上海大学中的势力也随之消减。

伴随"黄仁事件"的洗礼,上海大学学生的革命热情更加高涨,上海大学日益成为中共引领上海学生运动的主阵地之一。1925年5月30日,天后宫冲突中的另一个涉事学生何秉彝在游行中遭巡捕枪杀。时人有"北有五四的北大,南有五卅的上大"之说,这亦是对"黄仁事件"后上海大学进一步投入国民革命事业的佐证。

不过,值得深思的是,上海大学在第一次国共合作与冲突中所展现出的特殊地位及互动关系,恰恰反映了此时社会所面临的一个问题,即面对20世纪20年代日趋高涨的且逐步政治化的学生运动,学生自身究竟是选择"读书不忘爱国"还是"爱国不忘读书"？作为国家公民之一的学生群

体,他们在面对民族危机加剧、政治混乱与社会不安时,有义务站出来高喊改造社会,倡导民族革命,成为唤醒国民的先锋。但是,人作为社会性的存在物,必将与周遭的社会产生联系,学生不可避免地会与校外的政治势力相互牵扯,以致成为各政党派系开展政治运动的一环,学生与政党、学术与政治的矛盾交织在校园内外。校园高度政治化之后,教师、学生因政治立场而分化,"校外怎么打,校内就怎么斗",纯净的学术空间难存,严重破坏了学校的教育功能。这样的矛盾,不仅是民国时期社会变迁与政治转型的阵痛,亦是成长于如此时代下的学生所必然面临的复杂状况。

作者:韩鹏,上海大学历史系硕士研究生;韩戍,上海大学历史系讲师

上海公共租界《警务日报》《警务情报》中的工运史料编译整理简介
——兼及与上海大学、五卅运动相关者

蒋宝麟

一、上海公共租界工部局警务处《警务日报》《警务情报》馆藏与编译概况

上海公共租界工部局是公共租界最高行政机构（1854—1943年）。工部局有较为完整成建制的档案存留，主要藏于上海市档案馆。此外，英、美两国的国家档案馆外交档案中亦藏有工部局档案资料。工部局档案是研究近代上海城市史的第一手资料。虽然工部局是一个半殖民机构，但不可否认的是，其档案可资中共党史与革命史研究充分挖掘，进行批判利用，特别是其中有较为中性客观的事件记录与统计数据。上海市档案馆藏工部局档案共4 500余卷，74%为英文资料，加之未公开出版，为中国学者的相关研究增加了不少难度。

警务处是工部局的下辖机构，主要负责租界内的治安、政治事件与情报事务。目前留存于上海市档案馆的警务处档案中，有两个成建制的系列档案——《警务日报》（Police Daily Report）与《警务情报》（Police Intelligence）。《警务日报》是工部局警务处编制的日报，从1907年1月1日到1938年6月30日，每日一份，由警务处呈送总办处。《警务日报》记载警务处各捕房中西人员变化情况、监狱及各捕房拘押囚犯统计、当日捕房管辖范围内发生的火警及各种刑案等。《警务情报》是工部局警务处特务股（亦译为"政治部"）编制的情报汇集，从1932年1月到1935年12月。情报按政治、劳工、杂项，分类记载警务处特务股收集的国共两党和其他政治团体在上海（特别是在租界）的活动情况，以及工人罢工、市民

捐款等情况。《警务情报》属秘密性质，内容不对外公开，只有警务处、总办处高级官员和董事会成员才能阅读。

这两个系列档案归属工部局全宗，目前未进行缩微或数字化处理，只能在馆内调用原件。通过馆内检索系统或上海档案信息网可查阅其目录，不过目录仅以编年归档形式呈现，未列内容简介或摘要等项。

上海市档案馆曾于1991年和2011年，分别利用《警务日报》所载相关内容，编译出版了《五卅运动》（第二辑）、《辛亥革命与上海——上海公共租界工部局档案选译》（除了《警务日报》，还编译收入了工部局其他相关档案）。除此之外，有一些史料集、研究论著零散翻译或引用《警务日报》《警务情报》上的资料。

二、上海社会科学院历史研究所现代史研究室藏《上海工运动态》翻译手稿的形成及目前的补译、校注情况

1952年，上海总工会在内部设立"上海工人运动史料委员会"，专门负责搜集、整理中共领导下的上海工人运动的历史资料，并加以研究。1958年该机构撤销建制。1961年其部分人员正式转入上海社会科学院历史研究所，其工作成果今天大多数保存在上海社会科学院历史研究所现代史研究室内，总字数约1 500万字，对于中国工人运动史、中共党史（特别是中共上海地方党史）和上海史的研究均有重要价值，但大部分未得以整理出版，其中很多还是手稿。

在这1 500万字的资料中，有十分之一是翻译资料，而其中有一份名为《上海工运动态——上海工部局警务日报、警务处情报选译（1918—1935年）》的翻译手稿，总字数应在60万字以上，弥足珍贵。该手稿系20世纪50年代末或60年代初，上海工人运动史料委员会（上海社科院历史所工运史室）的翻译人员冯伯乐等人，前往当时的上海市人民委员会档案处（上海市档案馆的前身），查阅其收藏的前上海公共租界工部局《警务日报》《警务情报》后，选译其中与工人生活、工人运动有关的内容后誊抄而成，旨在为有关专家研究上海工人运动史作参考之用。

上海公共租界《警务日报》《警务情报》中的工运史料编译整理简介

该手稿誊录在300格稿子上,字迹和标点均较清晰,分57册,共计有3 000页。从结构上看,手稿分为两大部分:第一部分选译自《警务日报》(1918—1931年);第二部分选译自《警务情报》(1932—1935年)。每篇少则百来字,多则一两千字。

这份规模宏大的资料,在完成初步编译后,在其后的近60年时间内未经深入校对整理(部分内容有修改痕迹,估计是初步的修订),更未能出版,海内外学者了解其情况者较少,利用者更少。这对上海工运史、中国工运史乃至上海城市史研究来讲,无疑是较大的遗憾。

鉴于此,从2015年起,在马军研究员的总体筹划下,上海社会科学院历史研究所现代史研究室分批推进所藏工运史资料的整理与出版工作,分别于2016年和2019年影印出版《上海工人运动历史资料》五册(含20世纪50年代的《上海工人运动历史资料》十辑、十余种解放前上海工厂工人斗争史料)、《上海工人运动大事记两种》两册。此外,50年代采访的老工人口述资料亦整理完毕,计百余万字,等待出版。

2019年6月,我接受研究室托付整理《上海工运动态——上海工部局警务日报、警务处情报选译(1918—1935年)》的任务。在初步翻阅这份资料后,我认为不能仅将手稿输入文档进行简单整理后就出版。其史料价值较高,内容亦稀见;但里面除去翻译错误外,还有大量的人名、地名、机构名存在错讹,而且按条目内容的完整性,有必要对其进行适当的补充翻译。因此,整理资料时必须通过全面查对原档,参阅当时的报刊、已刊或未刊的资料集和工具书,才能校对译文。如此才不致使史料错误陈陈相因,才能更好地方便学者利用。

同年9月,我将资料中的1918—1927年的部分,以《建党前后上海工人运动英文史料整理与编译》为题申请上海市哲社办"党的诞生地史料挖掘与建党精神研究"专项课题,于年底获准立项。该项课题于2020年底结项后,将于2021年7月前出版。

该课题的编译整理分以下几个步骤进行:

一是进行电子化处理。由于《上海工运动态》翻译手稿系60余年前手写抄录于信笺纸上、简单装订成册的,纸张多已泛黄、霉化、脆化,字迹亦淡化,因此首先要对整批资料进行扫描,以电子文件的形式保存

其原貌,以便长期利用。该项工作委托静安区文史馆负责,目前已完成1918—1927年部分。

二是由静安区文史馆陆琰先生将1918—1927年的手稿资料录入电脑,做成文档。我再将翻译手稿和电子文档进行校对,一来发现了手稿中的错别字,与目前汉语规范差距较大的句法错误,以及明显的内容错误(需要指出的是,该翻译手稿的文辞句法有较强的民国时期书面白话文特征,校对时应予以尊重,不作大改动);二来查对电子文档输入是否正确,特别是对20世纪五六十年代流行的简化字和书写潦草的文字进行辨识;三来对电子文档中的人名、地名与机构名进行初步校注。这是"本校"。

三是将以上完成的电子整理稿与档案馆藏英文原档进行校对,并参阅其他资料,主要查对有无翻译语义的错误,并检视人名、地名、专有名词翻译是否有误。这是"对校"。此外,进行补充翻译。目前已完成的1918—1922年资料的校注与补译,新补译的篇幅占新校稿的30%强。

我采取"本校""对校"逐年进行整理的方式。目前1918—1922年的资料完成了"对校"和补译,并在上海社会科学院历史研究所现代史研究室与静安区文史馆合编的《红映浦江——上海工运历史研究》第一辑(上海书店出版社2020年5月版)上刊发。目前已完成1923—1924年及1925年一部分内容的"本校",但因疫情关系,我未去上海市档案馆查阅资料,故未能进行"对校"和补译。

《警务日报》是我的整理对象。从文献学与史源学角度而言,于60多年前成稿的《上海工运动态》也是一份历史文献。因此,我的整理对象实际上是两份历史文献。接下去谈一谈《上海工运动态》的史料价值。据我目前整理工作的经验,工部局警务处《警务日报》的相当一部分内容是由专门的"探员"或其他情报渠道得悉的,且常有针对性和"政治敏感性"。例如,20世纪10年代末到20年代初,上海涌现了大量政治立场不同、松紧程度不一,且区别于传统行会或劳工互助组织的现代劳工团体(工会)。《警务日报》中对各工会多有密切关注,对其会议有或长或短的记述。这些工会的会议或在《申报》《民国日报》《新闻报》上也有报道(各大报刊载的内容经常基本一致),但《警务日报》中的记录与此并不完全相同,如此在史料上就形成了互补。不仅是工会,对其他民间组织的记录也存在此类情形。这里可以举一个五卅运动时期上海总商会发生的事例。

因总商会处理五卅案件受到各方压力,该会会长虞洽卿、副会长方椒伯曾于1925年7月请辞。这一事件在7月下旬的《申报》与《民国日报》上有几则报道。1925年7月24日《警务日报》记录,7月23日下午总商会会董专门开会,讨论虞、方二人辞职事,会议决议除慰留二人外,由秘书长代行会长职责。这些内容是《申报》《民国日报》等报章所未见的。警务处应有专门的消息渠道。

再谈一谈校注过程中的技术问题。《警务日报》为英文档案,其中涉及人名、地名与机构名等,一般没有中文括注,如果直译,错误的概率就非常高。《上海工运动态》翻译手稿中的主要错漏就在这方面,故必须将其与英文原档对照。例如,翻译手稿中有"广东公所"一词。首先要清楚"广东公所"的英文名称是什么。经查原档可知对应的英文是Cantonese Guild,但近代上海无名为"广东公所"的机构,Cantonese Guild(直译"广东人行会")应是"广肇公所",且Cantonese Guild会址在宁波路,因此更是广肇公所无疑。又如,Chinese Merchanics' Union非"中国机匠工会",应是"中国机器工会";Oriental Secret Service非"东方秘密服务社",应是"东方社会探访社";等等。当然,这几则中文翻译还比较容易辨识,有明确的线索,更多的专有名词需要和相关史实结合起来,才能综合判定。此外,有的翻译还涉及当时的一些制度史常识,如应译成"上海县知事"而非"上海县县长","护军营"而非"沪军营"(《五卅运动》第二辑中亦有此错误),"上海总商会"而非"华商会"或"市商会"(《五卅运动》第二辑中亦有此错误),"(沪海道)道尹"而非"道员"等。

翻译手稿中的中文人名的确定,可能是校对过程中最难操作的。这不仅需要熟悉上海工运历史乃至整个民国史,而且常常需要查对其他中文史料,有时还需具备一定的方言知识。在此试举一例。1922年5月26日《警务日报》载:香港海员工会(Hongkong Seamen's Union,此系在香港的中华海员工业联合总会)派来上海筹组分会的三位广东人Lam Wai-man、Chung Shin-pang、Wong San-yat和两位宁波人Loh Zang-kyih、Yih Kuh-lai,住在东亚旅馆70号。自然,这五位中国人的英文名采用当时通

行的威妥玛拼音法，不同于现今中国大陆的汉语拼音法，但这五个威妥玛拼音法的姓名均非当时的官话（国语）。据我判断，前三位广东人姓名发音用的是粤语白话（广府话），后两位宁波人姓名发音用的是吴语系方言（上海话或宁波话）。翻译手稿译成的姓名分别是：林伟民、钟筱朋、王三逸、陆翔吉、叶克籁，而正确的姓名应是：林伟民、钟筱朋、黄守一、陆常吉、叶谒来。只有前两位的姓名翻译是正确的。第一位林伟民是知名的海员工运领袖，通过一般性知识和《警务日报》其后出现的上下文内容，判断较为容易，但后几位的中译名判定稍难。此类翻译的错误在手稿中很常见。其主要原因，一是采音译，二是根据普通话发音采音译。所幸，我对上海话与宁波话的发音非常熟悉，还在香港就读三年，对粤语白话发音也懂点皮毛，这无疑对判断人名翻译有所助益。

曾经有一位清华大学历史系的老师主持翻译《中俄国界东段学术史研究：中国、俄国、西方学者视野中的中俄国界东段问题》一书时，将蒋介石（Chiang Kai-shek）译成"常凯申"，至今仍为学界笑谈。我并非为此种译法错误开脱，以蒋介石当时的身份，书中判断此人名失误自然不应该，但若是有"陈介石""王介石"者的威妥玛拼音姓名，学界恐怕有很多人也未必能精确翻译。盖Kai Shek是"介""石"上海话或宁波话发音（两者发音相同，音调稍异）的拼法，广东话的发音稍异，但拼法相同。不谙此者，或许会影响对于音译的判断，甚至会犯类似"常凯申"这样的错误。

三、《警务日报》中有关上海大学与五卅运动的史料

目前，海内外图书档案机构尚未发现上海大学（1922—1927年）成建制的档案。关于上海大学的史料集，主要有三种：黄美真、石源华、张云编的《上海大学史料》（复旦大学出版社1984年版）、上海市党史征集委员会编的《上海大学（一九二二—一九二七年）》（上海社会科学院出版社1986年版）以及《20世纪20年代的上海大学》（上海大学出版社2014年版）。

《上海大学史料》主要收录了当时的报刊记载与回忆资料，其中有两条《警务日报》的内容，如第110页上刊载了中共在上海大学组织活动的

情报,第130页上刊载了帝国主义侵略者搜查学校的情况。

《上海大学(一九二二—一九二七)》收录的回忆资料和上海大学自身形成的出版物较多,并从当时的上海市公安局抄录翻译了1924、1925年的几条资料,其来源应该就是《警务日报》。

《20世纪20年代的上海大学》的取材范围更为广泛,《上海大学史料》《上海大学(一九二二—一九二七)》中的部分史料也被收入其中。《20世纪20年代的上海大学》列有两条《警务日报》内容,分别是1926年5月6日与1926年11月3日的。

大体而言,以上三种史料集收录《警务日报》的相关内容并不多。在印象中,我翻阅1922年的《警务日报》原档时,其中还有一些关于上海大学及其相关人物的记载。因与工运关系不大,故未多留意。除此之外,《上海工运动态》翻译手稿收录了1924年12月10日的《警务日报》,与上海大学相关的内容如下:

> 警务处侦缉股职员及静安寺巡捕房包探,在会审公廨授权下,于12月9日下午前往下列地点进行搜查激进性文件:西摩路一三二号上海大学及其毗邻之西摩路五二二、五二三、五二四、五二五、五二六、五三九号、慕尔鸣路三〇七号,当在上海大学一书店中搜出五种不同的排外性质书籍三百册。按侦缉股职员曾在该店购买过这些书籍之样本,除此之外尚在警务处所知之其他地点,搜出社会主义性质之俄文书籍一百本、德文书籍两本、英文书籍一本及中文书籍三百四十本。除该书店以外,在搜查中并未发现任何足以加深对该大学即是《向导》编辑部所在地,以及即是准备于散发布尔什维克文件所在地的怀疑的迹象,但所发现之证据却明显地说明了该校约三百名学生的大部分是共产主义的信徒。他们所说的训练,无疑地是企图使他们成为有智力的共产主义宣传家的。在若干学生房间的墙上挂有明信片大小的俄国布尔什维克领袖及孙中山之肖像,另外从发现的书籍中可以看出教授中有些人是熟谙俄国语言及文学者。与1919年至1922年警务处所注意到的那些对共产主义发生兴趣的中国人不同,上海大学的学生对世界语似并不注意,而以学习俄文代

之。执行搜查时一般并未发生意外,但在西摩路一三二号上海大学时,该校学生以必须首先征得该校校长允准为借口,拒绝该项书籍之被移动。后因巡捕在寒风中等候约一小时之久仍未找到校长,学生即撤回该项反对。巡捕初亦同意等候,因见学生态度不对,操之过急必引起双方动武。在此时间内,学生们在他们自己谈话中谈到了在自己国家内屈服于外国压迫下之可耻,以及做奴隶的可悲。他们并以十分蔑视的口吻谈论着侦缉股的华籍职员,指点他们为外国人的奴隶和工具。由于该书店出售并被搜出煽动性书籍之故,现正拟对该校校长邵力子起诉中。按邵系《民国日报》编辑之一,前曾因印刷猥亵文件定罪过一次。①

此外,《上海工运动态》翻译手稿的1926—1927年部分也有与上海大学相关的一些记录。不过,《警务日报》中记录上海大学(包括上海大学与"五卅"关系)最密集的是1925年部分。上海市档案馆编的《五卅运动》第二辑是1925年2月至9月的《警务日报》的选译,书中有大量关于上海大学及其师生(如刘华、杨之华)的内容。

《上海工运动态》翻译手稿的1925年2月至9月部分,绝大部分与《五卅运动》第二辑重合,当然后者的体量要大大超过前者。《五卅运动》第二辑也是我校注工作中的重要参考书。不过,《五卅运动》第二辑中也有一些人名、地名与机构名的翻译错误,而且《上海工运动态》中的有些内容是《五卅运动》第二辑中所没有的,如前述的1925年7月23日上海总商会开会讨论正副会长请辞案。因此,补译校注后的《上海工运动态》可与《五卅运动》第二辑对照着看。

作者:蒋宝麟,上海社会科学院历史研究所副研究员

---

① 该条史料未经与英文原档校对,不建议引用。

从《现代评论》看自由主义知识分子对五卅运动的两面性

郑大华

《现代评论》创刊于1924年12月,其创办者、编辑者和主要作者大多是北京大学的教员,是留学欧美回国的自由主义知识分子。他们崇信和提倡自由主义思想,倡导自由、理性与容忍,反对彻底的社会革命,而主张温和渐进的社会改良。面对国民革命时期风起云涌的民众运动,他们表现出了两面性:一方面,他们重视和肯定民众运动;另一方面,他们又希望民众运动能在他们所认为的"理智""秩序""和平"之方式下进行。鲁迅曾和现代评论派展开过激烈笔战,笔战反映的是知识分子内部,自由主义知识分子与左翼知识分子,或留学欧美回国的知识分子和留学日本回国的知识分子的思想分歧。

一

现代评论派对民众运动的重视和肯定,首先,表现在他们对民众运动的高度关注上。比如,"五卅惨案"发生后,《现代评论》连续发表了《上海租界的杀气》(第1卷第26期)、《上海租界的惨剧》(第1卷第26期)、《沪案后援会的组织》(第2卷第27期)、《沪案进行应取的途径》(第2卷第27期)、《论上海英捕枪杀中国人事》(第2卷第27期)、《对爱国运动的谣言》(第2卷第28期)、《政府对沪案的外交》(第2卷第28期)、《对英经济绝交》(第2卷第28期)、《沪案筹款方式及其支配机关》(第2卷第28期)、《英人竟簸弄中国内乱了》(第2卷第29期)、《沪江案件解决之方法》(第2卷第29期)、《持久的爱国运动》(第2卷第29期)、《虐杀中上海

所见》(第2卷第29期)、《要纠正政府的外交步骤》(第2卷第30期)、《沙面事件的责任问题》(第2卷第30期)、《英国侵略中国的概况》(第2卷第30期)、《排货的意义与利益》(第2卷第30期)等一系列抗议帝国主义暴行、声援爱国群众运动的文章。

其次,表现在他们对帝国主义和军阀暴行的揭露和谴责上。王世杰在《上海租界的惨剧》一文中揭露英帝国主义制造"五卅惨案"的罪行:5月30日,上海学生为援助那些被捕学生,在上海英租界大马路散发传单、指责日本人的过失时,突然遭到英国巡捕的枪杀。死伤数目,据6月3日前各报的报道,共达三四十人之众。"当时经过详情,我们虽还不能确知,但有几件事情是无可质疑的:第一,当时学生是手无寸铁的人群;第二,当时学生的人数不过二三百人;第三,当时学生只在散发传单,并无危害租界安全的意思。对于这样的民众,无论如何,决用不着以枪弹对待,决不应该以枪弹对待。"①《虐杀中上海所见》一文中,作者以亲见者的身份记述了"五卅惨案"的真相:"五月三十日午后一点钟,作者因事到大马路一带,只见市民慌张,四向疾走,询问店铺才知那边英捕无故枪杀工人、学生。"文章谴责那屠杀工人、学生的外国巡捕"都得了急性的'杀害狂'的恶症,他们的人性完全丧失,没有法子再证明他们是两脚落地的常态人类。工部局一令动员,各色的刽子手……用华人的血肉做他们的标记和磨刀石。"②

再次,体现在他们积极为民众运动的出谋划策上。"五卅惨案"发生后,《现代评论》第一时间提出了"惩罚、赔偿、保障"三项要求。1925年6月6日出版的第1卷第26期时事短评《上海租界的杀气》一文在谈到中国解决"五卅惨案"的立场时写道:"惩罚、赔偿、保障三者应当是我们抱定的原则。这次肇事的祸首是工部局捕房;工部局则是受领事团监督的,他们一干人员的责任决不能放过。而至于现今租界当局所侵占的广大的警察行政权且甚于立法司法权,更应当在这次要求全然收回或限制,根本的打破现今租界的特权地位。"③同期发表的王世杰《上海租界的惨

---

① 王世杰:《上海租界的惨剧》,《现代评论》1925年第1卷第26期。
② 臧玉洤:《虐杀中上海所见》,《现代评论》1925年第2卷第29期。
③《上海租界的杀气》,《现代评论》1925年第1卷第26期。

剧》一文要求中国政府,"一方面要求关系国家撤换对于此次事变负责任的领事及其他租界官员,惩办杀人犯,并赔偿死伤人群,一方面对于上海租界内华人,并应设法保护他们未来的生命财产与自由"。为求这种保障,他提出:"至少应向外人提出三个条件:第一,上海各租界,应由租界内一切纳税者选举代表组织机关,以代替现在的工部局,行使市政权。第二,收回上海的会审公廨。第三,租界政府不得颁布任何关于出版物之法律,会审公廨是外人违背条约占去的;租界内的市政机关,依条约并无华人不得参与其组织之限制。"①

为了实现"惩罚、赔偿、保障"三项要求,他们还提出了"经济绝交"的主张。《上海租界的杀气》提出:"我们也许不能积极的强迫外国政府服从我们的要求,但我们不妨消极的和关系外国为经济的绝交。"②所谓"经济绝交",包括"抵制英日货,对英日罢工,对英日罢市"三项内容。具体来说,"抵制英日货",即除了所有产于英日本土以及中国的英日货物外,也包括抵制英日的货币;"对英日罢工",即在英日的官署、工厂、商店、住户及一切事业中工作的中国人一律下岗;"对英日罢市",即在英日租界内的中国商店一律闭门停业③。抵制日货运动,在中国已经开展过,并取得成效,而抵制英货则是首次。为保证与英国"经济绝交"的成效,他们建议,"先应组织一个英货调查会,对于一切进口英货和在国内制造的英货,都要详细调查",英国的轮船、英国在华的银行和工厂公司矿山,也都应纳入抵制之内④。要使"经济绝交"能持久进行、取得成功,就必须为那些参与罢工、罢市的同胞提供经济援助,使他们在没有收入的情况下也还能"有饭吃",所以当时全国兴起了一个为"五卅惨案"受害者和参加罢工、罢市的同胞募捐的运动。为了使募捐运动能够持久,他们建议:"凡属募款团体应该手续上特别慎重,以保团体的信用。"⑤同时将分散的募捐团体统一起来,"这统一的方法,便是将一切后

---

① 王世杰:《上海租界的惨剧》,《现代评论》1925年第1卷第26期。
②《上海租界的杀气》,《现代评论》1925年第1卷第26期。
③ 燕树棠:《沪案进行应取之途径》,《现代评论》1926年第2卷第27期。
④ 唐有壬:《对英经济绝交》,《现代评论》1926年第2卷第28期。
⑤ 燕树棠:《沪案进行应取之途径》,《现代评论》1926年第2卷第27期。

援会救济会雪耻会等等合并起来，而作一个大规模的组织"①。他们中还有人强调："沪案"（即"五卅惨案"）的性质是帝国主义滥用特权，对中国人民实行强暴手段，因而"凡看清了沪案性质的人们，都要承认这次的事不是仅仅上海租界巡捕杀人的问题，根本的事实还是帝国主义国家杖（仗）着他们在中国所占的特权地位，把他们对待殖民地或属地土人惯用的强暴手段来对待中国国民。所以我国民这次对于沪案运动的目标也不徒在纠问租界事变的法律责任，而在根本的铲除将来同样事变的祸因，就是：打破帝国主义的关系国在中国的特权地位"②。针对梁启超等人提出的"沪案"只是法律问题，因而成立"会审凶手委员会"、调查实事、"确定罪名"是当务之急的建议，他们明确指出这"恰合英国当局缩小问题范围的心理，而于我国民运动根本相左"，"这是我们要极力防止的"③。

最后，体现在他们对民众运动的高度评价上。"五卅惨案"的发生，引发了民众爱国运动的兴起。1926年6月20日出的《现代评论》第2卷第28期上发表了一篇题为《对爱国主义的谣言》的时事短评，称这一运动是"全国同胞一致的爱国运动，实在是中国历史上空前未有的义举"，同时对少数说"五卅"爱国运动是"学潮"、是"排外"、是"赤化"的奇谈怪论进行了批驳，认为说这些话的人"真是丧心病狂，荒谬绝伦"④。第2卷第29期的《闲话》也不同意那种"把这次的国民运动与拳匪（即义和团——引者）来打比"的做法，认为这种做法"实在未免不偏不类"。如果说那些"在中国的外国人，因为他们'什么都学不到，什么也忘记不了'"，而有这样的想法，还可以理解的话，那么"中国人自己如若不看见这二十余年的进步"，认识不到这次国民运动与义和团运动之间的根本区别，这没有别的，"只可以证明他们自己的不进步"。因为义和团运动是盲目的排外运动，而这次的国民运动是纯粹的爱国运动⑤。发表在第2

---

① 《沪案后援会的组织》，《现代评论》1926年第2卷第27期。
② 周鲠生：《沪案交涉的步骤》，《现代评论》1926年第2卷第31期。
③ 周鲠生：《政府对沪案的外交》，《现代评论》1926年第2卷第28期。
④ 《时事短评·对爱国运动的谣言》，《现代评论》1926年第2卷第28期。
⑤ 陈西滢：《闲话》，《现代评论》1926年第2卷第29期。

卷第37期上的《爱国运动与劳动运动》的时事短评,充分肯定"这次沪案风潮,实在是中国民族的独立运动——简单说便是爱国运动"。因为,"工人罢工是罢英日工厂的工,并不是罢一切工厂的工;人民排货,是排的英日两国的货,并不是排一切外国的货。这无非是英日两国,尤其是英国压迫我们民族特别的严酷,故而我们对英日两国的反抗也特别热烈。英日人虽以种种赤化排外等名词相污,想淆乱世界各国的听闻,但是民族争独立的事实,已为世界所公认,所以我们仍可得着相当的同情"①。胡适甚至把因"沪案"引发的学生运动与五四运动相提并论,认为观察近年来的学生运动,"不能不算民国八年的五四事件与今年的五卅事件为最有价值"。因为"这两次都不是有什么作用,事前预备好了然后发动的;这两次都只是一般青年学生的爱国血诚,遇着国家的大耻辱,自然爆发;纯然是烂漫的天真,不顾利害地干将去,这种'无所为而为'的表示是真实的,可爱敬的。"②"沪案"发生后,北京民众在天安门举行了声援上海人民的国民大会。对此,《现代评论》第2卷第27期发表了《慷慨激昂的北京国民大会》的时事短评:"这次天安门的国民大会,不独是北京市民莫大的光荣,并且是中国人心未死的一个铁证。全城一百余校的教职员和学生,与民众运动向未发生关系的军警学校,各校的男女校役,工场的工人,商店的伙计,表示同样的热心。普通市民扶老携幼,争先恐后的赴会。最难得的,郊外的农民(还拖着辫子)也带了家里的小孩子们来参加。后来雷雨交加,街上水深盈尺,男女老幼在大雨中整队游行,勇气百倍,道旁观众为之感泣,我们对于如此热心爱国的民众,表示十分的敬意。我们要争回中华民族已经丧失的自由和人格,这样小小牺牲,本不算什么,但是这样的勇气实在表示我们一定能坚持到底的精神。中国人呻吟在暴力压迫之下,已很久了,我不信大家还能继续忍耐下去。我们打倒强权的时机,已经到了。我们要增进中国的国际地位,恢复已经丧失的权利,争回中华民族人格,就在此一举!"③

正是出于因"沪案"而引发的民众运动是爱国运动这一基本认识,

---

① 《时事短评·爱国运动与劳动运动》,《现代评论》1926年第2卷第37期。
② 胡适:《爱国运动与求学》,《现代评论》1925年第2卷第39期。
③ 《时事短评·慷慨激昂的北京国民大会》,《现代评论》1925年第2卷第27期。

现代评论派坚决反对军阀对民众运动的破坏和镇压。在《军阀压迫爱国运动》的时事短评中,他们指出:因"沪案"引发的这次"爱国护家抵制英日的运动,是我们中国空前的保国护种的鲜明表示"。然而,军阀倒行逆施,对此"大加打击"。就如同世界上有好人也有坏人一样,"我们不能说爱国运动里没有败类,但是也不能说其中没有好人。军阀先生们不加区别,囫囵吞枣,一概视为匪类。就令其中有不法与不道德的情事,社会方面有舆论,官厅方面有法院,难道说都干犯了军警的禁条吗?"短评指责军阀之所以要镇压民众爱国运动,是受了帝国主义的指使,所以军阀是"与虎作伥,自残同类","人之不智,莫此为甚",其"结果是国家自己又方受害,同归于尽"①。

二

重视和肯定民众运动,是现代评论派对待民众运动的一个方面;现代评论派对待民众运动的另一方面,则是希望民众运动能在他们所认为的"理智""秩序""和平"之方式下进行。《现代评论》发表的第一篇关于"五卅惨案"的时事短评文章《上海租界的杀气》,在提出"惩罚、赔偿、保障三者应当是我们抱定的原则"的同时,又一再强调,"我们应当用十分的决心,循极有纪律的通行方法,以图贯彻我们的目的"②。擘黄的《论上海英捕枪杀中国学生及工商人事》一文,一方面认为无论上海英捕"放了多少枪弹,死伤了许多人,就是放了一个弹,死伤了一个人,我们就要做严重的交涉的。不特如此,就是一个人都不死,只要他们竟然向手无兵械的学生或工商人(不向天)放枪,我们就该严重抗议。因为这并不是死伤了几个中国人的问题,乃是我们对于他们这样轻视中国人的生命的举动要怎样对付的问题。这种道理很简单,因为他们的这种轻视中国人命的态度可以随时随地再表现为实事";另一方面又一再谆谆告诫中国民众,"我们虽然对于此事,都不免极端愤激,但却万万

---

① 《时事短评·军阀压迫爱国运动动》,《现代评论》1926年第2卷第37期。
② 《时事短评·上海租界的杀气》,《现代评论》1925年第1卷第26期。

不可有一点涉于轨外的行动,我们应该冷静地稳健地按外交的方法与不背外交的步骤对付他们,我们要免除给他们口实。不然。他们将要利用这种机会,以为他们扩充他们对我们的压力或攫取更多权利的理由"①。为了防止抗议运动出现过激行为,他们再三要求民众要有理性,要认识到"我们的反抗不是冲动的,不是盲目的;我们的运动要根据事实,我们运动的热诚要用那些事实去培植,我们运动的目的与手段要参考那些事实。现今的国民运动,除了所谓民气以外,绝不能不顾事实。因为事实就是理智的基础"②。当"三一八惨案"发生后,现代评论派对惨案的制造者进行抨击的同时,也希望广大民众能从惨案中吸取教训,采取更为合理的和平的方式,只有这样,"乃能保障未来的民众运动不再同样的或相似的惨劫,乃能使未来的民众运动日即于光明平坦之途"③。他们在总结"三一八惨案"的经验教训时认为,"政府中人,和军界中人,对于今日的各种爱国运动,亦极为仇视",这一方面的原因,或主要原因,固然是由于这些政治势力"有私人之忠,无救国之义","有杀人的心,无同胞的观念。所谓爱国与法律,更不消提及";但另一方面的原因,也是由于"一般青年,虽崇拜自由平等革命的学说,然未深加研究,少青意气极重,故环境所激,常有少数人越出常轨以外行动。因少数人的不能自持,学界全体亦同受冤骂。每次捣乱事发生,人家不问张三李四,总说是'学生做的'。因此各界中人对于学界全体,不免有敌视的气象了"④。

为了能使民众运动能在他们所认为的"理智""秩序""和平"之方式下进行,"五卅惨案"发生后,现代评论派提出了两点建议或主张:第一,"我们这次对抗目的标,只应对抗英日两国。我们对外的困难问题甚多,要想即刻昭雪,同时解决,那是不可能的事。树敌越多,越不可能成功。这是极明显的道理。就事论事,不生枝节,这是很普通的常识。这次沪上惨杀我们的同胞,是英日两国叛理违法的行为,没有别国的关

---

① 擘黄:《论上海英捕枪杀中国学生及工商人事》,《现代评论》1926年第2卷第27期。
② 孟和:《持久的爱国运动》,《现代评论》1925年第2卷第29期。
③ 记者:《悼三月十八日的牺牲者》,《现代评论》1926年第3卷第68期。
④ 许仕廉:《首都流血与军学阶级战争》,《现代评论》1926年第3卷第68期。

系。我们就一致的认定英日两国是我们的'对头',不应当涉及他国。"第二,交涉要限制在"惩罚、赔偿、保障"这三项要求上,而不能涉及其他。"许多爱国的同胞主张要求:取消不平等条约,撤消领事裁判权,取消租界,等等,这些问题不仅关系英日,亦与他国攸关,况且内容复杂,尚待说明。若我们把所有对外一切丧失权利,同时要求恢复,必致引起各国的抵抗,那末,沪案必致弄得更无办法了。所以我们以为这些问题是将来应办的事项,不可与对英日的沪案混为一谈"①。考虑到当时中国与英日之前的力量悬殊,现代评论派明确反对少数人提出的与英日宣战的建议,借用陈西滢《闲话》中的话,就是:"宣战我是不赞成的,可是外国人把刀子放在我们的脖子上,我们不动一动,或是哀声求饶,我也是不赞成的。我们现在应当在宣战一途之外,想在种种方面来抵抗英国人。如能不让步而避免战事,终要设法的避免战事。"当然,如果英国硬要把战争强加在中国人的头上,他们也主张积极抵抗:"可是如果英国人与我们宣战,或是逼我们到不得不作战一步,那么我们也只好作战。我们明明知道作战是牺牲,作战是不会赢的,但是我们替这几千年的老大古国究竟争了一点面子。如果我们只看了物质方面,把一切气节,人格,名誉都丢掉了,什么人都同北京的市民一样见识,这样的民族还要他干么?战争是苦事,他也不是什么有趣味的事。战争是恐怖,战争是地狱。我们就去作战,也要存了一个不得不入地狱的心。一般'文学家'们已在那里赞美战争,歌颂流血,我们读了不觉心痛。我不希望我们多有这样的英雄,我希望我们多有些憎恶战争而临事不得不挺身去干憎恶的事的平常人。"②

正因为希望民众运动能够在他们所认为的"理智""秩序""和平"之方式下进行,所以他们不赞成甚至反对学生停课、罢课而参加社会或政治活动,他们认为学生的当务之急是安心于自己的学业,"把自己铸造成器",而不是天天去上街游行,去演讲,去从事与学业无关的一些事情,包括爱国的事业。

---

① 燕树棠:《沪案进行应取之途径》,《现代评论》1926年第2卷第27期。
② 陈西滢:《闲话》,《现代评论》1926年第2卷第30期。

三

现代评论派对民众运动的看法,实际上是由他们的自由主义政治立场决定的。作为自由主义者,他们具有一定的反帝反封建的要求,也在一定程度上能认识和承认民众运动对反帝反封建斗争的重要作用,但他们又希望民众运动能在"理智""秩序""和平"的方式下进行,以符合他们所信奉的自由主义原则。对此,共产党人持的是批判的态度。

"五卅惨案"发生后,现代评论派于第一时间提出了两点建议:第一,只与英日交涉,而不涉及其他帝国主义国家;第二,交涉限于"惩凶、赔偿、保障",而不涉及其他方面。但在共产党人看来,这次惨案是"因英日帝国主义的大屠杀"而发生的,中国人民的"反抗运动之目标,决不止于惩凶、赔偿、道歉等'了事'的虚文,解决之道不在法律,而在政治,所以应认定废除一切不平等条约,推翻帝国主义在中国的一切特权为其主要目的。不平等条约一日不废除,帝国主义在中国的特权一日不推翻,中国的民族生命与自由便一日没有担保,随时随地都有被横暴残酷野蛮无耻的帝国主义蹂躏屠杀之危险。全中国人民的生命与自由,决不能由惩凶、赔偿、道歉之虚文得到担保"①。因此,共产党人批判以现代评论派为代表的"绅士学者"提出的这种"速了运动""缩小范围"的主张,"不但是民族解放运动的障碍,而且简直是要破坏这个运动"。共产党人把中国人分成两类,一类"真为民族利益奋斗的,是工人学生中小商人等所谓'下等华人'",一类"背叛民族利益的,是大商绅士学者军阀等所谓'高等华人'"②。现代评论派理所当然地被共产党人划入了"高等华人"一类。以上是中共中央和社会主义青年团中央在告民众书中提出来的。几乎与此同时,恽代英在团中央机关刊物《中国青年》第83期上发表的《革

---

① 《中国共产党为反抗帝国主义野蛮残酷的大屠杀告全国民众》,《中共中央文件选集 第1册 一九二一——一九二五》,中共中央党校出版社1989年版,第421页。
② 《中国共产党中国共产主义青年团宣言——告此次为民族自由奋斗的民众》,《中共中央文件选集 第1册 一九二一——一九二五》,中共中央党校出版社1989年版,第425页。

命势力与反革命势力》一文,把人分成了革命与反革命两类,认为"反革命的人总不愿听见强力反抗的话头,他们希望帝国主义者自动的让步,希望一个帝国主义者帮助我们打倒另一个帝国主义者,希望军阀帮我们打倒帝国主。他们不信任人民自己会有打倒帝国主义的能力,而且他们为自己的利益厌憎恐怖人民自己组织团体的进步,常根本要破坏人民自己的组织团结,与人民信赖自己组织团结的观念"。依据上述定义,他把"反革命的人"分成五种,"第一是大商买办阶级","第二是一般'高等华人'","第三是那些希望缩小范围专对英日或专门对英的学者名流","第四是那些信赖政府、军阀或者是仍旧信赖法律解决的庸俗论者","第五是那些反对甚至破坏工人、学生组织的资本家、教职员"。他认为胡适之类是第二种人,这种人"根本不懂民众的组织与其自救自决之觉悟的重要,他们不懂开会游行的真正意思,他们把自己看做命定的奴隶一般,以为除了要求帝国主义者发慈悲讲公道,组织一个他们理想中的公平无私的中外调查委员会,没有方法解决这个案子"。现代评论派属于第三种人,这种人"虽然比较进步,然而他们亦是不肯相信民众自己的力量,希望不靠民众自己的力量而靠那一个强大的邻国出来说公道话帮助我们",所以他们只主张对英日甚至对英交涉,而不涉及其他国家,主张其他国家甚至包括日本在华的工厂开工,"以维生英厂工人罢工"。然而"他们这种敷衍妥协的心理,恰足以灭杀民众革命的精神,便利了美、法、日本"。他号召青年要认清这些所谓"学者名流"的真面目,不要上了他们的当[①]。

共产党人尤其批判了胡适提出的要学生们"闭门读书",以便把自己"铸造成器"的主张。1925年9月21日,恽代英在《中国青年》第96期上发表了一篇《胡适之的乌龟脑壳又伸出来了》的读报杂感,他说:五卅以来,不曾看见胡适有甚么主张。自然,在革命潮流正激烈的时候,这些所谓"绅士学者"只好躲在乌龟脑壳里,谨防说错了话被群众撑嘴。现在情形已经不同了!因为帝国主义的狡诈与军阀的压迫,"民气"已经低落下去了,"于是胡适之的乌龟脑壳又伸出来了"。胡适认为真正的个人

---

① 但一(恽代英):《革命势力与反革命势力》,《中国青年》第83期,1925年7月23日。

主义读书,将自己铸造成有用的东西,是青年男女难能可贵的任务;国家的纷扰,外界的刺激,只应增加求学的热心与兴趣,不应跟着人家乱跑乱喊!"我不知道胡适之近来的读书的进步如何了!我知道在胡适之真正个人主义的读书,将自己铸造成了个有用的东西(堂堂北京大学教授兼新文化运动的巨子)以后,在《努力周报》二十二期曾发表一篇《国际的中国》,他对于帝国主义与中国关系有下列见解……"在引用了胡适为帝国主义开脱的几段文字后,恽代英又写道:这些话有如何的价值,可以让学生去判断,"用不着污我们的笔端",我们需要做的"只是请大家看胡适之个人主义读书的成绩,而且老实不客气的上去掌这种'有用的东西的嘴',还让他知道利害,仍旧躲在乌龟壳里去"①。不久,《中国青年》第98、99期上又连载了《评胡适之的"新花样"》一文,继续对胡适的主张进行冷嘲热讽和批判。首先,该文列举了五四运动以后胡适的种种情况:他先是逃进了"整理国故之宫",随着又"努力"于"好人政府"的创造,主张各省会议,为军阀官僚张目,更大倡其"中国脱离了帝国主义的侵略"的论调,替帝国主义文过;不久北京废宫里一班清室忠臣所玩之"叩玉阙,请圣安"的把戏中,居然有了胡适之的身影,反对冯军驱逐溥仪,也有胡适在那儿吆喝……胡适曾在《现代评论》第2卷第29期发表的《爱国运动与求学》和《现代评论》第2卷第42期发表的《答刘治熙》中,以"负有指导之责者"的口吻,向青年提出"应该'关着门'读书,不应该'跟着大家'去救国"的要求。所以,《评胡适之的"新花样"》一文指出:国家的情势不容一般青年安心求学,经济的能力也不能使他们安心求学,而且无论学校环境的好坏,都不能把青年铸造成一个怎么有用的东西。所谓"有用"是相对的,是有时间性和空间性的,中国今天所需要的"有用"的东西,是"真能到民间去",宣传群众,组织群众,并能领导群众的革命者。革命者只有在革命活动中才能铸造成功的。胡适要青年们"闭门读书",至多能够使一部分青年"不愧是个学生"罢了,但不能使他们成为国家和民族真正需要的"有用"之才。文章举了孙中山的例子:孙中山的伟大,

---

① F.M.:《读报杂感·胡适之的乌龟脑壳又伸出来了》,《中国青年》第96期,1925年9月21日。

决不仅在于他的好学,比孙中山先生肯读书的人多的是,然而他们都只能成为书呆子,决不能成为伟大的革命家。孙中山之所以能成为伟大的革命家,除他好学外,更主要的在于他的革命实践。

作者:郑大华,中国社会科学院近代史研究所研究员

"上海大学与五卅运动"学术研讨会会议综述

徐东明

2020年5月30日是五卅运动发生95周年纪念日。为纪念这场伟大的爱国运动,发扬上海大学勇立时代潮头的革命精神,上海大学与上海市党史学会、上海红色文化研究院、上海市中山学社、上海市历史学会联合召开"上海大学与五卅运动"学术研讨会。会议由上海大学文学院承办。这次会议采取线上会议和线下会议相结合的形式,共有来自北京、天津、成都和上海本地的30余位学者参会,有19位学者向会议提交了研究论文并发表了学术报告。上海大学党委书记成旦红、上海市中共党史学会会长忻平分别致开幕词,上海大学党委副书记段勇主持开幕式。会议分为大会主旨发言和平行研讨两个部分。

一、主旨发言

共有七位学者在会上作主旨发言。报告人从不同方面和角度阐发上海大学(1922—1927)的光荣传统及其与五卅运动的关系。

第一位作主旨发言的是同济大学教授唐培吉。唐培吉教授曾任上海市中共党史学会会长,长期从事中共党史、中国革命史和上海史教学和研究工作。20世纪80年代,唐培吉教授就写有关于上海大学的专题研究论文《时代的产物——上海大学》。唐培吉教授发言题目是"上海大学是五卅运动的重要基地"。在主旨发言中,唐培吉教授提出上海大学诞生于一个新的时代。就世界范围来说,俄国十月革命的胜利,开辟了帝国主义和无产阶级革命、民族解放运动的新时代;从中国范围来说,中国的

五四运动是新民主主义革命的开端。为适应时代的需要,实际管理学校的共产党人邓中夏、瞿秋白锐意改革,要把上海大学建成培养革命干部的新型高等学府,也要使之成为中共上海党组织的一个基地。在中国共产党的领导下,上海大学的广大师生将理论与实践相结合,深入到工人群众中,开办平民教育,传播马克思主义,组织工人建立自己的组织,开展工人运动,支持二月日商纱厂工人反日大罢工,英勇参加五卅反帝爱国运动,这一系列活动使国民的觉悟程度和组织力量得到了极大的提高。正因如此,帝国主义视上海大学为眼中钉,多次搜查和封闭上海大学。1927年,蒋介石彻底封闭上海大学。20世纪20年代为培养革命干部而建立上海大学,20世纪80年代为培养建设人才而重建上海大学,百年上海大学,红色传承。

第二位发言的是上海社会科学院研究员熊月之。熊月之研究员长期从事中国近代史和上海史研究。熊月之研究员发言的题目是"上海大学实践与中国革命道路的探索"。他认为五四运动以北京大学为中坚与先锋,五卅运动则以上海大学为中坚与先锋。五四运动为中国共产党的成立做了思想与干部储备的准备,五卅运动则为中国共产党培养了一大批干部,在中国革命道路探索方面,做出了可贵的努力。在建党百年前夕,回顾上海大学与五卅运动的历史意义,有三点特别值得重视:其一,上海大学实际是中国共产党创办的大学,大学的骨干力量是邓中夏、瞿秋白等一批人,大学的办学宗旨、系科设置、教员聘请也主要是由共产党人决定的。上海大学在社会上的影响,也被认为是革命的大学。其二,上海大学师生在上海发动工人运动的实践,反映了中国共产党人在城市进行革命的可贵探索,特别是邓中夏、刘华、杨之华等人发动上海工人投身反帝反封建斗争的经历,有重要的范本意义。其三,通过上海大学,中国共产党不断探索培养青年干部的有效途径。上海大学从创办伊始,强调的就是读懂两部书:一部是有字之书,即学习马克思主义;一部是无字之书,即了解中国社会现实。在不到五年时间里,荟萃那么多精英,培育那么多人才,产生那么大影响,这是近代上海教育史上,也是近代中国教育史上的奇迹。通过上大解读上海,通过上大解读中国共产党对中国革命道路的探索,可以发掘的内涵很多。从这个意义说,上海大学的历史研究方兴未艾。

第三位作主旨发言的是中国社会科学院近代史所研究员郑大华。郑大华研究员发言的题目是"从《现代评论》看自由主义知识分子对五卅运动的认识"。该文以《现代评论》杂志中刊载的关于五卅运动、"三一八"惨案的文章为切入点,深入探讨了《现代评论》创办者、编辑者和主要作者——以现代评论派为代表的自由主义知识分子对于国民革命时期的民众运动的态度。他认为,一方面现代评论派重视、肯定民众运动,另一面现代评论派又希望民众运动能在他们所认为的"理智""秩序""和平"之方式下进行。以现代评论派为代表的自由主义知识分子的政治主张,一定程度上具有反帝反封建的要求,也能在一定程度上认识到民众运动对反帝反封建斗争的重要作用。但是自由主义知识分子所倡导的以"理智""秩序""和平"的方式进行民众运动的政治主张,并不能真正改变中国的社会问题,最终被历史所淘汰,根本原因是其自由主义的政治立场决定的。

第四位作主旨发言的是国防大学政治学院教授张云。张云曾任上海市中共党史学会会长,长期从事中共党史的教学和研究工作,参与编撰《上海大学史料》(黄美真、石源华、张云编,复旦大学出版社1984年版)。他在"论五卅运动对中共四大的历史回应——兼论上海大学在五卅运动中的特殊贡献"的主题发言中,提出五卅运动彰显了中共四大所提出的无产阶级领导权思想的正确性,组织和宣传工人的必要性得到验证,发展工农运动、推动革命高潮到来的任务得以实现。张云肯定了上海大学党组织和革命师生在政治、经济、物质、精神、生产、生活等方面,给予上海工人以极大的支援和帮助。上海大学师生积极投身五卅运动,给帝国主义者以沉重打击,促进中国革命高潮的来临。

第五位作主旨发言的是上海大学历史系教授刘长林。他在"赤化、过激与救国:五卅运动时期上海大学爱国形象的塑造"的主题发言中,考察了上海大学师生对上海公共租界当局"赤化"说的回击过程,从新的角度考察了五卅运动与上海大学的关系。刘长林认为上海公共租界当局之所以对上海大学冠以"赤化""过激"等污名,其目的在于寻求舆论与法律的支持,以便开脱自身在五卅惨案中的不当行为。面

对工部局"赤化"的评论,于右任为代表的上海大学师生及时撇清上海大学"赤化"的嫌疑,中共方面也对工部局的"赤化"评论及时予以回击,反对帝国主义将五卅运动的所有责任推卸到中共方面,以实际行动维护了五卅运动的正义性及爱国性的内涵。从另一个角度来看,上海公共租界当局对上海大学的"赤化"评论,恰恰反映了上海大学在抗击列强暴行、推进中国民族主义革命、争取国家独立解放过程中的重要地位。

第六位作主旨发言的是上海师范大学教授邵雍。邵雍教授以"上海大学师生与五卅运动"为题,从以下几个方面探讨了中国共产党及其在上海大学的党支部在五卅运动中的重要作用:其一,五卅运动前上海大学党支部建设、发展情况以及学生党员与上海工人的关系;其二,上海大学师生在五卅惨案前后的活动,重点突出党组织与上海大学党员师生的活动情况;其三,上海大学师生面对中外反动派联合绞杀过程中的英勇表现。在主旨发言的最后,邵雍教授总结了中国共产党及其在上海大学的党支部对五卅运动的推动作用,对于上海大学党支部在人才培养、宣传教育方面的工作予以高度评价。

第七位发言的是现任上海市中共党史学会会长、上海大学历史系教授忻平。忻平教授长期从事中共党史和上海城市史方面的研究,他以"中共四大后的上海大学与五卅运动"为题,在会议的闭幕式上作了主旨演讲。他认为五卅运动发生在中共四大召开后不久,因此直接受到中共四大的政策影响。中共四大是党从研究型小团体向群众性政党转型中至关重要的一环,促进了党组织的大发展,为五卅运动向全国范围的推进奠定了群众基础。五卅运动起初是工人运动和学生运动结合起来的,后来发展成为各界人民共同参与的反帝爱国运动。中国共产党领导下的上海大学在其中发挥了一定作用。运动结束后,上大师生又积极参加大革命中的历次斗争,在北伐战争和上海工人三次武装起义中发挥作用。在报告的最后,忻平教授提出上海大学的光辉历史是上海红色文化的重要资源,在当下引导广大党员和干部深入学习党史、新中国史、改革开放史和社会主义发展史的过程中,上海可以把上海大学这些丰富的红色文化资源作为主题教育的生动教材,薪火相传。

二、平行研讨

主旨发言之外,此次会议举行了四场平行研讨。共有12位学者发表了学术报告,这些报告可以反映出近年来上海大学与五卅运动研究的新动向,大体可归为新方法、新路径、新视角和新史料等几个方面。

(一)新方法与新路径

新的研究方法和路径的探索历来是学术研究的一个重要方面,目前史学研究领域一些新的研究方法、路径也被运用到"上海大学与五卅运动"研究中,这在提交此次会议的多篇论文中有所体现。

上海大学历史系严泉教授的报告"上海大学与国共关系史研究的新思考",从国共关系史研究的角度探讨了拓展上海大学研究的可能性。他认为关于上海大学的研究虽已有诸多的成果,但尚有拓宽研究范围、放大视野之必要,应在宽领域、多角度和深入发掘史料基础上,从不同角度阐述这所革命大学在历史上的贡献。上海大学从创立到封校,见证了早期国共关系的演变。在早期国共关系,尤其是第一次国共合作中,上海大学扮演着重要的角色:第一,从学校本身的诞生来看,上海大学是由国共合作共同创办的,是第一次国共合作的产物。第二,在维护第一次国共合作方面,上大做出了自己的努力。上大的许多教职员在国共两党中身居要职,为促成国共合作,推动国共合作,发挥过重要的作用。第三,上海大学推动了国民革命走向深入,这体现在多个方面,诸如五卅运动、三次工人起义以及在北伐战争中宣传动员作用等。不仅如此,上海大学还为革命输出了大量的人才资源,其中既有上大的教职员投身于大革命的洪流之中,也有上海大学优秀的学生活跃于政治工作或是军事方面。上海大学为黄埔军校输入的人才后来成为国共两党的优秀军事人才。

上海大学历史系杨雄威副教授以"早期中共革命中的策略意识"为题,探讨以新的方法与路径深化五卅运动研究。杨雄威副教授的报告首先从概念史的角度探讨了"策略"一词的意义,认为在党史文献中大量出现的"策略"一词是与方法、步骤、手段、手腕、措施、政策等意思接近的名

词;其次又从社会运动和国共合作两个方面阐释了早期中共革命的策略运用,解读了民族主义与合道性、外围组织与合法性以及"剥笋政策"在中共早期革命的作用;最后又以"剥笋政策"为例,考察了策略运用在中共早期革命成败中的重要作用。

南开大学历史学院讲师马思宇的报告"反帝话语的'内刃':五卅运动时期的话语政治与社会丕变",以五卅运动前后知识精英的分化与青年思想的变动为线索,就反帝话语对中国国内社会的影响进行了探讨,考察了反帝话语对知识精英与政府形象的重塑,梳理了20世纪20年代政党宣传、话语塑造与民众心理这三者之间的复杂关系。20世纪20年代精英知识分子的分裂,陈独秀等共产党人接受、传播列宁的反帝话语,促使整个社会风向转向认同民众运动、支持革命实践,动员了广大青年参与到反帝运动中去;在革命政党的推动下,五卅运动中的反帝话语直接催化了反精英的底层社会意识,群众参与反帝运动的热情持续高涨;尽管北京执政府响应社会舆论,在五卅惨案后的外交中努力交涉,但是受反帝话语影响的民众却已认为执政府"跟不紧"形式,对执政府多加批评。马思宇认为五卅运动促进了反帝话语的传播,推动了知识精英、执政府与革命政党、知识青年的群体分裂及权势转移,反帝话语促使了社会舆论演化成政治斗争。

(二)新视角

新方法、新路径之外,从新的视角研究"上海大学与五卅运动",也是本次会议论文的一个突出的特点。

上海大学历史系教授廖大伟和东华大学研究生王仰旭合作撰写的论文《"五卅":上大师生的行动和在舆论中的形象》,主要利用上海档案馆所藏上海大学档案、公共租界工部局档案为佐证,系统地考察了中外报纸、杂志关于五卅运动的舆论交锋,探讨了其背后中外政府的复杂博弈,还原了上海大学师生在此次运动中的重要作用。五卅惨案爆发后,《字林西报》等外文报刊倾向于工部局的立场,宣传巡捕房"执法"的正当性,对于流血惨案三缄其口,为工部局行为进行开脱,引发了中国各界的强烈不满。社会各界对五卅惨案极力声援,痛斥巡捕房的罪行,北京政府亦同公使团进行交涉。在这一系列舆论争斗中,中国方面占据了舆论的主导权,有力地驳斥了工部局的谎言,为北京政府的外交活动提供了支持。

复旦大学历史系马建标教授的报告"反帝运动的'上海模式':华盛顿体系与国民革命的酝酿",系统地梳理了1922—1925年列强主导下的华盛顿体系在中国的落实情况,以及这一时期苏联的对华政策,从外交史、国际关系史的角度探讨了列强和苏联的外交政策对于中国民众民族主义情绪的影响,以此为切入点分析了五卅运动的爆发原因,探讨了五卅运动产生的"上海模式"对全国性反帝运动和中国国民革命的重要影响。华盛顿体系是列强试图维护其在华不平等条约特权的体系,与中国民族主义者渴望维护国家主权利益的目的相矛盾。华盛顿体系下的列强因内部的利益矛盾,在1922—1925年的关键时期没能及时向中国兑现"关税自主""废除治外法权"等"国际承诺",使得华盛顿体系的威望在中国人心中大打折扣。尽管美国最终通过外交手段促使部分"国际承诺"兑现,但因错过最佳时间,中国民众的民族主义情绪高涨,反帝运动已成必然态势。面对列强的孤立,苏联在这一时期,一方面争取与北京政府建立外交关系,另一方面暗中支持国共两党组织群众发动政治运动,力图在华盛顿体系落实前激发中国人的民族主义情绪,将中国人的愤怒情绪引导至华盛顿体系的列强上。苏联的外交政策,一方面是为了打破华盛顿体系对苏联的外交孤立状态,另一方面则是为了帮助中国冲破华盛顿体系的束缚、实现国家独立。马建标教授认为五卅运动是中国与列强因不平等条约关系造成的长期矛盾累积的结果,"民族主义"超越了阶级、地域和党派畛域的限制,是推动全国性反帝运动的最主要因素。广泛的舆论宣传和国共双方共同领导下的组织动员,共同推进了反帝运动的发展。这种"上海模式",为其他口岸城市乃至全国范围内的反帝运动提供了重要指导。

上海社会科学院历史研究所的徐涛副研究员的报告独辟蹊径,以"万国商团与五卅运动"为题,从上海公共租界当局的准军事武装万国商团的视角,复盘这场风起云涌的民族主义运动,希冀还原复杂微妙的角力进程。自1870年起,万国商团成为上海公共租界工部局的一个附设机构,直接听命于董事会总董的指令。五卅惨案爆发时,时任万国商团团长

的戈登也不认为五卅运动中的抗议群众及保卫团等武装组织,可在军事意义上对公共租界造成任何实质性威胁。戈登对于五卅惨案的后续影响判断有误,继而影响到了总务处总办、工部局总董与诸位董事们对于本地局势的把握,使公共租界在运动早期有麻痹大意、反应迟钝的外在表现,客观上推动了五卅运动不断走向高潮。面对五卅运动这种"直接挑战",工部局由最初之"颠顸"而变得反应"过激",地方事件处理失当,致使局势一再升级,甚至影响到了自己的生死存亡。为前人研究所忽略的是,万国商团等武力支持才是工部局如此莽撞行事的一抹底色。

东华大学的袁哲副教授依托青年党总机关报——《醒狮周报》,考察了中国青年党在五卅运动时期的活动情况,就青年党如何参与五卅运动及五卅运动对青年党发展所产生的影响等问题进行研究。青年党利用《醒狮周报》积极报道五卅惨案,提出"外抗强权""反对阶级革命""拒俄"等口号,宣传国家主义的政治主张;青年党在五卅惨案发生后,积极宣传党义,组建了一批基层外围组织和党支部,培养了一批干部,吸引了一批认同国家主义的学生加入其中;在五卅运动中,青年党也组织党员、团员参与政治活动,在这一时期的斗争中,青年党的政治纲领、政治主张也在不断完善。

中国社会科学院近代史所助理研究员魏兵兵的报告"帝国的颜面:英国推动五卅事件司法调查的决策经过",主要利用英国外交档案梳理了英国推动五卅事件司法调查的决策经过,对众说纷纭的"英国推动司法调查的考量和动机"进行研究。魏兵兵认为英国外交部阻止公使团公布处罚上海工部局的决定并推动该事件的司法调查,原因主要有以下两点:一是为了打破公共租界工部局与公使团之间的僵局,避免从法律和政治角度探讨公共租界问题,以维系自身对公共租界的控制力;二是面对公使团与工部局的矛盾以及众说纷纭的所谓"事件真相",英国为缓和国际舆论指向以及避免国内舆论风潮,不得不通过司法调查的手段,维护自身形象。总体而言,此次司法调查除具有为工部局和总巡开脱的目的外,其背后更多的是对帝国颜面的维护以及摆脱国内外危机的无奈之举。

上海大学历史系讲师韩成与历史系硕士研究生韩鹏合作完成的论文《国共冲突中的上海大学——以天后宫"黄仁事件"为中心的考察》,

通过考察五卅运动期间发生的天后宫"黄仁事件"的始末,分析冲突背后的成因与各方反应,展现上海大学在国共合作与冲突中的特殊地位及互动关系。1924年10月10日,上海大学学生因在天后宫国民大会上反对江浙军阀混战而被国民党右派分子及暴徒横加暴力,导致上大学生黄仁伤重身亡。事件迅速引起社会的激烈讨论,因为事涉国共统一战线内部对时局主张的分歧,加之国共两党矛盾激化,上海大学、共产党与国民党左派人士、国民党上海执行部等纷纷开展一系列舆论宣传与斗争。最终,在共产党和国民党左派人士的努力下,事件元凶得到惩处。"黄仁事件"后,上海大学的权力结构发生变动,伴随着叶楚伧等人的离开,国民党右派实力大为削弱,学校进一步为中共及国民党左派力量所主导。上海大学学生在经历"黄仁事件"的洗礼后,政治意识和斗争精神被进一步激化,学校日益成为中共培养革命人才、引领上海学生运动的主阵地之一。

华东师范大学马克思主义学院讲师张仰亮的报告"政治意涵与组织动员:中共对上海'五卅'周年纪念运动的策划和实践",通过考察中共领导的五卅运动一周年纪念运动,研究中共早期组织动员的运作模式。张仰亮在报告中提出中共在五卅运动一周年之际举办纪念活动,其主要目的在于赓续"五卅精神",组织民众开展反帝斗争。中共在组织"五卅"一周年纪念中,广泛组织联合战线,以图达到扩大斗争规模和效果的目的。但是中共并没能成功发动所有团体参与到纪念活动中来,联合战线内部出现分化,商界、学界等政治性团体基于自身的阶级基础和政治诉求并不认可中共的做法,转而自行举办小型纪念活动。中共精心策划、准备的五卅运动一周年纪念活动,包含奠基礼、市民追悼大会、租界演讲以及工人罢工、学生罢课、商人罢市等内容,吸引了上海不少工人、学生群体参与其中,部分城市亦举办纪念活动呼应上海方面。此次纪念活动,继承和发扬了五卅运动中的反帝爱国精神,提高了民众的文明、法治意识,推动了民族解放运动的发展,促使工人运动的进一步发展,也给列强以威慑和打击。

复旦大学历史系硕士研究生徐高的报告"五卅惨案前后英美两国在华合作与分歧",主要利用英美两国的外交文件集,考察了五卅惨案前后

英美两国在中国政局中所扮演的角色,分析了英美两国在最初应对中国民族主义情绪上的合作与分歧。徐高分析了英美两国基于自身利益对1925年中国政治情况的判断,其中涉及英美等列强对北京政府及军阀的看法、对五卅惨案的态度、对沪案审判态度等内容的分析。徐高认为英美两国在涉及中国内政的重要议题上产生的合作与分歧,很大程度上主导了列强对中国因"五卅"而引发的修约诉求的应对。20世纪20年代,英国的在华利益远超美国,故英国应对五卅运动的反应更为强硬和激进,而美国应对中外冲突的政策则更加灵活。伴随着中国民族主义力量的兴起,美国适时而变的外交政策保障了本国在华的长远利益。

(三)新史料

史料的开发是"上海大学与五卅运动"研究开展的重要基础。自20世纪80年代以来,学界就十分重视五卅运动史料的开发,《五卅运动史料》(第一、二、三卷,上海社会科学院历史研究所编,上海人民出版社1981年版)、《上海大学史料》(黄美真、石源华、张云编,复旦大学出版社1984年版)、《上海大学(一九二二——一九二七年)》(上海市党史征集委员会编,上海社会科学院出版社1986年版)、《五卅运动》(第一、二、三辑,上海市档案馆编,上海人民出版社1991年版)、《20世纪20年代的上海大学》(上、下卷,该书编委会编,上海大学出版社2014年版)相继出版,可谓卷帙浩繁。但是新史料并未穷尽,仍有学者在试图开发新的史料,特别是稀见的外文档案和其他文献。此次会议上,关于新史料开发利用的论文共有两篇:

其一,上海大学的张智慧着重介绍了涉及五卅运动的日文资料保存及开放情况。日本亚洲历史资料中心公开的日本外务省外交史料馆和防卫省防卫研究所所藏的档案资料,较为系统和完整地保存了在上海的日本总领事馆及日本外务省、日本军方等关于五卅运动的电报、外交资料和情报收集报告。日本神户大学报纸数据库收录的《大阪朝日新闻》《时事新报》等日文报刊中,关于五卅运动有着详细报道,其中不乏涉及上海大学的报道。这些丰富多样的日文资料,可与中文、英文资料相互佐证,对研究日本方面关于五卅运动的调查、交涉、认知、信息传达以及善后措施的出台,有着重要意义。在五卅运动的研究中,日文资料仍有着极大的发掘空间。

其二,上海社会科学院历史研究所副研究员蒋宝麟的报告"上海公共租界工部局《警务日报》《警务情报》中的工运史料编译整理简介——兼及与上海大学、五卅运动相关者",主要介绍了上海档案馆所藏《警务日报》《警务情报》的主要内容及其保存、处理及利用情况,上海社会科学院历史研究所现代史研究室藏《上海工运动态——上海工部局警务日报、警务处情报选译(1918—1935年)》翻译手稿的形成及目前补译校注情况。蒋宝麟副研究员认为《上海工运动态》收录的《警务日报》资料可以与其他报刊报道形成互补,能更好地促进五卅运动史的研究;同时他还对《上海大学史料》等三种史料集中所刊载的《警务日报》上关于"上海大学与五卅运动"的内容作了比较,认为已有的三种史料收录的相关内容颇为有限。补译校注后的《上海工运动态》将对"上海大学与五卅运动"研究这一课题有所推动。

总体上,此次提交会议的论文既有对"上海大学与五卅运动"的综合性研究,也有专题性研究,研究的方法、路径和角度各有不同,比较集中地反映了近年来学界对于"上海大学与五卅运动"研究的新成果、新动向。

作者:徐东明,上海大学文学院历史系硕士研究生